IFRS「新収益認識」の実務

新日本有限責任監査法人［編］
河野明史・下村昌子［著］

影響と対応

中央経済社

本書には，IFRS財団が著作権を有し，すべての権利を留保している情報が含まれています。新日本有限責任監査法人は，IFRS財団の許諾を得て当該情報を使用しており，第三者が複写複製することは禁止されています。IFRS基準書及びIFRS財団の発行物へのアクセスについては，http://eifrs.ifrs.orgをご参照下さい。

　国際会計基準審議会，IFRS財団，出版社及び新日本有限責任監査法人を含むアーンスト・アンド・ヤングのすべてのメンバーは，本書に記載の内容の利用により発生するあらゆる損害に対して，一切の責任を負いません。

『IFRS「新収益認識」の実務』の刊行にあたって

本書が取り扱うのは，IFRS第15号「顧客との契約から生じる収益」の解説である。これは，平たく言えば売上高の会計処理を定める新たな国際基準であり，今までのものと内容が大きく異なる。IFRS第15号はUS GAAPとも共通化されていることから，適用の暁には，日本を除く全世界のすべての業種の企業が，統一されたルールの下でその売上を計上することになる。

もちろん日本企業もその影響と無縁ではない。2017年7月，企業会計基準委員会は公開草案「収益認識に関する会計基準（案）」を公表したが，その開発にあたっての基本的な方針は，IFRS第15号の定めを基本的にすべて取り入れることを出発点としている。実際，その内容は，一部代替的な処理が認められているものの，まさに「日本版IFRS第15号」とも言えるものである。つまり，IFRS適用会社（注）やUS GAAP適用会社はもとより，現在は日本基準を用いている大半の日本企業も，この新ルールに対応しなければならない可能性が極めて高い。このように，我が国においてもIFRS第15号を踏まえた収益認識基準の開発が検討されていることを踏まえれば，IFRS第15号の適用に向けた取組みは，すでにIFRSを適用している又は適用を予定している日本企業だけに必要となるものでなく，我が国の将来的な収益認識基準を見据えた検討を開始する日本企業にとっても有益であると考えられる。

IFRS第15号の適用により会計処理の変更を余儀なくされ，結果として売上高や各種経営指標に影響が及ぶ可能性がある。しかし，それ以上に意識しなければならないのが，IFRS第15号の導入にあたっては，企業はあらゆる種類の契約について詳細なレビューを実施し，IFRS第15号の規定に基づく処理をそれぞれ決定していく必要が生じる点である。これは，たとえ結果的に現在の処理を継続できることになる取引であったとしても変わらない。

IFRS第15号の適用に向けた検討にあたっては，まずはIFRS第15号と現行IFRS又は日本基準との規定上の差異及び現行実務との差異の双方を把握することが重要になる。そのため，本書では，IFRS第15号と現行IFRS又は日本基準との規定そのものの差異及び実務適用上の差異の双方について説明するとともに，それらを踏まえた場合に影響が生じると想定される取引の類型や業種特有の取引を例示している。

また，IFRS第15号の規定及びその背景にある考え方の理解に資するように，日本企業を念頭に置いたさまざまな異なる状況に基づく設例を用いてそれらを解説するとともに，実務で適用する際に検討すべきポイントを盛り込んでいる。

なお，IFRS第15号の適用による影響は財務数値に留まらない点には留意が必要である。特に，同基準書を適用する上で，多くの見積りや判断が求められることから，これまで以上に商慣習も含め顧客との契約を詳細に分析，評価することが重要になる。そうした顧客との契約の評価の結果，IFRS第15号に従った見積りや判断，会計処理及び開示を行うために，システム，営業活動，顧客との契約内容，従業員の報奨制度などその他多くの領域において大きくメスを入れる必要が生じる可能性もある。

IFRS第15号は，2018年1月1日以降開始する事業年度から強制適用され，その適用が目前に迫っている。本書が，IFRS第15号及び日本基準における将来の収益認識基準の適用に携わる企業の実務担当者及び会計プロフェッショナルの役に立つことを願うとともに，原則主義であるIFRS第15号の国際的な均質適用及びその結果としての比較可能性を担保するのに微力ながら多少の貢献ができれば幸いである。

最後に，本書の刊行にあたりご尽力いただいた関係各位に謝辞を述べたい。特に，編集作業全般を支えていただいた久板綾子氏には改めて謝意を表したい。

2017年7月

河野　明史

下村　昌子

（注）株式会社東京証券取引所が公表する2017年3月決算会社までの「『会計基準の選択に関する基本的な考え方』の開示内容の分析」によれば，IFRS適用会社の数は171社（適用を決定又は予定している会社を含む）であり，その2017年6月末時点における時価総額の合計は188兆円で，東証上場会社の時価総額合計に占める割合は30％とのことである。

目　　次

| 第1章 | IFRS第15号の全体像 |

1　はじめに ——————————————————————————1

2　IFRS第15号の概要 ————————————————————4
(1)　目的及び基本原則···4
(2)　収益認識モデルの概要···4
　　①　収益の定義···4
　　②　収益認識アプローチ···5
　　③　5つのステップから構成される収益認識モデル·····················5

3　IFRS第15号の適用により想定される主な影響 ———————7
(1)　財務諸表への影響···7
(2)　その他の領域への影響···11
(3)　日本基準の改訂動向···12

4　IFRS第15号の実務適用上の論点に関する検討 —————————13
(1)　収益認識に関する合同移行リソース・グループ（TRG）·············13
(2)　IFRS解釈指針委員会···14

5　発効日及び移行措置 —————————————————————15
(1)　発効日···15
(2)　移行措置···15
　　①　すでにIFRSを適用している企業·································15
　　②　初度適用企業···25

6　IFRS第15号の適用前における同基準書の当初適用による影響に関する開示 —————————————————27

第2章	**適用範囲**

1 IFRS第15号の適用範囲────────────31

(1) 顧客の定義……………………………………………32

 ① 提携契約……………………………………………32

 ② 複数の当事者が関与する契約……………………33

(2) 同業他社との非貨幣性項目の交換取引……………35

2 他の基準書の適用対象となる構成要素を含む顧客との契約

────────────────────────38

3 契約コスト────────────────────38

4 非金融資産の売却─────────────────39

第3章	**顧客との契約の特定** (ステップ1：顧客との契約の特定)

1 契約───────────────────────40

(1) 契約の属性……………………………………………41

(2) 解約条項と契約の強制可能性及び契約期間………46

(3) 契約が存在するか否かの再評価……………………49

2 契約の定義及び要件を満たさない取決め──────49

3 契約の結合────────────────────50

(1) 複数の契約をまとめた単一の契約への結合………50

(2) ポートフォリオ・アプローチ………………………55

4 契約の変更────────────────────56

(1) 別個の契約……………………………………………56

(2) 当初契約の変更………………………………………57

 ① 当初契約の終了と新たな契約の創出……………57

 ② 当初契約の一部変更………………………………58

③ 新たな契約の創出と当初契約の一部変更の組合せ･････････････････････58

第4章　会計処理の単位（ステップ2：履行義務の識別）

1　契約に含まれるすべての財又はサービスの特定 ————68

(1) 契約を履行するために企業が実施する活動及び関連する前払手数料･･72

2　個別に会計処理すべき履行義務の識別 ————75

(1) 第一段階：個々の財又はサービスのレベルでの区別可能性････････76

(2) 第二段階：契約の観点からの区別可能性･･････････････････････77

3　実質的に同一で，顧客への移転パターンが同じである，一連の区別できる財又はサービス（一連の区別できる財又はサービス）
————89

第5章　測　　定

①　取引価格の決定（ステップ3：取引価格の決定）————93

1　取引価格とは ————93

2　変動対価 ————96

(1) 変動対価の種類････････････････････････････････････96

(2) 変動対価の見積り････････････････････････････････････97

(3) 変動対価に係る制限････････････････････････････････････98

(4) 変動対価に関する例外規定･･････････････････････････104

3　重要な金融要素 ————104

(1) 金融要素とは･･104

(2) 金融要素の評価･･104

①　原則･･104

② 実務上の便法·····································105

(3) 重要な金融要素がある場合の会計処理·····························106

4 非現金対価 ——————————————————110

5 顧客に支払われる対価 ——————————————112

(1) 顧客に支払われる対価とは·····························112

(2) 会計処理·····································113

② 取引価格の各履行義務への配分(ステップ4:取引価格の各履行義務への配分)——————————————118

1 独立販売価格の見積りと取引価格の配分 ——————119

(1) 独立販売価格の見積方法·····························120

　① 調整後市場評価アプローチ·····························120

　② 予想コストにマージンを加算するアプローチ·············121

　③ 残余アプローチ·····································122

2 独立販売価格に基づく取引価格の配分の例外 ————127

(1) 値引きに係る例外規定·····························127

(2) 変動対価に係る例外規定·····························128

| 第6章 | 認識(ステップ5:履行義務の充足) |

1 支配の移転に基づく収益認識 ——————————134

2 一定期間にわたり充足される履行義務 ——————137

(1) 企業の履行につれ,顧客が便益を受け取ると同時に消費する······139

(2) 企業の履行により資産が創出又は増価されるに応じて,顧客が当該資産を支配する·····································142

(3) 企業の履行により創出される代替的な用途のない資産,及び現在までに完了した作業に対して支払いを受ける強制可能な権利······143

　① 企業の履行により創出される,企業にとって代替的用途のない資産·········143

　② 現在までに完了した作業に対する支払いを受ける強制可能な権利···········145

目　　次　5

3　一定期間にわたり充足される履行義務の会計処理 ──── 149

(1)　一定期間にわたり充足される履行義務の進捗度の測定 ……………152

　　①　アウトプット法 …………………………………………………155

　　②　インプット法 ……………………………………………………158

4　一時点で充足される履行義務 ──────────── 164

(1)　資産に関する支払いを受ける現在の権利 ………………………………164

(2)　法的所有権 ……………………………………………………………164

(3)　物理的占有 ……………………………………………………………164

(4)　リスクと経済価値の移転 …………………………………………………165

(5)　顧客による検収 ………………………………………………………165

第7章　個別論点

1　本人当事者か代理人かの検討 ────────── 173

(1)　本人当事者か代理人かの評価アプローチ及び評価単位 ……………174

(2)　特定された財又はサービスの識別 ………………………………………174

(3)　特定された財又はサービスの支配 ………………………………………176

(4)　本人当事者の指標 ……………………………………………………179

(5)　収益の認識（履行義務の充足） ………………………………………181

2　追加の財又はサービスに関する顧客の選択権 ───── 187

(1)　重要な権利を表す顧客の選択権と販売の提案 …………………………188

(2)　重要な権利を表す顧客の選択権への取引価格の配分（測定）………191

(3)　カスタマー・ロイヤルティ・プログラム …………………………………200

　　①　ポイントを付与した企業が顧客に財又はサービスを提供する場合 ………201

　　②　他の企業が顧客に財又はサービスを提供する場合 ……………………203

　　③　顧客が財又はサービスの提供をポイントを付与した企業又は他の企業のいず
　　　れから受け取るかを選択できる場合 ……………………………………205

(4)　契約更新権 ……………………………………………………………206

　　①　契約更新権への取引価格の配分（測定） …………………………208

③	製品保証	212
(1)	製品保証の種類	212
(2)	製品保証が品質保証型か又はサービス型かの決定	212
(3)	サービス型の製品保証	213
(4)	品質保証型の製品保証	214
(5)	品質保証型とサービス型の製品保証の両方を含む契約	214

④	返品権付販売	220
(1)	取引価格（収益認識額）の算定	221
(2)	返品される製品に関する資産	221

⑤	買戻契約	226
(1)	先渡契約及びコール・オプション	227
	① 買戻価格＜当初販売価格の場合	228
	② 買戻価格≧当初販売価格の場合	228
(2)	顧客が保有するプット・オプション	228
	① 買戻価格＜当初販売価格の場合	229
	② 買戻価格≧当初販売価格の場合	230
(3)	残価保証が含まれる販売	234

⑥	請求済未出荷契約	235

⑦	委託販売	239

⑧	知的財産のライセンス	241
(1)	ライセンス契約における履行義務の識別	242
	① 期間，地域又は用途に関する契約上の制限	245
(2)	ライセンスを供与するという約定の性質	246
	① アクセス権なのか又は使用権なのかの評価	247
	② ライセンスを供与するという約定の性質の評価に際し，考慮されない事項	251
(3)	知的財産のライセンスに対する支配の移転時点	251
	① アクセス権	252
	② 使用権	252

目　次　7

(4)　結合された履行義務においてライセンスが主要又は支配的な構
成要素である場合………………………………………………………260
(5)　知的財産のライセンスに関する売上高又は使用量ベースのロイ
ヤルティ…………………………………………………………………262

⑨　**顧客による将来に財又はサービスを受け取る権利の不行使**–269

⑩　**不利な契約（赤字契約）**——————————————273

⑪　**契約コスト**————————————————————275

(1)　契約獲得コスト…………………………………………………………275
(2)　契約履行コスト…………………………………………………………279
(3)　契約コストの事後測定…………………………………………………283
　　①　資産化された契約コストの償却………………………………283
　　②　資産化された契約コストの減損………………………………284

第8章　**表示及び開示**

1　**財務諸表本表における表示**————————————288

2　**注記での開示**————————————————294

(1)　開示の目的と全般的な規定……………………………………………294
(2)　具体的な開示規定………………………………………………………296
　　①　顧客との契約……………………………………………………296
　　②　重要な会計上の判断……………………………………………308
　　③　資産化した契約獲得及び履行コスト…………………………310
　　④　実務上の便法に関する開示……………………………………311

付録
1　IFRSと日本基準（現行及び公開草案）の比較表・313
2　IFRSとUS GAAPの比較表・324
3　TRGで取り上げられた論点一覧・331

【凡例】

本書においては，以下の略語を用いる。

略語一覧

ASBJ	Accounting Standards Board of Japan （企業会計基準委員会）
ESMA	European Securities and Markets Authority （欧州証券市場監督局）
FASB	United States Financial Accounting Standards Board （米国財務会計基準審議会）
IAS	International Accounting Standard （国際会計基準）
IASB	International Accounting Standards Board （国際会計基準審議会）
IFRIC	International Financial Reporting Interpretations Committee （国際財務報告解釈指針委員会）
IFRS	International Financial Reporting Standard （国際財務報告基準）
SEC	United States Securities and Exchange Commission（米国証券取引委員会）
SIC	Standing Interpretations Committee （解釈指針委員会）

会計基準の略記

1．IFRS

IAS第 1 号	財務諸表の表示
IAS第 2 号	棚卸資産
IAS第 8 号	会計方針，会計上の見積りの変更及び誤謬
IAS第11号	工事契約
IAS第16号	有形固定資産
IAS第18号	収益認識
IAS第32号	金融商品：表示
IAS第36号	資産の減損
IAS第37号	引当金，偶発負債及び偶発資産
IAS第38号	無形資産
IAS第39号	金融商品：認識及び測定
IFRS第 9 号	金融商品
IFRS第15号	顧客との契約から生じる収益
IFRIC第13号	カスタマー・ロイヤルティ・プログラム
IFRIC第15号	不動産の建設に関する契約
IFRIC第18号	顧客からの資産の移転
SIC第31号	収益—宣伝サービスを伴うバーター取引

【凡　例】9

２．日本基準

企業会計原則	企業会計原則
金融商品会計基準	企業会計基準第10号「金融商品に関する会計基準」
金融商品会計実務指針	会計制度委員会報告第14号「金融商品会計に関する実務指針」
工事契約会計基準	企業会計基準第15号「工事契約に関する会計基準」
工事契約適用指針	企業会計基準適用指針第18号「工事契約に関する会計基準の適用指針」
ソフトウェア取引実務対応報告	実務対応報告第17号「ソフトウェア取引の収益の会計処理に関する実務上の取扱い」
収益認識ED	企業会計基準公開草案第61号 「収益認識に関する会計基準（案）」
収益認識適用指針ED	企業会計基準適用指針公開草案第61号 「収益認識に関する会計基準の適用指針（案）」

第1章

IFRS第15号の全体像

1 | はじめに

　国際会計基準審議会（以下，「IASB」という）は2014年5月に，米国財務会計基準審議会（以下，「FASB」という）と共同で開発した新たな収益認識基準書であるIFRS第15号「顧客との契約から生じる収益」[1]を公表した。IFRS第15号は，さまざまな業界に属するすべての企業に，また顧客に財又はサービスを提供するあらゆる収益を生じさせる契約（他の基準書の適用範囲に含まれる収益創出取引は除く）に適用される，収益認識に関する単一の基準書である。

　IFRS第15号は，現行のIFRS及びUS GAAPにおける収益認識に関して認識されている問題点に対処するため，以下を目的として開発されたものである。

現行基準における問題点	IFRS第15号の開発目的
・概念フレームワークにおける収益の定義（資産の増加又は負債の減少に基づく）と，IAS第18号（リスクと経済価値の移転に基づく）及びIAS第11号（契約を遂行するための企業の活動に基づく）における損益計算書に主眼を置いた収益認識アプローチとの不整合（IFRS） ・複数要素契約などの複雑な取引の会計処理に関する明確なガイダンスの欠如（IFRS） ・業種又は取引ごとに多数の収益認識に係るガイダンスが存在するが，それら	・経済的実質が類似する収益創出取引に係る会計処理の首尾一貫性及び比較可能性の向上に繋がる，国や業界を問わず適用できる単一の収益認識基準の策定 ・近年見られる複雑な取引にも適用できる収益の認識及び測定に関する原則の確立 ・参照すべきガイダンスの数の削減 ・損益計算書のトップラインである売上について，その性質，金額，時期及び不確実性を理解するのに役立つより幅広い情報の提供

1　US GAAPではASC606「顧客との契約から生じる収益」

| のガイダンス間の不整合（US GAAP）
・収益認識に関する不十分なディスク
　ロージャー（IFRS及びUS GAAP） | |

IFRS第15号の発効に伴い，IAS第11号「工事契約」（以下，「IAS第11号」という），IAS第18号「収益」（以下，「IAS第18号」という），IFRIC第13号「カスタマー・ロイヤルティ・プログラム」（以下，「IFRIC第13号」という），IFRIC第15号「不動産の建設に関する契約」，IFRIC第18号「顧客からの資産の移転」及びSIC第31号「収益—宣伝サービスを伴うバーター取引」といったIFRSにおけるすべての収益認識に関する基準書及び解釈指針書が置き換えられることになる。

IASBとFASBは，IFRS第15号の公表とほぼ同時に，詳細なルールが存在しない，原則に基づく新たな収益認識基準書の解釈及び首尾一貫した適用を目的として，収益認識に関する合同移行リソース・グループ（以下，「TRG」という）を創設した。TRGは，実務適用上の論点を収集，分析及び議論し，実務でばらつきが生じ得る論点について，両審議会が追加の適用ガイダンスを定めるべきか否かを判断するのに資する情報を提供する役割を担っている。

TRGの会議において，IFRS第15号の規定が十分に明確ではなく，実務でばらつきが生じうる論点が識別されたため，両審議会はこれらの論点に対処するために再審議を行った。しかし，両審議会は，改訂の内容とその範囲について合意に至ることができず，それぞれが別個に収益認識基準書の改訂に係る公開草案を公表の上，改訂基準書を公表することとなった。結果として，IASBは2016年4月に，以下の4つの論点を取り扱うIFRS第15号の改訂「IFRS第15号の明確化」を公表した。この改訂は，IFRS第15号の原則を変えるものではなく，実務に適用する上でばらつきが生じうる論点について明確化を図り，同基準書の適用可能性を向上させるとともに，一貫性のある適用を担保しようとするものである。

論点	改訂内容
履行義務の識別 （会計処理の単位）	どのような場合に財又はサービスが同じ契約に含まれる他の財又はサービスから区別して識別できるのか（すなわち，契約の観点からの区別可能性）について明確化（「第4章　会計処理の単位（ステップ2：履行義務の識別）」を参照）

本人当事者か代理人かの検討（収益の総額又は純額表示）	企業の約定の性質が，財又はサービスそのものを提供することなのか（すなわち，企業は本人当事者），あるいは他の当事者によって提供される財又はサービスを手配することなのか（すなわち，企業は代理人）を判断する際の適用ガイダンスを明確化（「第7章①　本人当事者か代理人かの検討」を参照）
知的財産のライセンス	知的財産のライセンスに関して，以下の2項目について明確化（以下「第7章⑧　知的財産のライセンス」を参照） ・知的財産のライセンスに係る収益を一定期間にわたり認識すべきか，又は一時点で認識すべきかの判定に関して，どのような場合に，企業の活動が顧客が権利を有する知的財産に著しい影響を与えるかについてのガイダンス ・契約に知的財産のライセンス以外の財又はサービスが含まれる場合の，売上高及び使用量に基づくロイヤルティに係る例外規定の適用範囲
経過措置	IFRS第15号の経過措置に，以下に関する実務上の便法を追加（以下「5.(2)　移行措置」を参照） (a)完全遡及適用アプローチの下での完了した契約 (b)完全遡及適用アプローチ又は修正遡及適用アプローチのいずれが適用されているかにかかわらず，IFRS第15号の適用前に条件変更された契約

　本書においては，この改訂を反映したIFRS第15号の規定に基づき解説する。

　なお，2014年5月にIFRS第15号が公表された時点では，IFRSとUS GAAPにおける収益認識基準書は基本的に同一のものであったが，TRGの会議で識別された実務適用上の論点に対する両審議会の対応が異なったことにより，両基準間の差異は拡大している。両審議会は，履行義務の識別及び本人当事者か代理人かの検討については同様の改訂を公表したものの，知的財産のライセンス及び経過措置の一部に関しては，異なる改訂を行っている。また，FASBはIASBに比べより多くの論点を取り扱い，より詳細な内容の改訂を行った。本書執筆時点における両基準間における主要な差異については，IASBがFASBと同様の改訂を行わなかった理由の説明も含め，「付録2　IFRSとUS GAAPの比較表」にまとめている。

　IFRS適用企業が，IAS第8号「会計方針，会計上の見積りの変更及び誤謬」（以下，「IAS第8号」という）に基づき，US GAAPのASC第606号「顧客との契約から生じる収益」のみに存在するより詳細なガイダンスを参照して収益認

4

識に関する会計方針を策定することを検討する場合には，IASBがFASBと同様の改訂を行わなかった理由，及びIFRS第15号の規定や概念フレームワークに照らしても，US GAAPにおけるそれらのガイダンスが適切であると言えるのかを慎重に検討する必要がある点に留意されたい。

2 ｜ IFRS第15号の概要

(1) 目的及び基本原則

IFRS第15号の目的は，財務諸表の利用者に顧客との契約から生じる収益及びキャッシュ・フローの性質，金額，時期及び不確実性に関する有用な情報を報告するために，企業が適用すべき原則を定めることである。同基準書の基本原則は，顧客への財又はサービスの移転を描写するように（認識），その財又はサービスと交換に企業が権利を得ると見込む対価を反映した金額で（測定），収益を認識するというものである。この原則は，以下(2)③で説明する5つのステップから構成される収益認識モデルを用いて実現される。

(2) 収益認識モデルの概要

① 収益の定義

広義の収益とは，「資本参加者からの拠出によるもの以外の，会計年度における資本の増加につながる資産の流入又は増加，もしくは負債の減少の形態での経済的便益の増加」と定義されている（IFRS15.Appendix A）。この広義の収益の定義には，狭義の「収益」と「利得」の両方が含まれる。

狭義の収益とは，「広義の収益のうち，企業の通常の活動過程で生じるもの」（IFRS15.Appendix A）であり，売上，報酬，ロイヤルティなどが含まれる。一方，利得は，上記の広義の収益の定義を満たすその他の項目を表し，企業の通常の活動過程において発生するものと発生しないものの両方がある（FW.4.30）。利得には，非流動資産の処分から発生するものや，市場性のある有価証券の公正価値評価による未実現利益なども含まれる（FW.4.31）。狭義の収益と利得は，包括利益計算書上，別個に表示する必要がある（IAS1.34，IAS16.68，IAS38.113）。

IFRS第15号は，企業の通常の活動過程で生じる収益，すなわち，狭義の収

益の会計処理を定めている。

②　収益認識アプローチ

IFRS第15号における収益認識モデルは，顧客との契約から生じる資産又は負債及びその変動に基づき収益を認識及び測定するという，資産・負債アプローチに基づいている。当該収益認識アプローチは，概念フレームワークにおける収益の定義と整合するものである。

顧客と契約を締結すると，企業は財又はサービスと交換に顧客から対価を受け取る権利を得る一方，顧客に当該財又はサービスを移転する義務を引き受ける。当該権利と義務の組合せは，残存する権利と義務の関係に応じて，純額で資産又は負債を生じさせる。残存する権利が残存する義務を上回る場合，契約のポジションは資産（契約資産）となる一方，その逆の場合には，契約のポジションは負債（契約負債）となる。

契約の開始時点では当該権利と義務は同額であるため，契約のポジションはゼロである。その後企業が顧客に財又はサービスを提供すると，もはや義務が存在しなくなるため，後払いの場合には対価を受け取る権利により，契約のポジションは資産となる。他方，前払いの場合には，対価の受領時に財又はサービスを提供する義務のみが残存するため契約のポジションは負債となるが，その後財又はサービスの移転により義務も存在しなくなった時点で負債が取り崩されることになる。すなわち，収益は，企業が財又はサービスを顧客に移転することにより，資産が増加又は負債が減少した時に認識される。

③　5つのステップから構成される収益認識モデル

IFRS第15号では，以下の5つのステップを通じて収益認識の時期及び金額を決定する。大まかに言えば，当該収益認識モデルの下では，ステップ1でIFRS第15号に従って会計処理すべき契約を特定した後，ステップ2でどの単位で会計処理を行うかを決定する。次にステップ3と4を通じて認識すべき収益の額を測定し，最後にステップ5で収益の認識時点が決定される。

ステップ1（対象となる契約の特定）	顧客との契約の特定 IFRS第15号に従って会計処理すべき収益を生じさせる契約を識別する。ここでは，取引の実質を反映するために，複数の契約を結合してあたかも単一の契約であるかのように取り扱うべきか否かも決定する。

ステップ2 （会計処理 単位の決 定）	**履行義務（個別に会計処理すべき財又はサービス）の識別** ステップ1で特定された契約に複数の財又はサービスが含まれる場合，そのうちのどれを個別に会計処理し，どれとどれをまとめて会計処理すべきかを判断する。収益認識（ステップ5）は，当該単位で行われる。
ステップ3 （測定）	**取引価格（契約対価合計）の算定** ステップ1で識別された契約の下で提供される財又はサービスと交換に，企業が受け取る権利を有すると見込む契約対価合計を算定する。取引価格の算定にあたっては，契約上の固定価格に加え，値引きやボーナスなどの変動対価の見積り，前払い又は後払いの場合の利息費用又は収益，顧客に対するリベートの支払いなどのさまざまな要因を考慮する。
ステップ4 （測定）	**取引価格の各履行義務への配分** ステップ3で算定された取引価格をステップ2で識別された各履行義務に配分する。これにより，各履行義務が充足された時点で認識される収益の金額が決定される。
ステップ5 （認識）	**各履行義務の充足時点又は充足に応じた収益の認識** ステップ2で識別された各履行義務の単位で，当該履行義務に関する財又はサービスを顧客に移転することにより，企業がその履行義務を充足した時点で収益を認識する。財又はサービスの顧客への移転は，顧客が当該財又はサービスに対する支配を獲得した時点で生じるため，支配の移転に基づき収益が認識される。財又はサービスに対する支配の移転は，一時点で生じる場合もあれば，一定期間にわたり生じる場合もある。

図表1-1 5つのステップから構成される収益認識モデル

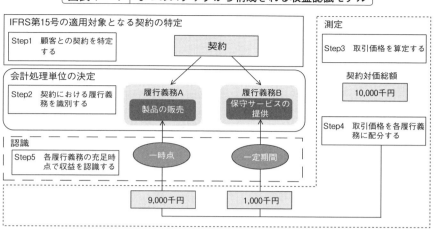

3 | IFRS第15号の適用により想定される主な影響

(1) 財務諸表への影響

　IFRS第15号は，国や業種を問わずすべての企業に，またあらゆる顧客との収益創出取引に適用される，収益の認識，測定，表示及び開示を取り扱った単一の基準書である。同基準書は原則主義の基準ではあるものの，現行IFRSに比してより多くのガイダンスを設けている。同基準書の下では，収益は支配の移転に基づき認識される。

　これに対し，現行IFRSでは，物品の販売，サービスの提供，及びロイヤルティなどの企業資産の第三者による利用から生じる収益を取り扱っているIAS第18号と，請負建設工事契約などの工事契約における施工者の会計処理を定めているIAS第11号，及びこれら基準書に関連する解釈指針書が存在する。IAS第18号では，主としてリスクと経済価値の移転に基づき収益を認識する一方，IAS第11号では，契約を遂行するための企業の活動等に基づき収益を認識するというように，両基準間で収益認識に関して異なるアプローチが採られている。

　また，IAS第18号及びIAS第11号はいずれも原則に基づく古い基準書であり，単純な販売取引についてはその定めに基づき会計処理できるものの，電子商取引などの近年見られる複雑な販売取引を会計処理するのに十分なガイダンスが

存在していない。たとえば，複数要素契約の会計処理については，現行IFRSには明確なガイダンスが設けられていないため，US GAAPを参照して会計方針を策定している企業が存在するなど，収益認識実務に大きなばらつきが生じている領域もある。

他方，日本基準においては，企業会計原則に定められる一般的なガイダンスを除き，ソフトウェア取引の収益の会計処理に関する実務上の取扱い（以下，「ソフトウェア取引実務対応報告」という）及び工事契約に関する会計基準（以下，「工事契約会計基準」という）（受注制作のソフトウェアについても，請負工事の会計処理に準じた処理を行うこととされており，当該基準が適用される）といった特定の領域に関する収益認識を取り扱った基準は存在するものの，収益の定義や一般認識要件を含む収益認識の会計処理全般を取り扱っている基準は存在しない。また，企業会計原則では，「売上高は，実現主義の原則に従い，商品等の販売又は役務の給付によって実現したものに限る」と定められているものの，実現主義の具体的な定義や考え方は示されていない。

こうした中，実務上は，個々の販売取引の実質に加え，各業界における慣行及び税法を考慮した上で，各企業がその取引が実現したと考える時点（財貨の移転又は役務の提供の完了とそれに対する対価の成立時点）を判断している。よって，収益認識に関する会計処理は各企業及びその企業が属する業界により異なっている。

なお，日本基準については現在，IFRS第15号を踏まえた収益認識基準の開発に向けた検討が進められており，将来的にはIFRS第15号と我が国における収益認識基準及び実務との差異が縮まる可能性がある。この点については，以下「(3) 日本基準の改訂動向」を参照されたい。

IFRS第15号の適用による主な影響は，IFRS第15号と現行IFRS又は日本基準における基準差から生じるものと，IFRS第15号と現行IFRS又は日本基準における収益認識実務との差から生じるものの2種類に大別できよう。上述した現状を踏まえると，明確な基準差といえるものは少なく，IFRS第15号の適用による影響の多くは，現行IFRS又は日本基準において収益認識の時期と金額に関する一貫した原則及び明確なガイダンスがないことから，業種別の慣行や税法の取扱いを勘案して決定された現行の収益認識実務から生じることになると考えられる。そのため，IFRS第15号が各企業に及ぼす影響は，各企業における現行の収益認識実務に左右される。

具体的には，たとえば，以下のような領域において現行IFRS又は日本基準に明確なガイダンスが欠如していることから，IFRS第15号の当該領域に関するガイダンスの適用により重大な影響が生じる可能性がある。

論点（例示）	参照先
商慣習や口頭による合意に基づき契約は存在するか	「第3章1．契約」
どのような場合に複数の契約を結合し，単一の契約として取り扱うべきか	「第3章3．契約の結合」
契約が変更された場合，どのように会計処理すべきか	「第3章4．契約の変更」
複数要素契約について，どのような場合に各構成要素を分割して会計処理すべきか，またどのように契約対価を各構成要素に配分すべきか	「第4章　会計処理の単位（ステップ2：履行義務の識別）」及び「第5章②　取引価格の各履行義務への配分（ステップ4）」
契約対価が変動する場合，どの時点で，またいくらで収益を認識すべきか	「第5章①2．変動対価」
顧客への支払いを売上からの控除とすべきか，あるいは販管費とすべきか	「第5章①5．顧客に支払われる対価」
一定の財又はサービスについて，収益を一時点で認識すべきか，又は一定期間にわたり認識すべきか	「第6章　認識（ステップ5：履行義務の充足）」
販売取引において，本人当事者として行動しているのか，又は代理人として行動しているのか（収益を総額又は純額のいずれで表示すべきか）	「第7章①　本人当事者か代理人かの検討」
ポイント制度のように，販売取引の一環として，将来に財又はサービスを無料又は値引価格で取得できる権利が付与される場合，これをどのように会計処理すべきか	「第7章②　追加の財又はサービスに関する顧客の選択権」
知的財産のライセンスを付与する約定の性質は，使用権を付与するものなのか，あるいはアクセス権を付与するものなのか，また収益はどの時点で認識すべきか	「第7章⑧　知的財産のライセンス」
契約を獲得する際に発生するコストはどのように会計処理すべきか	「第7章⑪　契約コスト」

また、IFRS第15号の適用による影響は業種ごとに異なるであろう。現金と交換に又はクレジットカード払いで商品を販売する小売業や金融サービス業などのように、IFRS第15号の適用によりそれほど大きな影響を受けないと考えられる業種もあれば、電気通信業、建設業、個別受注産業やソフトウェア業などのように、複数要素契約や長期契約を有していることから重要な影響を受ける可能性が高いと思われる業種もある。

　特に、現行IFRS又は日本基準において、特定の業種や取引に関する会計処理に係るガイダンスが存在する場合、あるいは明確なガイダンスが存在しないため、現在特定の業種や取引に固有の会計処理が行われている場合には、IFRS第15号の適用による影響が大きくなる可能性がある。

　弊社は、フォーチュン500に掲載されているIFRS適用企業207社の2016年度の年次財務諸表を調査した。IFRS第15号の適用により生じうる影響について、IAS第8号に従った新基準書の適用による財務諸表への予想される影響に係る開示を分析したところ、以下のような結果となった。

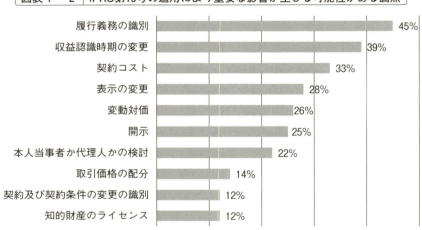

図表1－2　IFRS第15号の適用により重要な影響が生じる可能性がある論点

- 履行義務の識別　45%
- 収益認識時期の変更　39%
- 契約コスト　33%
- 表示の変更　28%
- 変動対価　26%
- 開示　25%
- 本人当事者か代理人かの検討　22%
- 取引価格の配分　14%
- 契約及び契約条件の変更の識別　12%
- 知的財産のライセンス　12%

　上記以外にも、追加の財又はサービスに関する顧客の選択権、返還不能の前払手数料及び一定期間にわたり充足される履行義務の進捗度の測定などが、重要な影響を及ぼしうる論点として挙げられていた。

　IFRS第15号の適用にあたり収益を創出する契約又はその類型ごとに、同基準書の規定に当てはめて検討する必要がある。その結果、現行IFRS又は日本

基準における取扱いから変更が生じない場合もあろう。しかし，その場合であっても，顧客との契約のそれぞれを慎重に評価した上で，IFRS第15号を適用しても重要な影響が生じず，会計処理の変更が不要であることを確認する必要があり，これが実務上，企業にとって最も負担となりうる点といえよう。

(2) その他の領域への影響

IFRS第15号の適用により会計処理の変更を余儀なくされ，結果として売上高や各種経営指標に影響が及ぶ可能性がある。しかし，同基準書の適用による影響は財務数値に留まらず，システム，営業活動，顧客との契約内容，従業員の報酬制度などその他多くの領域にも重大な影響を及ぼす可能性がある点に留意が必要である。

特に，たとえば以下のような領域において，IFRS第15号を適用する上で，多くの見積りや判断が求められることから，経理部門だけでなく，営業部門，法務部門やIT部門など他の部署も巻き込みながら，これまで以上に商慣習も含め顧客との契約を詳細に分析，評価することが重要になると考えられる。そうした顧客との契約の評価の結果，IFRS第15号に従った見積りや判断，会計処理及び開示を行うために，内部統制プロセスやシステムを新たに構築又は修正する必要性が生じる場合もあろう。

見積り又は判断（例示）	参照先
商慣習や口頭による合意に基づく契約又は契約の変更の有無	「第3章1．契約」及び「同章4．契約の変更」
複数要素契約について，複数の財又はサービスの相互関連性や相互依存性の程度に関する評価に基づく，契約の観点から見た場合の各財又はサービスの契約に含まれる他の財又はサービスからの区別可能性	「第4章2．(2)　第二段階：契約の観点からの区別可能性」
変動対価の見積り，及び事後的な収益の大幅な戻入れの可能性	「第5章①2．変動対価」
財又はサービスが個別に販売されていない場合の独立販売価額の見積り	「第5章②1．独立販売価格の見積りと取引価格の配分」
履行義務は一時点で充足されるか，あるいは一定期間にわたり充足されるか	「第6章　認識（ステップ5：履行義務の充足）」

一定期間にわたり充足される履行義務に関する進捗度の測定	「第6章3.(1) 一定期間にわたり充足される履行義務の進捗度の測定」
知的財産のライセンスの付与は、使用権（一時点の収益認識）なのか、あるいはアクセス権（一定期間にわたる収益認識）なのか	「第7章8 知的財産のライセンス」
履行義務の予想充足時期など、将来に関する予測情報	「第8章2. 注記での開示」

(3) 日本基準の改訂動向

　企業会計基準委員会（以下，「ASBJ」という）は，2015年3月に開催された会議において，IFRS第15号を踏まえた我が国における収益認識基準の開発に向けた検討に着手することを決定した。収益認識に関する包括的な会計基準の開発は，我が国の会計基準の体系整備に繋がり，日本基準を高品質なものとすることに寄与するとともに，国際的な財務諸表の比較可能性を向上させることが期待されている。

　ASBJは2016年2月に，収益認識に関する包括的な会計基準の開発に向けた検討を進めるに当たり，広く関係者から適用上の論点等について意見を募集するために，「収益認識に関する包括的な会計基準の開発についての意見募集」を公表した。この意見募集では，IFRS第15号の概要と，仮に同基準書を我が国における包括的な収益認識基準として連結財務諸表及び個別財務諸表に導入した場合に生じうる主な論点が示されていた。

　ASBJは，当該意見募集に寄せられたコメントを踏まえ，適用上の課題に対処するための議論を重ね，その結果として，2017年7月20日に，企業会計基準公開草案第61号「収益認識に関する会計基準（案）」，及び企業会計基準適用指針公開草案第61号「収益認識に関する会計基準の適用指針（案）」（以下，「日本基準ED」という）を公表した。当該日本基準EDはIFRS第15号を基礎として開発されているため，おおむねIFRS第15号と整合する内容となっている。ただし，当該日本基準EDには，重要性や実務上の便宜等を考慮して代替的な取扱いが容認されているなど，IFRS第15号とは異なる規定がいくつか設けられている。

　当該日本基準EDは，2021年4月1日以後開始する連結会計年度及び事業年度の期首から適用することが提案されている。しかし，ASBJは，IFRSを任意

適用する日本企業が増加していることに鑑み，そうしたIFRS適用企業及びUS GAAP適用企業が，IFRS第15号及びASC第606号の強制適用日（2018年1月1日以後開始する事業年度）に日本基準において当該会計基準等を適用することが可能となるように，以下のいずれかから当該会計基準等の早期適用を認めることを提案している。

- 2018年4月1日以後開始する連結会計年度及び事業年度の期首
- 2018年12月31日に終了する連結会計年度及び事業年度から 2019年3月30日に終了する連結会計年度及び事業年度までにおける年度末に係る連結財務諸表及び個別財務諸表

このように，我が国においてもIFRS第15号を出発点とした収益認識基準書の検討が進められていることから，IFRS第15号の適用に向けた取組みは，日本基準EDがそのまま最終基準化された場合には，IFRSに基づく連結財務諸表だけでなく，日本基準に従った連結財務諸表及び個別財務諸表においても必要となる。

4 | IFRS第15号の実務適用上の論点に関する検討

⑴ 収益認識に関する合同移行リソース・グループ（TRG）

上記1．で説明したように，IASBとFASBは，新たな収益認識基準書について，追加の適用ガイダンスが必要かどうかの判断及び関係者の教育を目的として，収益認識に関する合同移行リソース・グループを創設した。TRGのメンバーは，さまざまな国，業種，公的部門及び民間部門の財務諸表の作成者，監査人及び利用者から構成されており，また証券監督者国際機構（IOSCO），米国証券取引委員会（SEC），米国公開会社会計監督委員会（PCAOB）及び米国公認会計士協会（AICPA）がオブザーバーとして参加している。

TRGは，2014年の創設以来2015年末までに6回の会議を開催し，関係者から提出された数多くの適用上の問題点を検討してきた。そうした議論を通じて，TRGのメンバーは，多くの論点についておおむね合意に至っている。TRG自体がガイダンスを提供することはなく，TRGメンバーの見解は正式な効力を有するものではないが，IFRS第15号を適用する際には，彼らの見解についても考慮すべきである。欧州証券市場監督局（ESMA）も，パブリック・ステー

トメントの中で，財務諸表の作成者はIFRS第15号の適用にあたりTRGにおける議論の内容を考慮することを奨励すると述べている。

一方，TRGの会議において，新たな収益認識基準書の規定が十分に明確ではなく，実務でばらつきが生じうる論点が識別されたことを受けて，両審議会は，これに対処するために審議を行った。しかし，IASBとFASBは改訂の内容とその範囲について合意に至ることができず，それぞれが別個に収益認識基準書の改訂を行った。IASBについては，履行義務の識別，本人当事者か代理人かの検討，知的財産のライセンス及び移行措置の4つの論点について改訂を行い，2016年4月に「IFRS第15号の明確化」を公表した。

IASBは IFRS第15号の改訂を公表後は，関係者が同基準書への移行準備をスムーズに進められるように，同基準書へのさらなる改訂を行わないとしている。そのため，IFRSに関して，2016年度以降にTRG会議の開催は予定されていない。一方，FASBは，US GAAPにおけるASC第606号を適用する上での論点について引き続き議論を行うために，2016年4月及び11月に単独でFASB関係者によるTRGの会議を開催した。当該FASBによるTRGの会議には，IASBのボードメンバー及びスタッフがオブザーバーとして参加するなど，IASBはFASBによるTRG会議での議論の内容を継続してモニターしている。

なお，FASBも2016年11月のTRG会議において，収益認識新基準の発効日前にさらなる改訂は行わない予定であり，重要かつ広範にわたる論点があればTRG会議を開催する可能性はあるものの，当該日時点では次のTRG会議は予定していないと述べている。

TRGにおいて議論された論点については，「付録3　TRGで取り上げられた論点一覧」にまとめている。また，これら論点の一部については，本書でその内容を解説している。なお，IFRS適用企業が，FASB TRGメンバーによる合意内容を参照して会計方針を策定したいと考える場合には，当該合意内容がIFRS第15号の規定や概念フレームワークに照らしても適切であるといえるのかについて慎重な検討が必要である点に留意されたい。TRGにおいて議論されたすべての論点に関する詳細な内容については，IASB及びFASBのHPを参照されたい[2]。

(2)　IFRS解釈指針委員会

今後IFRS関係者によりIFRS解釈指針委員会に同基準書の適用に関する論点

が提起される可能性がある。IFRS第15号への移行準備期間中に，同委員会により同基準書の適用に関する論点が議論される場合には，その内容を注視する必要がある。

5 ┃ 発効日及び移行措置

(1) 発効日

　2014年5月の当初公表時には，IFRS第15号は2017年1月1日以降開始する事業年度から適用され，早期適用も認められるとされていた。しかし，TRGにおいて実務適用上の論点に関する議論が継続している状況などに鑑み，十分な新基準の適用準備期間を設けるために，IASBは2015年9月に，IFRS第15号の明確化を図るための改訂基準書の公表に先立ち，同基準書の発効日を1年延期する改訂を公表した。この改訂により，IFRS第15号は2018年1月1日以降開始する事業年度から適用されることとなった。したがって，3月決算の日本の上場企業の場合，2018年4月1日に開始する事業年度から，より具体的には2019年3月期の第1四半期報告書からIFRS第15号を適用して報告することが求められる。早期適用は，すでにIFRSを適用している企業及びIFRS初度適用企業の双方に認められる。

　また，IFRS第15号の明確化に係る改訂についても，IFRS第15号と同様に，2018年1月1日以降開始する事業年度から適用され，早期適用も容認されている。

(2) 移行措置

① すでにIFRSを適用している企業

　IFRS第15号は，完全遡及適用アプローチ又は修正遡及適用アプローチのいずれかを選択して適用することが認められる。以下において，それぞれのアプローチを解説する。

2　IASB HP
　http://www.ifrs.org/groups/transition-resource-group-for-revenue-vecognition/
　FASB HP
　http://www.fasb.org/jsp/FASB/Page/LandingPage&cid=1176164065747

IFRS第15号は，移行措置に関連する用語を以下のように定義している。

用　　語	定　　義
完了済みの契約	IAS第11号，IAS第18号及び関連する解釈指針書に従って識別された財又はサービスのすべてが移転された契約
適用開始日	IFRS第15号を最初に適用する報告期間の期首

⑺　完全遡及適用アプローチ

　完全遡及適用アプローチを選択する企業は，IAS第8号に従って，IFRS第15号を財務諸表に表示されている各報告期間に遡及適用する。ただし，移行時の実務上の負担を軽減するために，以下の実務上の便法が設けられており，これらのうちの1つ又は複数を使用することができる（IFRS15.C5）。なお，これらの実務上の便法を適用する場合には，表示されるすべての報告期間におけるすべての契約に首尾一貫して適用しなければならない（IFRS15.C6）。

(ⅰ)　以下の完了済みの契約については，修正再表示する必要はない。
　　・同一年度中に開始して終了した契約
　　・表示される最も古い期間の期首時点で完了済みの契約

(ⅱ)　完了済みの契約のうち変動対価を伴う契約については，比較年度において変動対価の金額を見積らずに，契約完了日時点の取引価格を使用することができる。

(ⅲ)　表示される最も古い期間の期首より前に行われた契約の変更については，各変更の影響をそれぞれ遡及修正する必要はない。その代わりに，以下を行う際に，当該時点までに行われたすべての変更の累積的な影響を反映する。
　　・充足した履行義務と未充足の履行義務の識別
　　・取引価格の算定
　　・充足した履行義務と未充足の履行義務への取引価格の配分

(ⅳ)　適用開始日前の表示されるすべての期間について，以下の項目を開示する必要はない。
　　・残存する履行義務に配分された取引価格の金額

> ・当該金額の予想される収益認識時期に関する説明

　また，完全遡及適用アプローチを適用する企業は，現行IFRSからIFRS第15号への移行による影響の概要を説明するために，IAS第8号第28項に従って，IFRS第15号の当初適用による会計方針の変更について，以下の項目を開示しなければならない。

(a)　新基準書の名称
(b)　会計方針の変更が移行措置に従って行われた旨
(c)　会計方針の変更の内容
(d)　経過措置の概要
(e)　該当する場合には，将来の期間に影響を及ぼす可能性のある経過措置
(f)　表示される当期及び過去の各期間について，実務上可能な範囲で，次の項目に関する調整額
　　・影響を受ける財務諸表の各表示項目
　　・IAS第33号「1株当たり利益」が適用される場合，基本的及び希薄化後1株当たり利益
(g)　実務上可能な範囲で，表示されている期間よりも前の期間に関する調整額
(h)　遡及適用が，特定の過去の期間について又は表示されている期間よりも前の期間について実務上不可能な場合には，その状態が存在するに至った状況，及び会計方針の変更がどのように，またいつから適用されているかの説明

　ただし，開示に関する負担軽減措置として，上記(f)（IAS第8号第28項(f)）により開示することが求められる影響を受ける財務諸表の各表示科目及び一株当たり利益への調整額については，IFRS第15号を初めて適用する事業年度の直前の事業年度についてのみ開示することも認められる（IFRS15.C4）。

　当該開示に加え，上記(ⅰ)〜(ⅳ)の実務上の便法を適用することを選択した場合には，適用した便法及び合理的に可能な範囲で当該便法のそれぞれの適用による影響の見積りについて，定性的な評価を開示する必要がある（IFRS15.C6）。

　図表1−3は，すでにIFRSを適用している企業が完全遡及適用アプローチ

を選択してIFRS第15号を適用する場合の移行措置をまとめたものである。

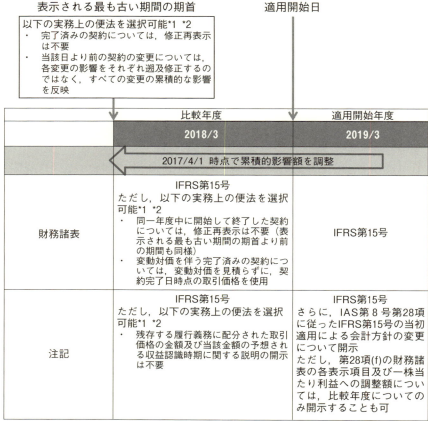

図表1－3　すでにIFRSを適用している企業の移行措置－完全遡及適用アプローチ

*1 実務上の便法はいずれも，表示するすべての報告期間におけるすべての契約に一貫して適用する必要がある。
*2 実務上の便法を適用する場合，適用した便法及び合理的に可能な範囲で各便法の適用による影響の見積りについて，定性的な評価を開示。

第1章　IFRS第15号の全体像　19

IFRS第15号の明確化における主要ポイント

・完了した契約の定義に関して，IFRS第15号の改訂に関する結論の根拠では，「財又はサービスのすべてが移転された」かどうかは，IFRS第15号の支配の移転の概念に基づき評価されるのではなく，従前の収益認識基準（すなわち，IAS第11号，IAS第18号及び関連する解釈指針書）に従って履行されたか否かにより判断され，よって多くの場合，「移転された」という用語は，財の販売契約の場合は「引渡し」を，サービスの提供や工事契約の場合は「履行」を意味するとされている。したがって，現行IFRSに基づき識別された財又はサービスのすべてが顧客に移転されている契約であれば，回収可能性に疑義がある，あるいは対価が依然として変動し，測定の不確実性が存在することにより，いまだ収益のすべてが認識されていない契約であっても，完了した契約に該当することになる。

・また，完了済みの契約にIFRS第15号を遡及適用しないことを選択した場合には，同基準書の適用後に当該完了済みの契約を会計処理する際には，IFRS第15号ではなく，現行IFRSに基づき会計処理することが明確化された。

・IFRS第15号の改訂において，上記(i)の表示される最も古い期間の期首時点で完了済みの契約，及び(iii)の契約の変更の遡及修正に関する実務上の便法が設けられた。

・契約の変更に関する実務上の便法が設けられたことにより，契約締結日と表示される最も古い期間の期首の間に複数回の条件変更が行われた長期契約を有する企業にとって，契約変更の評価及び遡及修正の負担が軽減されることになる。この便法の下では，契約締結日から表示される最も古い期間の期首までに行われたすべての契約の変更を識別し，各変更が変更日時点で履行義務の識別に及ぼした影響を評価しなければならない。しかし，各変更日時点で取引価格を算定し，これを各履行義務に配分する必要はない。その代わりに，表示される最も古い期間の期首時点で，契約開始以降当該契約において識別されたすべての履行義務について取引価格を算定し，当該取引価格を相対的な独立販売価格に基づき充足済み又は未充足の履行義務に配分することになる。この実務上の便法の適用により，充足済みの履行義務と未充足の履行義務を識別し，それらの履行義務に配分すべき取引価格を算定する際に，事後的な情報や判断を用いることが認められる。

設例1-1　完了済みの契約①

　メーカーであるＡ社は2016年6月25日に得意先であるＢ社と機械を10,000,000円で販売する契約を締結し，その納期は6カ月後の2016年12月25日とされた。

　Ａ社は2016年12月25日にＢ社に機械を納品した。しかし，受注後にＢ社の

業績が大幅に悪化しており，対価の回収可能性に疑義が生じている。そのため，A社は，IAS第18号に従って，対価の回収可能性が高いといえないことから，機械の引渡時点で収益を認識していない。

A社は，IFRSに従って財務報告を行っている12月決算の企業（比較情報は1期分のみ表示）であり，2018年1月1日から完全遡及適用アプローチを用いてIFRS第15号を適用する。

解説

・IAS第18号の下では，2016年12月末時点ではいまだ収益認識要件を満たしていないことから，当該機械の販売に関して収益は認識されていない。
・しかし，IFRS第15号の経過規定に基づけば，当該機械は当該日（表示される最も古い期間の期首）以前にB社に引き渡されており，当該日時点で完了済みの契約とみなされる。

設例1-2 完了済みの契約②

小売企業であるA社は，2016年1月31日に顧客に商品を販売し，その一環として将来にA社の商品と交換できるポイントを付与した。当該ポイントは2017年1月15日にA社の商品と交換された。

A社は，IFRIC第13号に従って，契約対価合計を商品とポイントに配分し，商品に係る収益は2016年1月31日に商品が引き渡された時点で認識する一方，ポイントに係る収益は繰り延べ，2017年1月15日にポイントが使用された時点で認識した。

A社は，IFRSを適用している12月決算の企業（比較情報は1期分のみ表示）であり，2018年1月1日から完全遡及適用アプローチを用いてIFRS第15号を適用する。

解説

・A社は，比較年度（表示される最も古い期間）の期首時点では，ポイントに係る義務を履行していない。
・従前の収益認識基準書に従って識別された財又はサービスのすべてが移転されていないことから，IFRS第15号の経過規定の下では，当該契約は当該日時点では完了していない。

第 1 章　IFRS第15号の全体像　21

| 設例 1 - 3 | 移行措置─契約の変更に関する実務上の便法 |

　A社は2013年 1 月 1 日に，顧客と 2 年間のサービス契約を2,000,000円で締結した。当該サービスは，実質的に同一で，顧客への移転パターンが同じである一連の区別できるサービスに該当する。なお，当該 2 年間のサービスの独立販売価格は，契約対価と同じ2,000,000円である。

　2014年 1 月 1 日にA社と顧客は，1,700,000円の追加金額で当該サービス契約を 2 年間延長する契約の変更に合意し，サービス提供期間は合計で 4 年間となった。なお， 2 年間のサービスの独立販売価格は，当初契約日以降変動していない。

　A社と顧客は2016年 1 月 1 日に，1,700,000円の追加金額でさらに契約期間を 2 年間延長する変更契約を締結し，サービス提供期間は合計で 6 年間となった。なお，当該 2 年間のサービスの独立販売価格は，依然として2,000,000円のままである。

　A社は，IFRSに準拠して財務諸表を作成している12月決算の企業（比較情報は 1 期分のみ表示）であり，2018年 1 月 1 日から完全遡及適用アプローチを用いてIFRS第15号を適用する。

解説

・経過措置における契約の変更に関する実務上の便法を適用する場合，表示される最も古い期間の期首である2017年 1 月 1 日時点で過去 2 回の変更をまとめて会計処理する。

・当該サービスは，実質的に同一で，顧客への移転パターンが同じである一連の区別できるサービスであり，各契約の変更により区別できる 2 年間のサービスが追加されている（「第 4 章 3．実質的に同一で，顧客への移転パターンが同じである，一連の区別できる財又はサービス（一連の区別できる財又はサービス）」を参照）。

・当該日時点で，充足された履行義務は過去 4 年分のサービスであり，未充足の履行義務は残り 2 年分のサービスである。

・取引価格は当初契約の2,000,000円， 1 回目の変更による1,700,000円及び 2 回目の変更による1,700,000円の合計である5,400,000円となる。

・当該取引価格5,400,000円を相対的な独立販売価格に基づき充足済みの 4 年間のサービスと未充足の 2 年間のサービスに配分するため，当該日時点で

残り2年間のサービスに対して1,800,000円（＝5,400,000×2／6年）の収益が繰り延べられる。

（イ）　修正遡及適用アプローチ

完全遡及適用アプローチの下では，財務諸表に表示されるすべての期間を通じてすべての顧客との契約が一貫して認識及び測定されるため，財務諸表の利用者に当該期間にわたる有用なトレンド情報を提供する。しかし，IFRS第15号を完全遡及適用する際の負担を軽減するために，以下のような修正遡及適用アプローチが設けられている。

修正遡及適用アプローチを選択する企業は，IFRS第15号を財務諸表に表示される直近の報告期間（すなわち，適用開始年度）のみに遡及適用する。この場合，適用開始日に同基準書を初めて適用したことによる累積的影響を，適用開始年度の期首利益剰余金（又は適切な場合には他の資本項目）残高に対して調整しなければならない。当該アプローチの下では，同基準書を適用開始日時点のすべての契約に適用するか，あるいは当該日時点で完了していない契約のみに適用するかを選択することができる（IFRS15.C7）。具体的には，修正遡及適用アプローチを適用する場合，以下のように会計処理する（IFRS15.C7-C8A）。

(i)　比較期間はIAS第11号，IAS第18号及び関連する解釈指針書に従って表示する。

(ii)　IFRS第15号は，以下のいずれかの契約に適用する。

・適用開始日時点で存在するすべての契約，及びそれ以降の新規契約

・適用開始日時点で完了していない契約，及びそれ以降の新規契約

なお，IFRS第15号を適用開始日時点のすべての契約に適用したのか，又は完了済みでない契約のみに適用したのかを開示する必要があると考えられる。

(iii)　以下のいずれかの時点より前に発生したすべての契約の変更に関して，各変更の影響をそれぞれ遡及修正する必要はない。その代わりに，当該日時点で，充足した履行義務と未充足の履行義務を識別し，取引価格の算定を行い，取引価格をそれら履行義務に配分する際に，事後的な情報及び判断を用いて，それらすべての変更の累積的な影響を反映することが容認される。

・表示される最も古い期間の期首

・適用開始日

第1章　IFRS第15号の全体像　23

　当該実務上の便法を適用する場合には，すべての契約に首尾一貫して適用しなければならず，また当該便法を使用した旨，及び合理的に可能な範囲で当該便法の適用による影響の見積りについて，定性的な評価を開示する必要がある。
(iv)　適用開始年度において同基準書を初めて適用することによる影響について，適用開始日時点で利益剰余金（又は適切な場合には他の資本項目）に対して累積的なキャッチアップ調整を認識する。
(v)　適用開始年度に関して，同基準書の適用による財務諸表の各表示科目への影響額，及び重要な変動についての説明を開示する（IFRS15.C8）。

IFRS第15号の明確化における主要ポイント

IFRS第15号の改訂において，上記(iii)の契約の変更に関する実務上の便法が設けられるとともに，上記(ii)により，適用開始日後において類似する契約であれば同様に会計処理されるように，適用開始日時点で完了していない契約にだけでなく，当該日時点で存在するすべての契約にIFRS第15号を遡及適用する方法も容認された。

　図表1－4は，すでにIFRSを適用している企業が修正遡及適用アプローチを選択した場合の移行措置をまとめたものである。

| 図表 1 - 4 | すでにIFRSを適用している企業の移行措置－修正遡及適用アプローチ |

表示される最も古い期間の期首　　　　　　　　適用開始日

以下の実務上の便法を
選択可能*1 *2
　いずれかの時点までの
　契約の変更について，
　各変更の影響をそれぞ
　れ遡及修正するのでは
　なく，すべての変更の
　累積的な影響を反映

既存のすべての契約
又は完了していない
契約のみに遡及適用
するかを選択

	比較年度	適用開始年度
	2018/3	**2019/3**
	2018/4/1 時点で累積的影響額を調整 →	
財務諸表	現行IFRS	IFRS第15号
注記	現行IFRS	IFRS第15号 さらに，IFRS第15号の適用による各財務諸表科目への影響額，及び重要な変動についての説明（現行IFRSに基づく数値）を開示

*1　実務上の便法は，表示するすべての報告期間におけるすべての契約に一貫して適用する必要が
　　ある。
*2　実務上の便法を適用する場合，適用した便法及び合理的に可能な範囲で当該便法の適用による
　　影響の見積りについて，定性的な評価を開示。

実務適用上のポイント

☑IFRS第15号の遡及適用に際しての留意点

　　IFRS第15号の遡及適用により，これまでとは異なる履行義務（会計処理の単位）
が識別される，変動対価の見積り及びそれに係る制限などにより現行実務とは異
なる取引価格（契約対価合計）が算定される，あるいはその両方に変更が生じる
ため，取引価格の各履行義務への配分を見直さなければならなくなる可能性があ
る。

　　下記の実務上の便法が適用される場合を除き，変動対価（第 5 章①2.を参照）
や独立販売価格（第 5 章②1.を参照）などの見積りや判断は，原則どおり，契
約開始時点，履行義務の充足時点や各報告期間の末日時点で存在する事実と状況
に基づく必要があると考えられる。長期契約など相当前に契約が締結されている
場合には，そうした情報を入手することが難しく，当該評価に際して相当な判断
が求められる場合もあろう。

第1章　IFRS第15号の全体像　25

　　IFRS第15号は，完全遡及適用アプローチにおいて上記(ii)に該当する場合には，変動対価を見積る際に事後的な情報を用いることを容認している。

　　完全遡及適用アプローチ及び修正遡及適用アプローチにおいて上記(iii)に該当する場合には，過去の契約の変更を遡及修正するにあたり，事後的な情報を使用することが認められている。

　　そのため，各企業においては，主要な収益創出取引ごとにIFRS第15号の規定を当てはめてみることにより，早期に同基準書の適用が各社に及ぼしうる影響を把握し，同基準書の適用に向けて見積り及び判断プロセスや必要な情報の収集体制の構築に着手することが奨励される。

☑修正遡及適用アプローチの留意点

　　修正遡及適用アプローチの下では，比較年度について修正再表示する必要はないが，財務諸表の利用者が現行IFRSからIFRS第15号への移行による影響を理解するのに役立つように，適用開始年度においてIAS第11号，IAS第18号及び関連する解釈指針書に準拠して作成した場合の財務諸表上のすべての表示科目（損益計算書項目だけでなく，貸借対照表項目も）を開示することが求められる。そのため，実質的に適用開始年度において現行IFRS及びIFRS第15号の双方に基づく2組の帳簿を作成しなければならない。そのため，このアプローチの適用は，企業が予想するよりも煩雑な可能性がある。

②　初度適用企業

　初度適用企業がIFRS第15号を適用してIFRSに移行する場合，同基準書を遡及適用しなければならない。ただし，上記「(ア)　完全遡及適用アプローチ」に記載されている実務上の便法を使用することが認められる。初度適用企業が当該便法の適用を選択する場合には，完全遡及適用アプローチにおける「適用開始日」への参照は，最初のIFRS報告期間の期首と読み替える（IFRS1.D34）。

　以下では，当該読み替えを反映した初度適用企業が適用できる実務上の便法を示している。なお，初度適用企業に関して完了済みの契約とは，従前のGAAPに従って識別された財又はサービスのすべてを移転した契約をいう。

　(i)　以下の完了済みの契約については，修正再表示する必要はない。
　　　・同一年度中に開始して終了した契約
　　　・表示される最も古い期間の期首時点で完了済みの契約
　(ii)　完了済みの契約のうち変動対価を伴う契約については，比較年度における変動対価の金額を見積らずに，契約完了日時点の取引価格を使用す

ることができる。

(iii)　表示される最も古い期間の期首より前に行われた契約の変更について，各契約の変更の影響をそれぞれ遡及修正する必要はない。その代わりに，以下を行う際に，当該日時点までに行われたすべての変更の累積的な影響を反映する。

・充足した履行義務と未充足の履行義務の識別

・取引価格の算定

・充足した履行義務と未充足の履行義務への取引価格の配分

(iv)　最初のIFRS報告期間の期首より前の表示されるすべての期間について，以下の項目を開示する必要はない。

・残存する履行義務に配分された取引価格の金額

・当該金額の予想される収益認識時期に関する説明

　なお，上記の実務上の便法の適用を選択する場合には，適用した便法及び合理的に可能な範囲で当該便法のそれぞれの適用による影響の見積りについて，定性的な評価を開示する必要がある（IFRS1.D34，IFRS15.C6）。

　図表1－5は，初度適用企業の移行措置をまとめたものである。

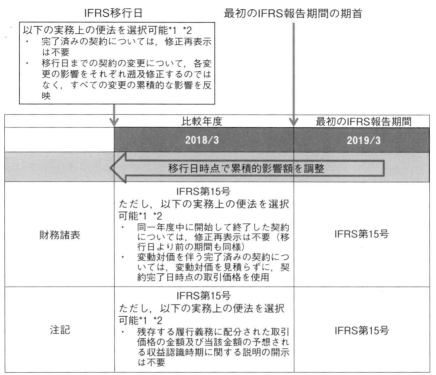

図表1－5　初度適用企業の移行措置

*1 実務上の便法はいずれも，表示するすべての報告期間におけるすべての契約に一貫して適用する必要がある。
*2 実務上の便法を適用する場合，適用した便法及び合理的に可能な範囲で各便法の適用による影響の見積りについて，定性的な評価を開示。

6 │ IFRS第15号の適用前における同基準書の当初適用による影響に関する開示

　財務諸表利用者が新基準書の適用により財務諸表に生じうる影響を事前に評価できるように，公表されているが未発効の新基準書を適用していない場合には，IAS第8号に従い，その旨，及び新基準書の適用による適用開始年度に係る財務諸表に及びうる影響の評価に関連性のある既知の又は合理的に見積可能な情報を開示しなければならない（IAS8.30）。当該開示にあたり，以下の事項を考慮する（IAS8.31）。

> ・新基準書の名称
> ・近い将来行われる会計方針の変更の内容
> ・当該基準書の強制適用日
> ・企業による当該基準書の適用開始予定日
> ・当該基準書の適用により企業の財務諸表に及ぶと予想される影響についての説明，あるいは，その影響が不明であるか又は合理的に見積ることができない場合には，その旨

　IFRS第15号への移行準備を開始した当初は，財務諸表に生じうる影響について特定できない又は合理的に見積れないため，その旨を開示することになる。しかし，IFRS第15号への移行準備が進むにつれ，同基準書の適用が財務諸表に及ぼしうる影響及びその程度についてより合理的に見積れるようになり，各企業のビジネスを反映したより具体的な定性的及び定量的な情報の提供が可能になると考えられる。そのため，報告期間を重ねるごとにより充実した開示が行えるようになっていると想定されるが，遅くとも適用開始年度の直前年度（すなわち比較年度，3月決算の企業がIFRS第15号を強制適用となる2019年3月期から適用する場合には，2018年3月期）の期中財務諸表（前期末後に重要な変動がある場合）及び年次財務諸表には，単にIFRS第15号の適用による影響は検討中である，あるいは影響は不明であると記載するのではなく，より具体的に，影響を受ける販売取引の類型，会計処理の領域，現行の収益認識基準に基づく処理からの変更内容とその理由，収益認識額及び収益認識時期の変更などに関するより充実した開示が必要になると考えられる点に留意されたい。また，IFRS第15号の適用により財務諸表に重要な影響が生じると見込まれる場合には，選択した移行措置についても開示することが奨励される。

　この点，ヨーロッパでは欧州証券市場監督局（ESMA）が2016年7月にIFRS第15号の影響に関する開示の必要性に言及する文書を公表したように，2016年中に複数の規制当局が，IFRS第15号の適用による影響に関する適切な開示を行うことの重要性を強調し，より多くの情報が入手可能になるに応じて，各報告期間における開示は一層充実していくはずであるとの期待を表明している。さらに，証券監督者国際機構（IOSCO）も2016年12月に，この点を再度確認する文書を公表している。

第1章　IFRS第15号の全体像　29

　以下の開示例はBMWグループ社の2016年度のアニュアル・レポートからの抜粋であるが，同社は，IFRS第15号の適用により影響を受けると思われる領域，収益認識時期と金額の変更可能性，及び具体的な影響額，さらにはIFRS第15号の適用アプローチについて開示している。

開示例 1　**IFRS第15号の当初適用による影響に関する開示**

　BMWグループ社－2016年度アニュアル・レポート

(b)　当グループにとって重要となる，IASBにより公表されたものの，いまだ適用されない会計基準（抜粋）

　IFRS第15号「顧客との契約から生じる収益」の目的は，収益に関するさまざまな現行の規定及び解釈指針を単一の基準に統合することにある。IFRS第15号は，すべての業種及び分野に共通して適用される収益認識の原則を定めている。

　IFRS第15号は5つのステップから構成されるモデルに基づいており，顧客との契約から生じる収益に関する規定を定めている。収益は一定期間にわたって，もしくは特定の一時点で認識することが求められる。

　従前の基準との主要な差異は，見積りが用いられる範囲の拡大及び閾値の導入であり，これにより収益認識の金額及び時期に影響が生じる。

　金融サービス・セグメントによって事後的に顧客にリースされる自動車の販売に関する買戻契約及び返品権の会計処理については，より早期に収益が減額されることになるであろう。IFRS第15号の適用により資本が減少するが，当該減少額はIFRS第15号に基づき表示される最も古い会計期間の期首時点に遡及して認識される。IFRS第15号を適用することによる実際の影響額は，ディーラーが保有する自動車の在庫量，締結が見込まれるリースの数，及び当初適用日に消去されるセグメント間の利益に左右される。これまでの分析及び使用した仮定に基づくと，2016年12月31日時点で資本は650百万ユーロ減少することが見込まれる。当初適用年度及びその後の期間には重要な影響は生じないと想定される。

　変動対価を含む複数要素契約の場合，取引価格の配分に変更が生じることにより，自動車販売に関して認識される金額がより大きくなる一方，サービス契約に関して繰り延べられる金額がより小さくなると考えられる。しかし，

収益認識時期の変更については，当初適用日，又はその後の期間において重要な影響は及ばないと見込まれる。

顧客との間で買戻契約が締結されると異なる会計処理が求められ，結果として収益認識の時期に変更が生じる可能性があるが，重要な影響は生じないと見込まれている。

当社グループは，適用日において，IFRS第15号を完全遡及適用アプローチを用いて適用する予定である。

第2章

適用範囲

1 | IFRS第15号の適用範囲

IFRS第15号は，以下の契約を除く，通常の事業の過程で財又はサービスを提供するために締結される，すべての顧客との契約に適用される（IFRS15.5）。

(a) IFRS第16号（又はIAS第17号）「リース」の適用範囲内のリース契約

(b) IFRS第17号「保険契約」の適用範囲内の保険契約。ただし，IFRS第17号第8項の要件を満たす場合には，主たる目的が固定料金でのサービスの提供である保険契約にIFRS第15号を適用することは認められる。

(c) 以下の基準書の適用範囲内の金融商品及びその他の契約上の権利又は義務

　・IFRS第9号「金融商品」（又はIAS第39号「金融商品：認識及び測定」）

　・IFRS第10号「連結財務諸表」

　・IFRS第11号「共同支配の取決め」

　・IAS第27号「個別財務諸表」

　・IAS第28号「関連会社及びジョイント・ベンチャーに対する投資」

(d) 同業他社との非貨幣性項目の交換取引で，顧客又は潜在的な顧客への販売を容易にするためのもの

IFRS第15号は顧客との契約にのみ適用される（IFRS15.6）。そのため，顧客との契約に該当しない契約や事象から生じる収益は，IFRS第15号の適用範囲に含まれず，他の関連する基準書に従って会計処理される。たとえば，受取配当金は，企業の通常の活動のアウトプットである財又はサービスを取得する契

約，すなわち顧客との契約から生じるものではないため，IFRS第15号は適用
されず，IFRS第9号に従って会計処理される。どのような契約の相手方当事
者が顧客に該当するのかについては，以下「(1)　顧客の定義」で詳述している。

また，顧客に財又はサービスを提供する契約は一定の要件を満たす場合にの
み，IFRS第15号の下で契約として取り扱われ，同基準書に従い会計処理される。
当該要件については，「第3章1．契約」で解説している。

なお，顧客との販売契約の一部として，あるいは別個の契約の形で，契約に
買戻条項が定められる場合がある。そうした場合，買戻条項が先渡契約，コー
ル・オプション又はプット・オプションのいずれの形態なのか，及び顧客が資
産の支配を獲得しているか否かに基づき，当該契約がIFRS第15号の適用範囲
に含まれるのか，あるいはリース又は金融商品として取り扱われるのかが決ま
る。買戻条件付の販売契約については，「第7章⑤　買戻契約」を参照された
い。

(1)　顧客の定義

上述したように，顧客との契約のみがIFRS第15号の適用範囲に含まれる。
そのため，すべての関連する事実及び状況を勘案して，契約の相手方当事者が
顧客の定義を満たすのか，あるいは契約に複数の当事者が関与している場合に
は，どの当事者が顧客の定義を満たすのかを評価することが必要となる。

IFRS第15号では，顧客は以下のように定義されている（IFRS15.Appendix
A）。

顧客	企業の通常の活動のアウトプットである財又はサービスを対価と交換に取得するために，当該企業と契約した当事者

①　提携契約

契約の相手方当事者が，事業や研究開発に係るリスクと便益を共有する提携
企業又はパートナーに該当することがある。この場合，当該当事者は，企業の
通常の活動のアウトプットである財又はサービスを取得することを目的として
おらず，顧客の定義を満たさないため，IFRS第15号の適用対象外となる
（IFRS15.6）。ただし，その場合であっても，そうした提携契約の中に売手と顧
客の関係が含まれている（すなわち，相手方当事者が企業の通常の活動のアウ

トプットである財又はサービスを対価と交換に取得する）ならば，当該部分に関してはIFRS第15号が適用されることになる。そのため，提携契約について，契約の相手方当事者との関係を評価し，売手と顧客の関係が存在するか否かを判断する必要がある。

なお，契約の相手方当事者が顧客の定義を満たさず，契約がIFRS第15号の適用対象外となった場合であっても，たとえば，IFRSに適用すべき又はより関連性のある規定が存在しないなどの一定の状況では，IAS第8号「会計方針，会計上の見積りの変更及び誤謬」に従って，IFRS第15号の原則を提携契約やパートナーシップ契約に当てはめることが適切となる場合もありうると考えられる（IFRS15.BC56）。

② 複数の当事者が関与する契約

契約に複数の当事者が関与する場合，そのうちのどの当事者が顧客であるかが明確でないことがある。複数の当事者のすべてが顧客であると考えられる場合もあれば，そのうちの一部だけが顧客と捉えられる場合もある。契約における企業の履行義務を適切に識別することが，どの当事者が顧客であるのかの判断に際し重要となる。

以下の設例2－1では，複数の当事者が関与する契約において，履行義務の識別及びその性質の評価が，どの当事者が顧客であるかの判定に及ぼす影響を説明している。

▌現行IFRSとの差異▐ ....

IAS第18号では，顧客は定義されていないため，収益認識基準の適用範囲が変わる可能性がある。

受取配当金は，IAS第18号の適用範囲に含まれている一方，IFRS第15号の下では顧客との契約から生じる収益に該当しないため，同基準書の適用対象外となり，IFRS第9号に従って会計処理される。ただし，IFRS第9号における受取配当金に係る規定は，IAS第18号の規定から変更されていないため，実質的な会計処理の変更はない。

▌日本基準との差異▐ ....

日本基準でも，顧客は定義されていない。

....

設例2-1　顧客の識別

A社は，企業向けにインターネット上の広告サービスを提供している。当該サービスの一環として，A社はさまざまなウェブサイト運営企業からバナー広告枠を購入する。A社の契約は，以下の2つの類型に大別される。

契約1	広告主により提示された条件に合致する広告の掲載を提案する広告最適化サービスを提供する。なお，広告主からの受注前に，ウェブサイト運営企業からバナー広告枠を購入することがある。
契約2	単に広告主とA社の取扱ウェブサイト運営企業一覧に含まれる企業とをマッチングするのみで，広告主のニーズに合うように広告を最適化するサービスは提供しない。この場合，受注前に，ウェブサイト運営企業からバナー広告枠を購入することはない。

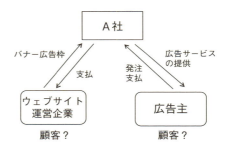

解説
- 契約1について，A社が，その履行義務の性質は顧客のニーズに合致した広告最適化サービスを提供することであり，本人当事者として行動していると判断する場合，当該契約における顧客は広告主である。
- 一方，契約2に関して，A社が，その履行義務の性質はウェブサイト運営企業が広告サービスを顧客に提供するのを手配することであり，代理人として行動していると判断する場合，当該契約の顧客はウェブサイト運営企業である。
- なお，企業が財又はサービスを本人当事者又は代理人のいずれとして提供しているのかについては，「第7章①　本人当事者か代理人かの検討」を参照されたい。

第2章　適用範囲　35

検討を要する取引の形態及び業界の例

たとえば，以下のような契約において，契約の相手方当事者又はどの相手方当事者が顧客の定義を満たすのかが論点となりうる。
・製薬業界における新薬候補の研究開発に係るリスクと便益を共有するための共同研究開発契約
・石油・ガス業界における事業に関するリスクと便益を共有する共同事業に係る契約
・中間業者を含む複数の当事者が関与する契約（上記設例2-1を参照）
・カード保有者及び加盟店が関与するクレジットカード契約

実務適用上のポイント

☑収益認識の金額と時期への影響

　上記設例2-1のように，契約に複数の当事者が関与している場合，誰を顧客と識別するかにより，収益認識の金額と時期に影響が及ぶ可能性がある。そのため，契約に基づき提供すべき財又はサービスの内容を正確に理解した上で，誰が顧客であるのかを適切に識別することが重要となる（第7章①を参照）。

☑顧客への支払いの会計処理への影響

　契約当事者の一部に支払いを行う場合，誰を顧客と捉えるかにより，収益を減額すべきか，又は費用として処理すべきかの判断に影響が及ぶ可能性がある。この点については，「第5章①5．顧客に支払われる対価」を参照されたい。

(2)　同業他社との非貨幣性項目の交換取引

　上述したように，顧客又は潜在的な顧客への販売を容易にするために実施される同業他社との非貨幣性項目の交換取引は，IFRS第15号の適用対象から除外される。

　たとえば，石油・ガス業界など，同質の製品を取り扱う業界においては，輸送コストを削減し，顧客への販売を容易にする又は顧客の需要を適時に満たすために，同業企業間で同種製品が交換されることがある。その場合，契約の相手方当事者は，企業の通常の活動のアウトプットである財を取得するために契約を締結しているため，顧客の定義を満たすことになる。しかし，そうした同業企業間での同種製品の交換取引について売上及び売上原価が認識されると，財務諸表利用者が企業の業績及び売上総利益を評価することが困難となる。そのため，そうした交換取引に対して売上を計上することは不適切とされている。

▌現行IFRSとの差異 ▌

IAS第18号では，財又はサービスが類似の性質及び価値を持つ他の財又はサービスと交換される場合，当該交換取引から収益は創出されないと定められており（IAS18.12），同業他社との非貨幣性項目の交換取引の会計処理については，IFRS第15号との間に実質的な差異はないものと考えられる。

▌日本基準との差異 ▌

日本基準では，事業分離等会計基準を除き，同様の性質及び価値を持つ製品等が交換された場合の会計処理を取り扱った基準は存在しない。そのため，同業他社間との同種製品の交換取引について，売上及び仕入を計上している実務が見受けられる。他方，IFRS第15号では，当該交換取引の経済的実質を反映するために，そうした交換取引を同基準書の適用対象外とすることで，収益が過大計上されるのを防止しており，売上，売上原価及び売上総利益に影響が及ぶ可能性がある。

設例2－2　同業他社との同種製品の交換取引

石油会社Ａ社は，地域Ｙに所在する顧客Ｃと100バレルの石油をUS$35.00／バレルで販売する契約を締結した。

Ａ社は，地域Ｙに在庫を有していないため，物流コストの削減を目的として，当該地域に在庫を持つ同業のＢ社と，ほぼ同時に同量の石油を交換するロケーション・スワップ契約を締結した。当該契約に基づき，Ａ社は，Ｂ社から石油100バレルを仕入れるが，当該石油はＢ社からＡ社の顧客Ｃに直送される。同日にＡ社は，Ｂ社に100バレルの石油を販売し，これを地域Ｘに所在するＢ社の顧客である顧客Ｄに納品する。

契約上，Ｂ社との仕入及び販売価格は，市場価格を基礎とした同一の価格算定式により決定され，当該取引日の市場価格に基づきUS$30.00／バレルと算定された。販売及び仕入ともに総額で現金決済される。

Ａ社は，日本基準に従って財務諸表を作成しており，当該スワップ契約に基づく顧客Ｃへの売上に関するＢ社からの仕入，及びＢ社の顧客Ｄを納入先とするＢ社への売上をそれぞれ総額で計上しているものとする。

第2章　適用範囲　37

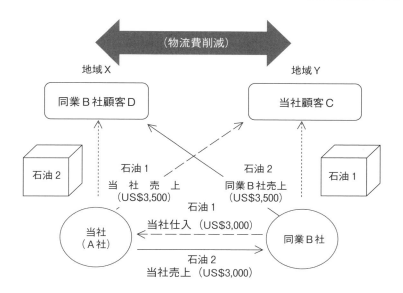

[解説]
・A社は，B社に対する売上も，B社からの仕入も計上すべきではない。
・A社が，顧客Cとの販売契約に関するB社からの仕入US$3,000（100バレル×US$30.00）を計上するとともに，B社に対するその顧客Dへの納品に関する売上US$3,000（100バレル×US$30.00）を計上すると，仕入と売上が同額計上されることになる。
・しかし，B社に販売した石油と仕入れた石油は実質的に同一のものであり，当該交換取引により在庫の性質や価値に変更はなく，A社の将来キャッシュ・フローのリスク，時期及び金額が変動することは見込まれない。したがって，当該交換取引が経済的実質を伴っているとは考えにくく，B社への販売取引に関して売上を計上することはできない。

[実務で生じうる影響]
・この設例のケースでは，日本基準上は売上及び売上原価が総額表示されているため，IFRS第15号の適用に際し，売上と売上原価を相殺する必要があり，結果として売上及び売上原価が減少するのに加え，企業全体としての売上総利益にも影響が及ぶことになる。

2 ｜ 他の基準書の適用対象となる構成要素を含む顧客との契約

　契約に異なる基準書の適用対象となる複数の構成要素が含まれる場合，各要素を区分して，それぞれの要素を適切な基準書に従って会計処理することが求められる。

　IFRS第15号では，契約の一部が同基準書の適用範囲に含まれるが，他の一部が他の基準書の適用範囲に含まれる契約について，当該他の基準書が，契約の1つ又は複数の構成要素の区分方法及び（又は）当初測定方法を定めている場合には，まずは当該他の基準書が定める区分及び（又は）当初測定に関する規定を適用することが求められている。その上で，IFRS第15号の適用範囲に含まれる構成要素に対して，残りの取引価格，すなわち，当該契約の取引価格（契約対価合計）から他の基準書に従って当初測定された要素に係る金額を控除した残額を配分する（IFRS15.7(a)）。たとえば，金融商品の発行とサービスの提供取引を含む契約については，IFRS第9号が金融商品を当初公正価値で測定することを定めているため，まずは金融商品の公正価値を測定し，次に当該契約の取引価格から当該公正価値を控除した残額を，IFRS第15号に従って会計処理されるサービスの提供取引に配分する。

　一方，他の基準書が，契約の1つ又は複数の構成要素の区分方法及び（又は）当初測定方法を定めていない場合には，IFRS第15号に従って契約の構成要素への区分及び（又は）当初測定を行った上で，各要素を関連する基準書に従って会計処理する（IFRS15.7(b)）。たとえば，他の企業に事業を売却するとともに，当該事業に関連する製品の長期供給契約を締結する場合，当該契約のそれぞれの部分を区分及び当初測定するための具体的な規定は存在しない。そのため，IFRS第15号に従って，事業の売却取引と製品の長期供給取引を区分し，当初測定を行うことになる。

3 ｜ 契約コスト

　IFRS第15号は，収益の認識及び測定だけでなく，契約を獲得するための増分コストや，契約を履行するためのコストなど，一定のコストの会計処理も定めている。そうしたコストに関して他に適用されるIFRSの規定が存在しない場合には，IFRS第15号の契約コストに係る規定が適用される。契約コストに

第2章　適用範囲　39

ついては,「第7章[11]　契約コスト」で説明している。

4 | 非金融資産の売却

　IFRS第15号の公表に伴い,IAS第16号「有形固定資産」,IAS第38号「無形資産」及びIAS第40号「投資不動産」が改訂されている。IFRS第15号の認識及び測定に係る規定は,企業が通常の活動のアウトプットである財に該当しない非金融資産を処分する場合に,当該非金融資産の認識の中止及びその利得又は損失を認識及び測定する際に適用される。すなわち,非金融資産はその支配が買手に移転された時点で認識が中止され(「第6章　認識(ステップ5:履行義務の充足)」を参照),処分損益は,変動対価の見積りやその制限に係る規定をはじめとする取引価格の算定に関する規定(「第5章[1]　取引価格の決定(ステップ3)」を参照)に従って測定された処分収入から,帳簿価額及び処分費用を控除した純額で測定されることになる(IAS16.69,72,IAS38.114,116,IAS40.67,70)。

第3章

顧客との契約の特定
（ステップ1：顧客との契約の特定）

☞ **重要ポイント**

・契約は，商慣行や口頭による合意でも存在する可能性がある。

・販売取引の経済的実質を反映するために，複数の契約を結合すべき場合がある。

・契約の変更は，変更後の契約における企業の権利及び義務を適切に描写するように，3つの種類に分類され，それぞれに異なる会計処理が行われる。

IFRS第15号を適用するにあたっての最初のステップでは，同基準書に従って会計処理すべき顧客との契約を特定する。

ここでは，顧客に財又はサービスを移転する取決めがIFRS第15号の下で契約とみなされるのか否かを検討する。また，経済的な観点から実質的に単一の取決めであれば，契約がどのように締結されたのか，すなわち複数の財又はサービスを含む単一の契約が締結されたのか，あるいは個々の財又はサービスごとに複数の契約が締結されたのかにかかわらず，同一の会計処理がなされるように，あたかも単一の契約が締結されたかのように複数の契約を結合すべきか否かも評価される。さらに，当初契約に変更が加えられる場合，変更後の契約の経済的な実質に鑑み，変更が当初契約の一部を構成するものなのか，あるいは当初契約とは別の新たな契約が締結されたのかに関する判断も行われる。

1 ┃ 契約

IFRS第15号では，契約は以下のように定義されている（IFRS15.Appendix

第 3 章　顧客との契約の特定（ステップ 1 ：顧客との契約の特定）　41

A）。

| 契約 | 強制可能な権利及び義務を生じさせる複数の当事者間の合意 |

　契約は，その形式（書面，口頭又は商慣行により黙示的）にかかわらず，法的に強制可能な権利（対価を請求する権利）及び義務（財又はサービスを引き渡す義務）を生じさせるのであれば存在する。契約が法的に強制可能な権利及び義務を伴っているかどうかの判断は法律上の問題であり，これを決定する要因はそれぞれの法域により異なる可能性がある。たとえば，法域によっては，一定の契約に関して法律や規制により書面による契約書の作成が要求される場合があり，そうした法規制は契約が存在するか否かを判断する際に考慮する必要がある（IFRS15.10）。

(1)　契約の属性

　IFRS第15号は，契約が存在するか，すなわち取決めに強制可能な権利及び義務が存在するか否かの判断に資するよう，契約が備えているべき特性を定めている。具体的には，契約は以下の要件をすべて満たす場合にのみ存在する（IFRS15.9）。

> (a)　各当事者が契約を承認するとともに，それぞれの義務の履行を確約している。
> (b)　財又はサービスに関する各当事者の権利を識別できる。
> (c)　財又はサービスに関する支払条件を識別できる。
> (d)　契約には経済的実態がある。
> (e)　顧客への財又はサービスの移転と交換に，企業が受け取る権利を有する対価の回収可能性が高い。

以下で，各要件について解説する。

(a)　契約の承認及び義務履行の確約

　各契約当事者が契約を承認し，その義務の履行を確約しているかどうかは，契約の形態（書面，口頭又は商慣習により黙示的）により判断されるべきではなく，すべての関連する事実及び状況を考慮の上，両当事者が契約条件に拘束

される意思があるか否かを評価する必要がある。口頭による合意又は商慣習による黙示的なものであっても，契約当事者がそれぞれの義務を履行する意思があり，その履行を確約している場合がある（IFRS15.10）。

また，契約当事者が契約に従って義務を履行することを確約しているか否かを判断する上で，解約条項は重要な検討事項である。解約条項が契約の強制可能性に及ぼしうる影響については，以下(2)を参照されたい。

(b) 財又はサービスに関する権利の識別

財又はサービスに対する各当事者の権利を評価するためには，契約に基づき提供される財又はサービスが識別できなければならない。

(c) 支払条件の特定

支払条件については，契約対価が固定されている，あるいは契約上明記されている必要はない。支払いを受ける法的に強制可能な権利が存在し，契約に取引価格を見積る（「第5章①2. 変動対価」を参照）ために十分な情報が含まれている限り，当該契約は支払条件の識別に係る要件を満たす。

(d) 経済的実態がある

これは，循環取引による架空売上の計上を防止するために設けられた要件である。契約が経済的実態を伴っているというためには，契約の結果として，企業の将来キャッシュ・フローのリスク，時期又は金額が変動すると見込まれる必要がある。

(e) 対価の回収可能性が高い

回収可能性とは，財又はサービスと交換に企業が受け取る権利を有する対価の金額（すなわち，取引価格。「第5章① 取引価格の決定（ステップ3）」を参照）を支払う顧客の能力及び意図である。また，回収可能性が高いとは，起こらない可能性よりも起こる可能性の方が高い，すなわち50％超の確率を意味する。当該要件は，実質的に対価の回収可能性に関する閾値として機能しており，回収可能性を評価する際には，前受金の受領や将来の財又はサービスの提供を停止する権利などの，企業の信用リスク管理実務も考慮する。

取引価格は，必ずしも契約価格と一致するとは限らない。たとえば，企業が

第3章　顧客との契約の特定（ステップ1：顧客との契約の特定）　43

顧客にリベート，値引き，明示的又は黙示的な価格譲歩を申し出る意図を有している場合など，取引価格が契約価格よりも小さくなることがある。そうした価格譲歩は変動対価（第5章①2.を参照）に該当し，取引価格を算定するに当たり，契約価格に対して調整する必要がある。回収可能性の評価は，契約価格ではなく，変動対価たる価格譲歩考慮後の取引価格に関して実施すべき点に留意することが重要である。したがって，回収可能性を評価する前に取引価格を算定することが求められる。企業が契約開始時点で当該価格譲歩考慮後の契約対価である取引価格を回収できる可能性が高いと考える場合，当該契約は回収可能性に係る要件を満たすことになると考えられる。

設例3-1　取引価格が契約価格と異なる場合－黙示的な価格譲歩

　A社は，新興国Bにおける販路を開拓すべく，現地の大手スーパーC社と洗濯用洗剤10,000ケースを5百万円で販売する契約を締結する。新興国Bは現在経済的困難に見舞われており，A社は契約価格の全額を回収することは不可能であろうと予想している。しかし，A社は，新興国Bの経済は数年後には回復すると見込んでおり，当該国における販路を拡大し，A社ブランドを確立するためには大手スーパーであるC社との関係の構築は不可欠であると判断した。そのため，A社は，回収可能な金額は4百万円と見込まれるものの，当該契約を締結することを決定した。

　日本基準に準拠した財務諸表上，A社は，契約価格で収益を認識し，実際の回収金額との差額を貸倒引当金として処理しているものとする。

解説

・上記事実及び状況に基づけば，A社は価格譲歩を行う意図をもって契約を締結しており，当該価格譲歩は変動対価に該当する。そのため，A社は，当該変動対価を見積り，4百万円を受け取ることになる可能性が非常に高いと判断するならば，取引価格は契約価格の5百万円ではなく，回収見込額である4百万円になると考えられる（以下第5章①2.を参照）。

・A社は，取引価格である4百万円を支払うC社の能力と意図を評価した結果，当該金額を回収できる可能性は非常に高いと結論付けている。したがって，A社は，当該契約はIFRS第15号の下で契約が存在するといえるため

の回収可能性要件を満たすと判断する。

> ### 実務で生じうる影響
> ・この設例のケースにおいて，実際の回収金額が4百万円であった場合，日本基準では，収益は契約価格の5百万円で認識され，債権の回収可能性の判定に基づき1百万円が貸倒損失として認識される一方，IFRSでは，収益は取引価格である4百万円で認識されることになると考えられる。

TRGで取り上げられた論点及び合意内容の概要

■類似する契約のポートフォリオに関する回収可能性の評価

各契約の顧客は契約価格を支払う可能性が高いものの，過去の経験から，類似する多数の契約から構成される契約のポートフォリオについて，その一部の顧客からは契約対価を回収できないと見込まれる場合（たとえば，過去の実績によれば，当該契約のポートフォリオ全体では平均で契約価格の98%のみ回収）がある。

契約締結前に実施される顧客の信用リスクに係る管理手続や類似する顧客グループの過去の支払実績に基づき，ある顧客に関して回収可能性が高いと判断される場合，類似する顧客グループ全体には一定の信用リスクが存在しているとしても，そうした回収不能見込額は，黙示的な価格譲歩ではなく，契約のポートフォリオの中の限定的な顧客との契約に存在する一般的な信用リスクと考えられる。

その場合，各契約に係る収益は全額認識し，別途関連する契約資産又は売上債権について減損評価を行うことが適切である。すなわち，各契約に黙示的な価格譲歩が含まれているとは判定されず，回収不能見込額について収益が減額されることはない。

現行IFRSとの差異

・上述した契約に強制可能な権利及び義務が含まれるか否かを評価するための要件は，現行の収益認識基準及び他のIFRSの規定に類似している。しかし，現行IFRSでは，口頭による合意や商慣習による黙示的な合意であっても契約が存在しうるのか否かは明示されていない。概念フレームワークでは，単に契約の法的形式に基づき判断するのではなく，契約の実質及び経済的実態を考慮することが求められているものの，企業によっては，口頭による又は黙示的な合意を契約として取り扱うことにより，現行実務に変更が生じる可能性がある。

たとえば，契約書が締結される前に，企業と顧客との間で基本的な作業内容や契約対価について口頭又は商慣習により黙示的に合意されている場合で，現行実務において契約書が文書化され署名されるまで収益認識を繰り延べている場合には，口頭による合意又は商慣行などにより契約が存在すると判断されるならば，その時点から当該契約をIFRS第15号に従い会計処理（より早期に収益認識される可能

性）及び開示対象（残存する履行義務に関する開示など）とすることが必要となる。
・回収可能性に係る要件については，IAS第18号では，取引に関する経済的便益が企業に流入する可能性が高いことが収益認識要件として定められており，いずれの基準においても，顧客との契約を会計処理し，収益を認識するために対価の回収可能性が高いことを求める基本的な考え方に相違はない。ただし，その検討対象を契約価格全額ではなく，変動対価考慮後の取引価格としている点で差異が生じる可能性がある。そのため，IFRS第15号の適用により，契約の開始時点で契約価格の一部の回収可能性に疑義（価格譲歩など）がある契約について，より早期に収益が認識されるとともに，収益認識額に影響が生じる可能性がある。

■**日本基準との差異**■ ....

・日本基準では，契約の定義及び要件は定められていない。また，口頭による合意や商慣習によるものであっても契約が存在しうるのかについては明示されていない。そのため，これらの定義及び要件に照らした場合に，IFRS第15号の下では契約が存在しない又は逆に存在すると判断される場合がありうる。
・さらに，回収可能性に係る検討は，通常契約価格に対して実施されており，実際回収額との差額は貸倒損失として認識されることが多いと考えられる。

....

検討を要する取引の形態及び業界の例

契約の形態	たとえば，以下のような状況において，顧客との口頭による合意や商慣習により，取決めが法的に強制可能であり，契約が存在するといえるか否かの検討が必要となる。そうした状況は，特に工事契約やソフトウェアに係る契約において頻繁に見受けられる。 ・顧客との契約書が締結される前に，内示書，メールによる発注，落札通知，発注予約や口頭による合意がある場合 ・契約内容について完全な合意には至っていないものの，基本的な作業内容や契約対価は決定されており，納期の関係等により企業が契約書の締結前に作業に着手する場合
回収可能性に係る要件	契約開始時点で契約対価の一部の回収可能性に疑義がある契約（黙示的な価格譲歩の有無）。

実務適用上のポイント

☑契約の有無に関する評価

　　現行実務として，契約書が締結されるまで契約の有無について評価及び管理していない場合には，適時に口頭による合意又は商慣習による黙示的な合意を網羅

的に識別し，法務部門の関与を含め，これら合意がIFRS第15号の下で契約の定義及び要件を満たすか否かを検討するプロセスを構築する必要があろう。これは契約の変更の有無に係る評価（以下「4．契約の変更」を参照）にも当てはまる。

☑契約対価の一部のみの回収が見込まれる場合の取扱い

　契約価格の全額ではないものの，その一部の回収が見込まれる場合，契約に黙示的な価格譲歩が含まれているのか（取引価格の算定に際して変動対価として減額，上記設例3−1を参照），貸倒れが生じたのか（顧客の信用リスクによるものであり，収益の測定に影響を及ぼさない），あるいはそもそもIFRS第15号の下で収益を創出する契約とみなされるための十分な経済的な実質を欠いているのかを評価するに際し，相当な判断が求められる場合も想定される。黙示的な価格譲歩が存在するか否かに関する評価については，第5章①2.を参照されたい。また，当該論点については，上記の「TRGで取り上げられた論点及び合意内容の概要」も参照されたい。

(2)　解約条項と契約の強制可能性及び契約期間

　契約に定められる解約条項により，契約に強制可能な権利及び義務が存在するか，また存在する場合にはどの期間にわたりそうした権利義務関係が存在するのかに関する判断が影響を受ける可能性がある。

　IFRS第15号では，いずれの当事者も相手方に実質的な解約違約金を支払うなどの補償を行うことなく，完全に未履行な契約（すなわち，いまだ何らの財又はサービスの引渡しが行われておらず，かつ対価がまったく受け取られていない又は対価を受け取る権利が存在しない契約）を解約できる一方的で強制可能な権利を有している場合，契約は存在しないとされている。これは，いずれかの当事者がその義務を履行するまで，契約が企業の財政状態又は業績に影響を与えないためである。この場合，開示を含め，当該完全に未履行の契約にはIFRS第15号は適用されない（IFRS15.12）。

　一方，いずれかの当事者のみが相手方に補償を行うことなしに完全に未履行な契約を解約する一方的で強制可能な権利を有している場合，相手方当事者には法的に強制可能な権利又は義務が生じていることから，契約は存在していると考えられ，当該契約はIFRS第15号の適用対象となる。たとえば，顧客のみが契約を解約する権利を有している場合，企業には顧客が要求した時に財又はサービスを提供するために待機する義務がある。

　IFRS第15号では，契約期間は，契約当事者が強制可能な現在の権利及び義

第3章 顧客との契約の特定（ステップ1：顧客との契約の特定） 47

務を有している期間とされている。そのため，たとえば，いずれの当事者も実質的な解約違約金を支払うことなく契約を解約できる場合，IFRS第15号を適用する上で，契約期間は契約で明示された期間よりも短くなることがある。解約条項が契約期間に及ぼしうる影響については，以下の「TRGで取り上げられた論点及び合意内容の概要」を参照されたい。

　契約期間は，識別される履行義務の数（「第4章　会計処理の単位（ステップ2：履行義務の識別）」を参照），取引価格の決定（第5章①を参照）及び一部の開示項目（残存する履行義務に係る開示など）にも影響を及ぼす可能性がある。そのため，強制可能な権利及び義務が存在する契約期間を評価するに当たり，解約条項，及び解約違約金の定めがある場合には，それが実質的なものであるか否かを，契約条件及び関連するすべての事実と状況を考慮の上，慎重に評価する必要がある。

▌TRGで取り上げられた論点及び合意内容の概要▌ ....

■解約条項と契約期間

　契約は，当事者が法的に強制可能な現在の権利及び義務を有している期間に関してのみ存在する。各当事者が相手方に補償することで契約を解約できる一方的で強制可能な権利を有している場合には，法的に強制可能な権利及び義務は当該期間にわたり存在する。そのため，契約に実質的な解約違約金の定めがある場合，その契約期間は契約上明記されている期間，又は解約違約金の支払いを要する期間（たとえば，5年契約で，3年経過後はいずれの当事者も違約金を支払うことなく一方的に解約できる場合，契約期間は契約上明示された5年間ではなく3年間となる）と同じになる。

　一方，いずれの当事者からもいつでも無償で解約できる契約は，契約書に契約期間が明示されているか否かにかかわらず，現在提供されている財又はサービスの支配が顧客に移転された時点で終了する，月次（あるいは週次又は日次）の契約として取り扱われる。そうした契約に解約通知又は解約期間（たとえば，契約を解約するには90日前の通知が必要）が含まれる場合には，契約期間は契約上明記されている期間よりも短くなるが，現在提供されている財又はサービスの支配が顧客に移転した日を超えて継続する。

■解約違約金の支払いを強制することなく，顧客が早期に契約を解約することを認める実務がある場合の契約期間への影響

　これまで強制可能な解約違約金の支払いを求めてこなかった実務がある場合，契約期間の決定にあたっての解約違約金の評価は，法律が，過去の実務により当事者の強制可能な権利及び義務を制限することになるのか否かに左右される。解約違約金の支払いを強制することなく，顧客が早期に契約を解約することを認めるという

企業の過去の実務により，当事者の法的に強制可能な権利及び義務が制限される場合にのみ，そうした実務は契約期間に影響を及ぼす。そうした過去の実務によって，当事者の法的に強制可能な権利及び義務が変わることがない場合には，契約期間は実質的な解約違約金が課せられる期間と等しくなる。

■契約の一部解約の会計処理

　実質的な解約違約金は，契約期間を通じた強制可能な権利及び義務の証拠である。そのため，解約違約金は，契約が解約されるまで考慮せず，解約された時点で契約の変更として会計処理される。以下の設例を考えてみる。

設例3-2　解約違約金を支払うことで，契約の一部が解約される場合

　A社は，3年間にわたり月額500,000円の固定金額で管理サービスを提供する契約を顧客と締結する。

　解約条項によれば，顧客は1,000,000円の解約違約金（実質的なものとの前提）を支払えば，3年目のサービス契約を解約できる。

　1年目の末日時点で，顧客は3年目のサービスを解約し，1,000,000円の解約違約金を支払うことを決定する。

　解説

・3年目の管理サービスが解約された時点で，契約の変更（本章4.を参照）として会計処理する。

・1年目の末日時点で行われた契約の変更により，当初の契約で約定された3年間の管理サービスのうち一部が解約されたのみで，新たに区別できる財又はサービスが追加されていないため，当該契約の変更が別個の契約として会計処理されることはない。

・残りの1年間の管理サービスはすでに提供された管理サービスとは区別できるため，既存の契約が終了し，新たな契約が創出されたものとして，契約の変更を将来に向かって会計処理する。したがって，終了した契約として取り扱われる提供済みの1年目の管理サービスに関してそれまでに認識された収益の金額は修正されず，新たな契約として処理されることになる残りの1年間の管理サービスに残りの対価を配分する。

　そのため，残りの対価7,000,000円（当初契約に基づく2年目のサービス対価6,000,000円と，契約の変更時に支払われる解約違約金1,000,000円の合計）は，変更後の残存契約期間である1年間にわたり認識される。すなわち，解約違約金1,000,000円は残りの契約期間にわたり認識される。

第3章　顧客との契約の特定（ステップ1：顧客との契約の特定）　49

▋現行IFRSとの差異▋

　解約条項に関しては，現行IFRSの下では，契約に明記された期間について収益認識基準を適用し，解約が生じたときに当該解約の会計処理を行うことが一般的と考えられる。一方，IFRS第15号の下では，いずれの契約当事者も違約金を支払うことなく契約を解約できる場合，毎月更新される月次の契約（又はそれよりも短い期間の契約）として会計処理することが求められるなど，現行実務に変更が生じる可能性がある。

(3)　契約が存在するか否かの再評価

　上述した契約が存在するか否かの評価は，契約の開始時点で行われ，契約が存在すると判断された場合には，契約がもはや存在しないことを示唆するほどに事実及び状況に重大な変化の兆候がない限り，事後的に再評価されることはない。たとえば，事後的に顧客の支払能力が著しく悪化した場合には，将来に移転する財又はサービスに関する契約の存在の有無について，依然として契約の要件を満たしているかどうかを再評価しなければならない（IFRS15.13）。ただし，これによりすでに移転された財又はサービスに関する評価が見直されることはなく，再評価は将来に向かってのみ適用される。すなわち，すでに認識された収益，契約資産及び売上債権が修正されることはない。

　なお，契約が存在するか否かの評価の結果，契約の要件を満たさないと判断された取決めは，IFRS第15号の適用対象外となり，下記2.で説明する処理を行わねばならない。そうした取決めは，事後的に契約の要件を満たしたか否かを判断するために，契約期間を通じて継続して評価され，当該要件が満たされた時点から，IFRS第15号の収益認識モデルが適用されることになる（IFRS15.14）。

2 ▏ 契約の定義及び要件を満たさない取決め

　顧客との取決めが上記1.で説明した契約とみなされるための定義及び要件を満たさない場合，当該取決めは収益を創出する取引とはみなされない。当該取決めに関して顧客から対価を受け取る場合，以下のいずれかの事象が発生した場合に限り，受領した対価を収益として認識することが認められる（IFRS15.15）。

(a) 企業には財又はサービスを顧客に移転する義務はもはや何ら存在せず，かつ，企業が約定対価のすべて又は実質的にすべてを受領しており，返金不能である。

(b) 契約は終了しており，かつ顧客から受領した対価は返金不能である。

したがって，契約の要件を満たさない取決めについては，上記のいずれかの事象が発生するか，又は事後的に契約に係る要件が満たされるまで，顧客から受領したすべての対価を負債として認識することになる（IFRS15.16）。

┃現行IFRSとの差異┃..
IFRS第15号では，顧客との契約が契約の定義及び要件を満たさない場合の取扱いが定められていることから，そうした取決めに関する収益認識時期が繰り延べられる可能性がある。
....

3 ┃ 契約の結合

(1) 複数の契約をまとめた単一の契約への結合

IFRS第15号の収益認識モデルは，通常顧客との個々の契約に適用される。しかし，単一の取決めに関して，1つの契約が締結される場合もあれば，たとえばフェーズごとに契約書を作成する場合などのように，取決めを分割して複数の契約が締結される場合もある。契約の法的形態に着目し，単一の契約が締結されていればそのように会計処理し，複数の契約が締結されていれば複数の別個の契約として会計処理すると，同一の取決めであるにもかかわらず，収益認識の金額と時期に影響が及ぶ場合がある。同一の取決めに関して異なる会計処理が行われるのを回避するために，IFRS第15号には契約の結合に関する規定が設けられている。

この規定によれば，同一の顧客（又は当該顧客の関連当事者。IAS第24号「関連当事者についての開示」で定義）との複数の契約が，同時又はほぼ同時に締結され，かつ以下の要件のいずれかを満たす場合，取決めの経済的実質を反映するために，それらの契約を結合し，単一の契約として会計処理することが求められる（IFRS15.17）。

第3章　顧客との契約の特定（ステップ1：顧客との契約の特定）　51

> (a)　それらの契約が単一の商業的な目的を有し，包括的に交渉されている。
>
> (b)　契約で支払われる対価が，他の契約の価格又は履行に依存している。
>
> (c)　それらの契約に含まれる財又はサービス（あるいは各契約に含まれる財又はサービスの一部）が，単一の履行義務（以下「第4章2．個別に会計処理すべき履行義務の識別」を参照）を構成する。

　上記(a)及び(b)のいずれかの要件が満たされる場合，複数の契約の価格は相互に依存しているため，それらの契約を結合しないと，それら契約に含まれる各履行義務に配分される対価の金額が，顧客に移転される財又はサービスの価値を忠実に描写しない可能性がある。また，上記(c)の要件により，複数の契約で提供される財又はサービスが，単一の履行義務であるにもかかわらず，複数の履行義務として会計処理され，履行義務が不適切に識別されてしまうことが防止される。

▌現行IFRSとの差異▐ ....

- IFRS第15号の契約の結合に関する規定は，現行IFRSに定められる契約の結合に関する基本的な考え方とおおむね整合している。
- IAS第18号では，複数の取引が相互に関連しているため，それら一連の取引を一体として考えないとその経済的効果が理解できない場合には，それらの取引を結合することが要求されているが，IFRS第15号では，どのような場合に契約を結合すべきかについてより詳細に定められている。そのため，IFRS第15号の下で結合要件を満たすと判断される場合，複数の契約を結合しなければならなくなる。
- また，IFRS第15号の規定はIAS第11号の規定と類似しているものの，以下の点で相違が見られる。
  - IFRS第15号では，同一の顧客（又は当該顧客の関連当事者）との契約のみが検討対象とされる一方，IAS第11号では，他の結合要件を満たすのであれば複数の顧客との契約を結合することも認められる。
  - IFRS第15号とは異なり，IAS第11号では，契約は同時又はほぼ同時に締結されている必要はない。
  - IFRS第15号では，上記(c)の要件により複数の契約を跨ぐ単一の履行義務が考慮される。
  - IAS第11号では，同時又は連続的に進行する履行が考慮される。

▌日本基準との差異▐ ....

- 日本基準では，工事契約会計基準において，複数の取引の結合に関する会計処理が定められているものの，収益全般に関して契約の結合について一般的に定めた

規定は存在しない。そのため，我が国における実務では，工事契約を除き，同一の顧客と同時又はほぼ同時に複数の契約が締結され，それらの契約が相互関連又は相互依存している場合や，それらの複数の契約が一体として単一のプロジェクトを構成している場合であっても，法的な契約形態に基づき，それぞれの契約が個別に会計処理されている場合も見受けられる。一方，IFRSでは，上記の要件を満たす場合には，取引の経済的実質を反映するために，契約を結合することが要求される。

・工事契約については，日本基準では，工事契約に係る認識の単位は，当事者間で合意された実質的な取引の単位に基づくとされており，仮に契約書が当事者間で合意された実質的な取引の単位を適切に反映していない場合には，これを反映するように複数の契約書上の取引を結合して，工事契約に係る認識の単位とすることが必要となる場合があると定められている。さらに，実質的な取引の単位が有する特徴として，施工者がその範囲の工事義務を履行することによって，顧客から対価に対する確定的な請求権を獲得することが挙げられている。このように，いずれの基準も当事者間における契約の実質を勘案して工事契約に係る認識の単位を判断することとされているものの，両基準間で契約を結合するための要件が異なるため，差異が生じる可能性がある。

▌日本基準EDとの差異▐ ....

重要性の観点から，以下のような代替的な取扱いが容認されている。

・以下の要件をいずれも満たす場合には，複数の契約を結合せずに，個々の契約に定められている財又はサービスの内容を履行義務とみなし，個々の契約において定められている当該財又はサービスの金額に従って収益を認識することが容認されている（収益認識適用指針ED 100）。

 −顧客との個々の契約が当事者間で合意された取引の実態を反映する実質的な取引の単位である

 −顧客との個々の契約における財又はサービスの金額が合理的に定められており，独立販売価格と著しく異ならないと認められる

・工事契約及び受注制作ソフトウェアについて，異なる顧客と締結した複数の契約や異なる時点に締結した複数の契約であっても，当事者間で合意された実質的な取引の単位を反映するように複数の契約を結合した際の収益認識の時期及び金額と，原則に従い会計処理した場合の収益認識の時期及び金額との差異に重要性が乏しい場合には，当該複数の契約を結合し，単一の履行義務として識別することが認められる（収益認識適用指針ED 101,102）。

....

第3章　顧客との契約の特定（ステップ1：顧客との契約の特定）　53

| 設例3-3 | 契約の結合 |

　A社は，顧客仕様のシステムを開発する契約をB社と締結した。

　当該システム開発は，要件定義，基本設計，詳細設計，開発及びテストの5つの工程から構成されており，各工程に関して別々の契約書が締結された。事務手続の関係上，2016年4月1日には要件定義に係る契約のみが締結された。残りの工程に係る契約も順次署名され，2016年4月10日に最後のテストに関する契約が締結された。

　各契約価格は，A社がB社に提出したシステム開発全体に係る見積書の合計金額10億円を均等に配分した2億円とされており，各工程の作業内容や見積原価に基づき決定されたものではない。契約上，B社は契約書・工程ごとに検収を行い，これに基づき支払いを行う。

　A社は，各工程を個別に販売する場合もあるが，当該契約ではシステム開発を通じて各工程を管理及び調整し，顧客が指定した仕様を満たすシステム全体の完成を請け負っている。そのため，A社は各工程をまとめたシステム開発全体が単一の履行義務を構成すると判断した。

　当該顧客仕様のシステムはA社にとって代替的な用途はなく，かつ当該契約には顧客が中途解約する場合にはそれまでに発生した原価に適切なマージンを加算した金額を違約金として支払うことが定められている。そのため，A社は，当該システム開発は一定期間にわたり充足される履行義務に該当すると判断した。

　A社は，日本基準上，各契約を個別に取り扱い，原価比例法に基づく工事進行基準を適用して会計処理しているものとする。

解説
・当該複数の契約は，事務手続きの関係上多少のずれはあるものの，ほぼ同時に同一の顧客と締結されている。
・また，工程ごとに別個の契約が締結されているものの，当該取引は顧客仕様を満たす単一のシステム開発を目的としており，当該システム開発全体に関する見積書が提出され利益率が設定されている。そのため，当該複数の契約は，単一の商業的な目的を有し包括的に交渉されているという上記(a)の要件，及び契約対価が他の契約の価格や履行に依拠しているという上記(b)の要件を満たす。

・さらに，A社は各工程をまとめたシステム開発全体が単一の履行義務であると判断していることから，上記(c)の要件も満たすと考えられる。

・したがって，IFRS第15号の下では，当該取引の経済的実質を反映するために，当該5つの契約はすべて結合され，あたかも単一の契約であるかのように取り扱われることになる（当該設例では，上記(a)～(c)のすべての要件を満たしているが，これら要件のうち1つしか満たしていない場合でも，契約の結合が必要である）。

実務で生じうる影響

・この設例のケースでは，日本基準とIFRSで会計処理の単位が異なることから，進行基準を適用する際の収益総額及び原価比例法に基づく進捗度が相違するため，各期に認識される収益の金額が変わる可能性がある。

検討を要する取引の形態及び業界の例

たとえば，以下のような契約について，同一の顧客と同時又はほぼ同時に締結された複数の契約を結合すべきか否かが論点となりうる。

・製品，機械，設備，携帯電話等の販売契約と，事後的なそれら製品等に係る消耗品の供給，保守サービス，通信サービス等の提供契約で，事後的な消耗品やサービスの提供からの収益を得ることを目的として，当初製品等が値引価格で販売されている場合，又はその逆の場合

・機械の販売契約やソフトウェアのライセンス契約等と，当該機械等の据付やカスタマイズ契約などについて，両契約の相互依存性や相互関連性が高く，単一の履行義務を構成する（以下第4章2．を参照）可能性がある場合

・ソフトウェアに係る契約や工事契約などにおいて，システムや工事開発全体を請け負う（単一の履行義務）ものの，当該開発を複数の工程に分割し，各工程ごとに契約書が締結されている場合（上記設例3-3を参照）

実務適用上のポイント

☑同時又はほぼ同時に締結された複数の契約

契約の結合は同一の顧客と同時又はほぼ同時に締結された複数の契約が対象となる。どの程度の期間の差であれば，複数の契約が同時又はほぼ同時に締結されたといえるかについては，当該期間が長くなればなるほど契約の交渉に影響を与える経済的状況が変化している可能性が高くなる点を考慮の上，企業による判断

第3章　顧客との契約の特定（ステップ1：顧客との契約の特定）　55

が求められる。なお，複数の契約が同時又はほぼ同時に締結されていないと判断
される場合，事後的に締結された当初契約に関連する別個の契約が，当初契約の
範囲又は価格（あるいはその両方）に変更を加えるものであるか否かを検討し，
その場合には，以下4．で説明する契約の変更に係る規定に従い会計処理するこ
とになると考えられる。

(2)　ポートフォリオ・アプローチ

　IFRS第15号は，原則として顧客との個々の契約に適用される。しかし，た
とえば，電気通信業など，非常に多くの顧客と類似する契約を締結している企
業においては，個々の契約にIFRS第15号を適用することによる負担が大きく，
これらの契約をまとめて会計処理したいと考える場合もあろう。IFRS第15号
では，実務上の便法として，同基準書を個々の契約（又は履行義務）に適用し
た結果と重要な差異が生じないと見込まれるのであれば，個々の契約（又は履
行義務）にではなく，類似の契約（又は履行義務）をまとめたポートフォリオ
に同基準書を適用して会計処理することが容認されている（IFRS15.4）。

　なお，当該ポートフォリオ・アプローチの適用により重要な差異が生じるか
否かを判断する際に，起こりうるすべての結果を定量的に評価することは要求
されていない。企業は合理的なアプローチを用いて契約の種類に適切となる
ポートフォリオを決定すべきであり，その適切な規模及び構成を選択するにあ
たり判断が求められる。

実務適用上のポイント

☑ポートフォリオ・アプローチの適用範囲
　　ポートフォリオ・アプローチは，たとえば取引価格の決定（第5章①を参照）
　など，IFRS第15号の収益認識モデルにおける特定の領域にのみ適用することも
　認められる。

4 │ 契約の変更

IFRS第15号では，契約の変更は以下のように定義されている。

契約の変更	契約当事者が承認する契約の範囲又は価格（あるいはその両方）の変更

契約の変更は，契約当事者の既存の法的に強制可能な権利及び義務を変更する，又は法的に強制可能な権利及び義務を新たに創出することになる変更を，契約当事者が承認した場合に存在する。契約の変更は，書面又は口頭で承認される場合や，商慣行により合意される場合もある（IFRS15.18）。

契約の当事者が契約の変更を承認していない場合，その変更が承認されるまで，引き続き当初の契約にIFRS第15号を適用しなければならない（IFRS15.18）。他方，契約の変更が承認された場合，当該変更を別個の契約，又は当初契約の変更のいずれとして会計処理すべきなのかを判断することが求められる。

以下では，契約の変更が承認された場合の会計処理について解説する。

(1) 別個の契約

契約の変更が，以下の2つの要件を満たす場合，当初の契約から独立した別個の契約として会計処理される（IFRS15.20）。

(a) 契約の変更により追加される財又はサービスが，当初の契約における財又はサービスと区別できる（第4章2．を参照）。

(b) 追加される財又はサービスの対価は，当該財又はサービスの独立販売価格（「第5章②1．独立販売価格の見積りと取引価格の配分」を参照）を反映するものである。

上記(a)の要件により，当初の契約に含まれる財又はサービスと区別できる財又はサービスが追加される契約の変更のみが，別個の契約として会計処理される。そのため，当初の契約で約定された財又はサービスの一部を取り消す（数量の減少など），財又はサービスの内容や範囲を変更する，契約価格のみを変更するなどの契約の変更は，その性質上，別個の契約とみなすことはできない。そうした変更は，以下(2)で説明する当初契約の変更として会計処理されること

第 3 章　顧客との契約の特定（ステップ 1：顧客との契約の特定）　57

になる。

　上記(b)の要件については，独立販売価格を算定するにあたり，事実と状況に
応じて，当該財又はサービスの販売価格が調整される場合がある。たとえば，
企業は，新規顧客について通常発生するであろう販売関連費用が既存の顧客に
は不要となることから，追加の財又はサービスに対して値引きを提供すること
がある。また企業は，追加購入により，顧客が数量割引を受けるための条件を
満たすと判断する場合もある。そのような場合，値引後の価格は新規顧客に対
する財又はサービスの独立販売価格よりも低いものの，当該要件を満たす可能
性がある。

　上記 2 要件を満たす別個の契約として会計処理される契約の変更については，
当該変更により当初の契約が影響を受けることはなく，それまでに認識された
収益が修正されることもない。さらに，当初の契約の下で残存する履行義務は，
引き続き当初の契約に基づき会計処理される。

　別個の契約として会計処理される契約の変更については，以下の設例 3 - 4
を参照されたい。

(2)　当初契約の変更

　上記(1)の要件を満たさない契約の変更は，当初契約の変更とみなされ，別個
の契約として会計処理されない。その場合，契約変更日後に移転される残りの
財又はサービスが，変更日以前に移転された財又はサービスと区別できるか否
かに基づき，以下のいずれかとして会計処理される（IFRS15.21）。

①　当初契約の終了と新たな契約の創出

　契約変更後に移転される残りの財又はサービスが変更日以前に移転された財
又はサービスと区別できる場合，当該契約の変更を当初契約が終了して，新た
な契約が創出されたかのように会計処理する。

　こうした契約の変更では，終了したものとして取り扱われる完了済みの履行
義務に関連する金額，すなわち，当初契約に関してそれまで認識された収益の
金額が修正されることはない。他方，新たな契約として処理されることになる，
契約の変更により追加された財又はサービスを含む残りの履行義務については，
当該履行義務に残存対価を配分することによって，契約の変更時点から将来に
向かって，当初契約の残りの部分と契約の変更をまとめて会計処理する。その

場合，残りの履行義務に配分される対価の金額は，以下の合計額となる。

・当初契約の約定対価（顧客からすでに受領した金額を含む）のうち，取引価格の見積りに含まれているが，収益としていまだ認識されていない金額
・契約変更の一環として約定された対価

こうした契約の変更に関する会計処理については，以下の設例3-5で解説している。

②　当初契約の一部変更

契約の変更後に移転される残りの財又はサービスが，すでに移転された財又はサービスと区別できず，変更日時点で部分的に充足されている単一の履行義務の一部を構成する場合，当該契約の変更を当初契約の一部であるかのように会計処理する。

この場合，契約価格総額及び進捗度を見直し，契約の変更が取引価格及び進捗度の測定に及ぼす影響を反映するために，それまでに認識した収益について累積的にキャッチアップ修正し，その影響額について当期の収益を増額又は減額調整する。

こうした契約の変更に該当する場合の会計処理については，以下の設例3-6を参照されたい。

③　新たな契約の創出と当初契約の一部変更の組合せ

契約の変更が上記(2)①及び(2)②の2つの状況の組合せ，すなわち，当初契約の終了と新たな契約の創出及び当初契約の一部変更として取り扱われる場合，変更後に移転される財又はサービスと区別できる完了済みの履行義務については，それまでの会計処理を修正しない。一方で，契約の変更前後で区別できない履行義務に関する部分については，当該履行義務に配分された取引価格及び進捗度の測定に及ぼす影響を反映するために，それまでに認識した収益を累積的にキャッチアップ修正する。

図表3-1は，契約の変更に関する会計処理をまとめたものである。

第3章 顧客との契約の特定（ステップ1：顧客との契約の特定） 59

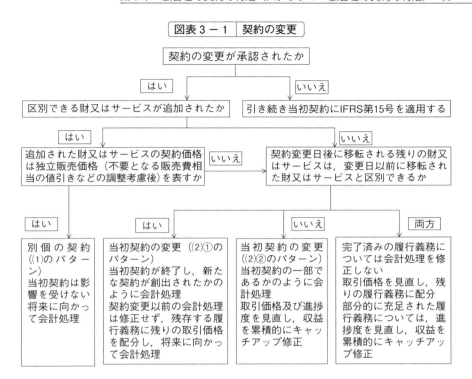

現行IFRSとの差異

・IAS第18号では，契約の変更を別個の契約又は当初契約の変更のいずれとして会計処理すべきかに関して明示的に定められていない。他方，IAS第11号には，IFRS第15号の契約の変更に係る規定と比較的整合した規定が置かれているものの，IFRS第15号では，より詳細な規定が定められている。そのため，IFRS第15号の適用により，特に財又はサービスを提供する企業の実務に変更が生じる可能性がある。

日本基準との差異

・日本基準では，工事契約適用指針を除き，契約が変更された場合の取扱いに関して一般的に定めた規定は存在しない。我が国における現行実務では，工事契約以外の一般的な契約の変更は，その内容に応じて別個の契約又は見積りの変更として会計処理されることが多いと考えられるものの，契約の法的形態に基づき別個の契約として処理されている場合もあると思われる。

・工事契約については，契約の変更とは，当事者間の実質的な合意による工事の追加や削減，工事の内容又は対価の定めの変更のうち，これらの変更が当初の工事契約とは別の認識の単位として扱われないものをいうとされ，見積りの変更として処理される。その場合，工事進行基準が適用されるときには，工事収益総額，

工事原価総額又は進捗度の見積りの変更が行われた期に影響額を損益として処理する。一方，当初の契約部分とは別の認識の単位とすべき工事の追加，内容の変更等については，当初の契約部分とは独立して会計処理を行うとされている。ただし，どのような場合に契約の変更を当初の契約とは別の認識の単位とすべきかに関しては明示されていない。

・一方，IFRSでは，上述した具体的な要件に照らして契約の変更を3つの種類に分類し，当初の契約とは別の会計処理単位なのかを含め会計処理が決定される。両基準間でそもそも財又はサービスの区別可能性の判断（第4章2.を参照）及び独立販売価格の見積り（第5章②1.を参照）に差異が生じる可能性があり，IFRSを適用した場合には契約の変更の会計処理が変更される可能性がある。

┃日本基準EDとの差異┃

契約変更により追加される財又はサービスが，既存の契約内容に照らして重要性が乏しい場合には，以下のいずれの方法を用いて会計処理することも認めるという代替的な取扱いが設けられている（収益認識適用指針ED 91）

－当初契約の終了と新たな契約の創出（IFRS第15号の上記⑵①のパターンに相当）

－当初契約の一部変更（IFRS第15号の上記⑵②のパターンに該当）

┃設例3-4┃ 契約の変更－別個の契約

A社は，B社と画像装置及びその交換用カートリッジ50個を販売する契約を締結する。カートリッジ50個は1年間にわたり提供される。

画像装置とカートリッジの契約価格及び独立販売価格は以下のとおりである。

（単位：円）

	契約価格	独立販売価格	配分金額
画像装置	100,000	100,000	92,300 ＝150,000×（100,000／162,500）
交換用カートリッジ	1,000／個×50個＝50,000	1,250／個×50個＝62,500	57,700 ＝150,000×（62,500／162,500） 1,154／個＝57,700／50個
合計	150,000	162,500	150,000

A社は，画像装置と各カートリッジは互いから区別でき，それぞれが独立した履行義務であると判断する（第4章2.を参照）。したがって，相対的な独立販売価格に基づき，契約価格合計150,000円を画像装置とカートリッジ

第3章 顧客との契約の特定（ステップ1：顧客との契約の特定） 61

にそれぞれ92,300円と57,700円（1,154円／個）を配分する（第5章②を参照）。

A社が画像装置と40個のカートリッジを移転した時点で、両社はカートリッジ50個を1,250円／個で追加する契約の変更に合意し、当該追加の50個について新たに契約書を締結した。

変更日時点のカートリッジの独立販売価格は、当初契約時点から変わっておらず、依然として1,250円／個である。

A社は、契約の変更により提供される追加50個のカートリッジは、当初契約の下で提供された画像装置とカートリッジから区別できると判断している。

A社は、日本基準上、画像装置と各カートリッジの引渡時点で、それぞれを契約金額である100,000円と1,000円／個で売上を計上しているものとする。またA社は、50個の追加カートリッジに係る契約を別個の契約として取り扱い、追加50個のカートリッジについては1,250円／個の売上を計上しているものとする。

解説

・追加された50個のカートリッジは、当初の契約とは別個の契約とみなされる（上記(1)のパターンに該当）。なぜなら、追加のカートリッジは、画像装置や当初注文された50個のカートリッジから区別でき、かつ追加カートリッジに係る契約価格が契約変更日時点の独立販売価格を表しているからである。

・当該契約の変更により、当初契約の会計処理に影響が及ぶことはなく、A社は、当初契約の下で提供される残り10個のカートリッジに対して、1,154円／個の収益を認識する。

・一方、別個の契約として取り扱われる追加50個のカートリッジについては、1,250円／個の収益が認識されることになる。

実務で生じうる影響

・この設例のケースでは、当初契約に従って提供される画像装置と各カートリッジは、日本基準では、実務上、契約金額で収益認識されるのに対し、IFRS上は相対的な独立販売価格に基づき配分された金額で収益認識される点で差異が生じている。50個の追加カートリッジに関しては、いずれの基準でも当初契約とは別の契約として会計処理される。

設例 3 − 5　契約の変更 − 当初契約の終了と新たな契約の創出

　追加された50個のカートリッジの契約価格が1,000円／個である点を除き，前提条件は設例 3 − 4 と同じである。

解説

・変更契約における契約価格1,000円／個は独立販売価格である1,250円／個よりも低いため，A社は，当該取引に関する事実及び状況に基づき，契約価格1,000円／個が独立販売価格を反映しているかどうかを判断しなければならない。

・A社が，たとえば，新規顧客の場合に発生する販売関連費用250円／個がB社への追加販売に際して発生しないため，契約価格1,000円／個が独立販売価格を反映すると判断する場合，追加カートリッジに係る対価が契約変更日時点の調整後の独立販売価格を表しているため，別個の契約として会計処理される（上記⑴のパターンに該当）。

・一方，A社が，契約価格1,000円／個が当該取引に係る事実と状況を考慮しても独立販売価格を反映していないと判断する場合，当該契約の変更は当初契約の変更として当初契約が終了し，新たな別個の契約が締結されたかのように会計処理される（上記⑵①のパターンに該当）。

・この設例では，契約価格1,000円／個が独立販売価格を反映していないと判断されたものとする。この場合，以下のように会計処理される。

　　A社は，契約の変更後に提供されるカートリッジは，変更以前に移転済みのカートリッジと区別できるため，残りの取引価格61,540円（当初契約11,540円（1,154円／個×10個）＋追加契約50,000円（1,000円／個×50個））を残存する履行義務である60個のカートリッジ（当初契約の残り10個＋契約変更による追加50個）に配分する。変更後に各カートリッジの支配が顧客に移転されるにつれ，1,026円（61,540円／60個）の収益が認識されることになる。

実務で生じうる影響

・この設例のケースでは，設例 3 − 4 と同様に，当初契約に従って提供される画像装置と40個のカートリッジの収益認識額が，日本基準とIFRSで異なるのに加え，残り60個のカートリッジの会計処理についても，差異が生

第3章　顧客との契約の特定（ステップ1：顧客との契約の特定）　63

じることになる。つまり，日本基準上は，当初契約の残り10個及び別個の
契約として取り扱われる追加50個のカートリッジはそれぞれの契約金額で
収益認識されるのに対し，IFRSの下では，当初契約の下でいまだ収益認
識されていない残りの契約金額と契約変更による追加50個の契約金額の合
計金額を，当初契約の残り10個と追加50個の合計60個のカートリッジで除
した金額で，各カートリッジの引渡時点で収益認識されることになる。

設例3-6　契約の変更－当初契約の一部変更

　A社は，電力会社B社とC発電所用の発電用タービンを9,000百万円で販
売する契約を締結した。工期は4年，工事総原価は6,000百万円と見積られた。

　A社は，当該契約には，B社仕様の発電所用タービンの提供という単一の
履行義務のみが含まれていると結論付けた。

　当該発電用タービンはB社仕様となっているため，A社にとって代替的な
用途はない。また，契約条件によれば，A社は，B社が契約を中途解約した
場合には，それまでに履行した部分について発生原価に適切なマージンを加
えた金額の支払いを受ける強制可能な権利を有している。そのため，当該発
電用タービンの製造販売に係る収益は，工事の進捗に応じて一定期間にわた
り認識する必要がある。

　A社は，原価比例法に基づく進捗度の見積りが，当該発電用タービンの移
転に係るA社の履行を忠実に反映すると判断する。

　第1年度の期末までの発生原価は2,000百万円であった。第2年度に追加
で1,000百万円の原価が発生した。

　第2年度末に，B社は回転効率をより高めるためにタービンの動翼の仕様
変更を決定し，これに伴い契約が変更された。変更後の契約金額は12,000
百万円，見積工事総原価は7,500百万円である。

　A社は，日本基準上，当該工事契約に進行基準を適用している。当該契約
の変更は当初の工事契約とは別の認識単位として取り扱われておらず，見積
りの変更として会計処理されているものとする。

（単位：百万円）

	契約時 （第1年度）	契約変更前 （第2年度）	契約変更後 （第2年度）
工事収益総額	9,000	9,000	12,000
見積工事総原価	6,000	6,000	7,500
売上総利益	3,000	3,000	4,500
累計発生原価	2,000	3,000	3,000

解説

・当該契約の変更は，単一の履行義務と判断されている発電用タービンの動翼の仕様を変更するものであり，変更後に移転される残りの財又はサービスは，すでに移転された財又はサービスと区別できるものではない。すなわち，当該契約には，依然としてB社仕様の発電用タービンの提供という，単一の履行義務のみが含まれている。したがって，A社は，当該契約の変更を当初契約の一部として会計処理する（上記(2)②のパターンに該当）。

・そのため，契約変更日時点で工事収益総額，見積工事総原価及び進捗度を見直し，収益を累積的にキャッチアップ調整する必要がある。よって，以下のように，当該契約の変更により第2年度に売上高を300百万円増額する，累積的なキャッチアップ調整が行われることになる。

（単位：百万円）

	第1年度末	第2年度末 （契約変更前）	第2年度末 （契約変更後）
累計売上高	3,000 =9,000×33%	4,500 =9,000×50%	4,800 =12,000×40%
累計売上原価	2,000	3,000	3,000
売上総利益	1,000	1,500	1,800
進捗度	33% =2,000／6,000	50% =3,000／6,000	40% =3,000／7,500

実務で生じうる影響

・この設例のケースでは，IFRS及び日本基準のいずれの下でも，当該契約

第3章　顧客との契約の特定（ステップ1：顧客との契約の特定）　65

の変更は当初の工事契約とは別の認識単位と捉えられておらず，見積りの変更として累積的キャッチアップ修正が行われるため，両基準間で会計処理に差異は生じないものと考えられる。

検討を要する取引の形態及び業界の例

契約の変更の有無	契約の存在の有無に関する判断と同様に，たとえば，以下のような状況において，契約における権利及び義務に関する変更の法的な強制可能性に焦点を当てて，契約の変更が発生したか否かを評価する必要がある。こうした状況は，特に工事契約やソフトウェアに係る契約において頻繁に見受けられる。 ・変更契約書が正式に締結される前に，顧客との口頭や商慣習による契約変更に関する合意がある場合 ・契約当事者が契約の範囲又は価格（あるいはその両方）の変更について最終合意に至っていないものの，基本的な内容については合意されており，企業が変更契約書の締結前に作業に着手する場合 ・顧客により契約範囲の変更は承認されたが，これに対応する価格の変更がいまだ合意されていない場合
契約の変更の種類	すべての契約の変更について，上記(1)又は(2)①～③のいずれのパターンに該当するかを評価する必要がある。特に，たとえば以下のような頻繁に契約の変更が行われる業界及び取引において，当該評価プロセスの構築及び運用ならびに会計処理における負荷が増大する可能性がある。 ・建設業や個別受注産業における工事契約 ・受注制作のソフトウェア ・電気通信業

実務適用上のポイント

☑契約の変更の有無に関する評価

　契約の変更に関する規定は，契約上の権利及び義務に関する変更の強制可能性に着目しているため，変更後の権利及び義務が法的に強制可能であると判断された時点で，当該契約の変更を会計処理する必要がある点に留意されたい。そのため，口頭による合意のみで変更契約が署名されていなくとも，あるいは契約当事者が契約の範囲又は価格，あるいはその両方の変更について最終合意に至っていなくとも，契約の変更を会計処理しなければならなくなる可能性がある。

契約の範囲の変更は承認されたものの，金額が合意されていない場合には，変更契約に当該金額を見積るための十分な情報が含まれている限り，変動対価の見積り及びその制限に係る規定に従い，契約の変更から生じる取引価格の変更を見積る必要がある（IFRS15.19）。

☑契約の変更の種類に関する評価

契約の変更がどのパターンに該当するかにより，その会計処理が異なるため，財又はサービスの区別可能性や独立販売価格に関する評価が重要になる。特に，契約の変更が上記(2)①のパターンに該当する場合には，上記設例3-5のように，当初契約の取引価格のうち変更日時点でいまだ収益として認識されていない金額と契約の変更による追加対価を合算し，これを残りの財又はサービスに配分することになる。すなわち，残りの個々の財又はサービスが提供された際に認識すべき収益の金額（単価）を新たに算定することが求められ，これに対応するために新たなプロセスやシステムを構築することが必要となる可能性がある。

☑将来に移転される財又はサービスの区別可能性

将来に移転される財又はサービスがすでに移転済みの財又はサービスから区別できるかどうかを判断するにあたり，変更後の契約の観点から見ても区別できるか否かを慎重に評価することが重要である。個別の取引では区別できる新たな財又はサービスが追加される場合であっても，そうした財又はサービスが契約変更の一部として追加されるときには，契約の観点から見て区別できない（「第4章2．(2)　第二段階：契約の観点からの区別可能性」を参照）場合もありうる点に留意されたい。たとえば，工事契約など，当初契約が単一の履行義務であると判断されている場合，追加された財又はサービスは，既存の財又はサービスと結合され，新たな履行義務として識別されない可能性がある（上記設例3-5を参照）。

☑一連の区別できる財又はサービスに関する契約

たとえば，1年契約の経理処理サービスのように，実質的に同一で，顧客への移転パターンが同じである区別できる財又はサービス（日々の経理処理サービス）が継続して顧客に移転される場合がある。IFRS第15号では，そうした一連の区別できる財又はサービスが一定の要件を満たす場合，それらをまとめて単一の履行義務として会計処理することが求められている（「第4章3．実質的に同一で，顧客への移転パターンが同じである，一連の区別できる財又はサービス（一連の区別できる財又はサービス）」を参照）。そうした一連の区別できる財又はサービスについては，契約の変更により追加される財又はサービスあるいは変更日後に移転される残存する財又はサービスは，区別できると判断される点に留意されたい。そのため，一連の区別できる財又はサービスに関する契約の変更は，別個の契約((1)のパターン)，又は当初契約の終了と新たな契約の創出((2)①のパターン)のいずれかとして会計処理されることになる。

第4章

会計処理の単位
（ステップ2：履行義務の識別）

 重要ポイント

- 履行義務とは，収益認識に際しての会計処理の単位を表す。
- 商慣習などにより，販売契約の一環として無償で提供される財又はサービスについても，収益創出取引（履行義務）として会計処理しなくてはならなくなる可能性がある。
- 契約に複数の財又はサービスが含まれる場合，それぞれを個別に会計処理すべきか，又はそれらをまとめて会計処理すべきか，すなわち会計処理の単位の検討が必要である。
- 同じ財又はサービスであっても，契約における他の財又はサービスとの相互関連性及び相互依存性の内容とその程度により，その財又はサービス単独で履行義務になる場合もあれば，他の財又はサービスとともに履行義務を構成することになる場合もある。
- これまでとは異なる履行義務が識別される場合には，収益認識の時期と金額に影響が及ぶだけでなく，システムや内部管理プロセスなどの他の領域にも重大な影響が生じる可能性がある。

契約に複数の財又はサービスが含まれる場合，履行義務，すなわち，顧客との契約に含まれる財又はサービスのうち，個別に会計処理すべき財又はサービスを識別する必要がある。

IFRS第15号では，履行義務は以下のように定義されている。

| 履行義務 | 区別できる財又はサービスを移転するという顧客との契約における約定 |

　履行義務の適切な識別は，IFRS第15号における収益認識モデルの根幹をなす重要な要素である。というのも，契約対価合計は各履行義務に配分され，各履行義務が充足された時点で当該配分金額で収益が認識されるからである。すなわち，履行義務はIFRS第15号を適用する際の会計処理の単位であり，この判断により，収益認識の時期と金額に影響が及ぶことになる。

1 ｜ 契約に含まれるすべての財又はサービスの特定

　契約の開始時点で契約を分析し，当該契約の下で顧客に移転することを約定したすべての財又はサービスを識別しなければならない。この際，契約上明示されている財又はサービスだけでなく，企業及び業界における商慣習，公表されている方針や最近の具体的な声明などにより黙示的に約定された財又はサービスも考慮する必要がある（IFRS15.24）。

　たとえば，メーカーが顧客である流通業者に製品を販売し，当該流通業者が最終消費者に転売する取引において，当該メーカーが最終消費者に無償の保守サービスを提供する実務を行っている場合には，当該保守サービスも，当該流通業者との契約の下でメーカーが移転することを約定したサービスである。企業はそうした財又はサービスを販売促進のためのインセンティブや契約に付随するものと捉えているかもしれない。しかし，商慣習等により，契約の締結時点で企業がある財又はサービスを提供するだろうという合理的な期待を顧客が抱いている場合，当該財又はサービスを引き渡す約定は企業と顧客との間の販売交渉に含まれていると考えられ，顧客はそうした財又はサービスに対しても支払いを行っていることになる。そのため，それらの財又はサービスは，契約に含まれる財又はサービスとみなされ，これに対し対価の一部を配分することが求められる。

　IFRS第15号には，顧客に移転することが約定される財又はサービスとして，以下の項目が例示されている（IFRS15.26）。

（a）生産した財の販売（たとえば，メーカーの棚卸資産）
（b）購入した財の再販売（たとえば，小売業者の商品）

第 4 章　会計処理の単位（ステップ 2：履行義務の識別）　69

- (c)　購入した財又はサービスに対する権利の再販売（たとえば，本人当事者として行動する旅行会社が再販売する航空券）
- (d)　顧客のための契約上合意された作業の履行
- (e)　財又はサービスをいつでも提供できるように待機するというサービスの提供（たとえば，利用可能となった時点及びその場合にのみ提供されるソフトウェア製品の不特定のアップデート），又は顧客が使用することを決定したときに，財又はサービスを利用できるようにするサービスの提供
- (f)　他の当事者が顧客に財又はサービスを移転するのを手配するサービスの提供（たとえば，他の当事者の代理人として行動，以下「第 7 章 1 本人当事者か代理人かの検討」を参照）
- (g)　顧客がその顧客に再販売又は提供できるように，将来提供される財又はサービスに対する権利を付与すること（たとえば，小売業者に製品を販売する企業が，小売業者から製品を購入する最終消費者に追加の財又はサービスを移転する，以下設例 4 - 1 を参照）
- (h)　顧客の代わりに行う資産の建設，製造又は開発
- (i)　知的財産のライセンスの付与（以下「第 7 章 8 　知的財産のライセンス」を参照）
- (j)　重要な権利を顧客に与える場合の，追加の財又はサービスを購入する選択権の付与（たとえば，ポイント制度，以下「第 7 章 2 　追加の財又はサービスに関する顧客の選択権」を参照）

TRGで取り上げられた論点及び合意内容の概要

■待機義務における約定の性質

　上記(e)に例示した待機サービスにおける約定は，顧客に財又はサービスそのものを提供することではなく，顧客が当該財又はサービスにいつでもアクセスできるようにしておくというものである。

現行IFRSとの差異

・現行IFRSでは，取引の実質を反映するために，単一取引の個別に識別可能な構成要素ごとに収益認識要件を適用する必要があるとされているものの，構成要素が何であるのかについては定義されていない。一方，IFRS第15号では，購入した財

又はサービスに対する権利の再販売（上記(c)），待機サービス（上記(e)），顧客が その顧客に提供できる将来の財又はサービスに対する権利（上記(g)）など，どの ような種類の項目が契約で約定された財又はサービスに該当しうるのかを例示し ている。

・また，IFRS第15号と異なり，現行IFRSには，IFRIC第13号「カスタマー・ロイ ヤルティ・プログラム」を除き，商慣習などにより無償で提供される財又はサービ スを当初販売取引における識別可能な構成要素として取り扱うべきか否かについ て明示的に定めた規定はない。IFRIC第13号では，販売取引の一環として付与され るカスタマー・ロイヤルティ・ポイントは，当初販売時に引き渡された財又はサー ビスに直接関連する費用ではなく，将来引き渡される別個の財又はサービスであ ると捉えられている。

┃日本基準との差異┃...

日本基準では，契約書に明示されていない，商慣習などにより無償で提供される 財又はサービスを，当初販売契約の一構成要素として取り扱うことを一般的に定め た規定はない。我が国の実務では，販売契約の一環として無償で提供される財又は サービスは，販売を促進するためのインセンティブとして，その提供に要する費用 を販管費処理している場合が多いと思われる。

....

設例4-1 黙示的に約定された財又はサービス

メーカーであるＡ社はＢ社に機械を販売し，Ｂ社は当該機械を最終消費者 に転売する。

Ａ社はこれまで，Ｂ社から機械を購入した最終消費者に対して追加の対価 なしで３年間の保守サービスを提供している。Ａ社は，Ｂ社との交渉過程に おいて当該保守サービスの提供について触れておらず，契約書上も当該サー ビスに関して明記されていない。

なおＡ社は，日本基準上，無償の保守サービスを販売促進のためのインセ ンティブと捉えており，販売契約の下で提供すべきサービスとして識別して いないものとする。よってＡ社は，Ｂ社による機械の検収時点で収益を認識 するとともに，将来の保守サービスの提供に要する費用を引当計上している。

[解説]

・Ａ社は契約開始時点で，契約で明示されておらず，また無償で提供される ものの，商慣行によりＢ社との契約の一部として保守サービスを提供する ことを黙示的に約定していると判断する。すなわち，当該サービスを無償

第4章　会計処理の単位（ステップ2：履行義務の識別）　71

で提供するというA社のこれまでの商慣行が，契約締結時点でA社が当該サービスを提供するだろうという妥当な期待をB社（及びその顧客である最終消費者）に抱かせている。したがって，当該契約には以下の2つの履行義務が含まれており，取引価格はこれら履行義務に配分されることになる。

(i)B社への機械の提供

(ii)B社の顧客である最終消費者への保守サービスの提供

・そのため，A社は，機械を移転しその支配がB社に移転した時点では，契約対価の全額を収益として認識することはできない。A社は保守サービスの提供という履行義務に取引価格の一部を配分し，保守サービスが提供されるにつれて当該配分金額について収益を認識する。

│ 実務で生じうる影響 │

・この設例のケースでは，A社は，日本基準上，商慣習に基づく無償の保守サービスの提供を履行義務として認識しておらず，機械の検収時点で収益を全額認識している。一方，IFRSの下では，商慣行に基づく無償の保守サービスの提供も履行義務として識別されることから，当該保守サービスの提供に配分される契約対価の一部の収益認識が繰り延べられることになる。

検討を要する取引の種類及び業界の例

・商慣習により，たとえば無償の携帯電話や保守サービスなど，販売時に無償で提供される追加の財又はサービス。こうした無償の財又はサービスは，自身の顧客だけでなく，さらにその先の最終消費者に提供される場合も含まれる（上記設例4-1を参照）。

・広告宣伝・販売促進活動の一環として約束された，特定の商品を購入する場合に無償で提供される追加の財又はサービス

・カスタマー・ロイヤルティ・プログラム（以下「第7章②(3)　カスタマー・ロイヤルティ・プログラム」も参照）

実務適用上のポイント

☑推定的な履行義務

　IFRS第15号に従って会計処理されるためには，契約は法的に強制可能でなけ

ればならない（「第3章1．契約」を参照）が，契約に含まれる履行義務は，商慣習などにより顧客が契約締結時点で企業がある財又はサービスを提供するだろうという妥当な期待を抱いている場合には，法的に強制可能でなくとも，存在する（すなわち，推定的な履行義務）点に留意が必要である（IFRS15.BC87）。

☑待機サービス

たとえば，固定金額で契約期間にわたり無制限に使用できるスポーツクラブや，不特定の量のサービスが提供される業務委託契約などは待機サービスに該当する可能性がある。企業の約定の性質が顧客に財又はサービスそのものを引き渡すことなのか，あるいは財又はサービスをいつでも提供できるように待機するというサービスの提供なのかの判断は，収益の認識時点（一時点又は一定期間のいずれか，「第6章 認識（ステップ5：履行義務の充足）」を参照）や適切な進捗度の測定方法の選択（「第6章3.(1) 一定期間にわたり充足される履行義務の進捗度の測定」を参照）などにも影響を及ぼす可能性がある。そのため，企業は自らの約定の性質がいずれに該当するのかを適切に識別することが重要となる。

(1) 契約を履行するために企業が実施する活動及び関連する前払手数料

財又はサービスを引き渡す義務を履行するために，企業が契約の開始時点で一定の活動を実施しなければならない場合がある。たとえば，サービスを提供する企業は，サービスの提供を開始する前に，将来にサービスを提供するための準備，セットアップ及びアクセス権や使用権の付与などの活動を実施し，当該活動に関連して発生したコストの補償として，顧客から返金不要の支払いを受けることがある。こうした前払手数料の例として，スポーツクラブの入会金，電話，有線又はインターネットの接続手数料などが挙げられる（IFRS15.B48）。

企業は，当該活動により顧客に財又はサービスが移転されるかどうか，また関連する返還不能の前払手数料が当該活動による財又はサービスの移転に対するものかどうかを評価しなければならない。しかし，多くの場合，当該活動は契約を履行するために必要となる活動であるものの，それにより財又はサービスが顧客に移転されることはない。その場合，当該活動に関して収益が認識されることはなく，関連する前払手数料は，将来移転される財又はサービスに対する前払いといえる（IFRS15.B50）。IFRS第15号では，こうした活動は，当該活動により顧客に財又はサービスが移転されない限り，約定した財又はサービスに該当しないことが明確に示されている（IFRS15.25）。

第4章　会計処理の単位（ステップ2：履行義務の識別）　73

▌TRGで取り上げられた論点及び合意内容の概要▐.....................

■製品の生産前に実施する活動が契約で約定された財又はサービスに該当するのか

　たとえば，長期供給契約では，製品の生産前に企業がエンジニアリング及び設計サービスを提供し，顧客のニーズに即した新たな技術を創造する，又は既存の技術を適応させなければならないことがある。そうした製品の生産前に実施する活動が約定された財又はサービスであるのか，あるいは履行活動であるのかの決定には，事実及び状況に基づく判断が求められる。当該活動が約定された財又はサービスに該当するのか否かの判断が難しい場合には，そもそも財又はサービスの支配が顧客に移転するのか否かを検討しなければならない。たとえば，企業が顧客向けの新商品の開発においてエンジニアリング及び開発サービスを提供しており，顧客がその結果生じる知的財産（たとえば特許権）を所有することになる場合，知的財産の支配が顧客に移転されており，当該活動は契約で約定された財又はサービスになると結論付けられる可能性が高い。しかし，支配が移転しているかどうかを評価するにあたり，IFRS第15号に規定される支配の移転を示すあらゆる指標（「第6章4. 一時点で充足される履行義務」を参照）を考慮しなければならず，法的な所有権の移転だけでは支配の移転を推定するには不十分である点に留意が必要である。

　なお，当該活動により提供される財又はサービス（単一の履行義務，あるいは他の財又はサービスと結合された履行義務を構成）が一定期間にわたり充足される履行義務に該当する場合には，当該履行義務の充足に向けた進捗度を測定する際に当該生産前に実施される活動について考慮する必要がある（第6章3.(1)を参照）。

▌現行IFRSとの差異▐.....................

・現行IFRSでは，内部管理活動などの企業が契約の開始時点で契約を履行するために実施しなければならない活動に関して，収益を認識できるか否かについて明確に取り扱われていない。これに対して，IFRS第15号では，そうした活動は，それにより財又はサービスが移転されない限り，履行義務に該当しないこと，及び，その場合，将来財又はサービスが移転された時点又は移転されるに応じて収益認識されることが明確に定められている。

▌日本基準との差異▐.....................

・日本基準には，内部管理活動などの企業が契約開始時点で実施する契約を履行するために必要となる活動や関連する返金不能な前払手数料の取扱いに関する一般的な定めはない。

・返金不能な前払手数料については，契約開始時点又は現金受領時点でその全額を収益認識している実務が多いものの，事後的に継続して受領するサービス料に比して多額の前払手数料を受け取る場合には，契約期間にわたり収益認識している実務も見受けられる。

....

設例4-2 契約を履行するために契約開始時点で実施される活動

　スポーツクラブを運営しているA社は，B社と1年間の法人会員契約を締結し，契約開始時に返金義務のない入会金として1百万円を受領した。当該契約により，B社の全従業員は契約期間中はいつでも割引価格でスポーツクラブを利用することができる。

　なおA社は，日本基準上，入会金受領時に1百万円を収益として認識しているものとする。

解説

・入会時に登録活動等が行われるものの，当該活動により顧客に財又はサービスが移転されることはなく，当該活動は履行義務に該当しない。

・当該入会金は，契約期間を通じてB社の従業員に割引価格でスポーツクラブを利用する権利を与えるものであり，A社は，B社の従業員が望むときはいつでもスポーツクラブを利用できるように待機するというサービスの提供につれて，入会金1百万円について収益を認識する。

実務で生じうる影響

・この設例のケースでは，A社は，日本基準上，入会金を入金時に一括して収益認識しているが，IFRSでは，入会金は返金不能であっても，関連する将来のサービスが提供されたときに収益を認識するため，収益の認識時期が遅くなると考えられる。

検討を要する取引の種類及び業界の例

・アウトソーシング・サービスにおけるセットアップ・コスト及び関連する初期手数料など，サービス業全般における初期コスト及び関連する当初手数料，接続手数料など

・各種メンバー・クラブにおける登録コスト及び関連する入会金，加入手数料など

第4章　会計処理の単位（ステップ2：履行義務の識別）　75

> **実務適用上のポイント**
>
> ☑契約を履行するための企業の活動に係るコスト
>
> 　契約を履行するための企業の活動により財又はサービスが移転されない場合，当該活動は履行義務に該当せず，関連する前払手数料は将来財又はサービスが移転された時又は移転されるに応じて収益認識されることになる。この将来移転される財又はサービスが一定期間にわたり充足される履行義務に該当する場合，当該履行義務の進捗度の測定に際し当該活動を考慮してはならない点に留意されたい（第6章3.(1)を参照）。
>
> 　なお，当該活動に要したコストは，一定の要件を満たせば契約を履行するためのコストとして資産化される（「第7章⑪(2)　契約履行コスト」を参照）。
>
> 　さらに，契約に更新条項が含まれており，顧客が再度前払手数料を支払うことなく契約を更新できる場合，当該返還不能な前払手数料の存在により，将来の財又はサービスを割引価格で購入できる契約更新権が契約に含まれていることが示唆される場合がある（「第7章②(4)　契約更新権」を参照）。

2 ｜ 個別に会計処理すべき履行義務の識別

　契約におけるすべての財又はサービスが識別されたら，次にそれらのうちどれが個別に会計処理すべき履行義務に該当するのかを判断する必要がある。財又はサービスは，以下のいずれかに該当する場合，個別に会計処理すべき履行義務とされる（IFRS15.22）。

> (a)　区別できる財又はサービス（あるいは区別できる財又はサービスの組合せ）
> (b)　実質的に同一で，顧客への移転パターンが同じである，一連の区別できる財又はサービス

　上記のように，履行義務に該当するか否かの判断は，「区別可能性（distinct）」という概念に基づくことになる。この言葉は，一般的には，異なる（different），別個の（separate），又は類似しない（dissimilar）ものを意味する。

　IFRS第15号は，財又はサービス（あるいは財又はサービスの組合せ）が区別できるか否かの判断に際し，2段階のアプローチを用いている。第一段階では，財又はサービスの性質に鑑みた場合に，そもそも当該財又はサービスは区

別されうるのかを検討し，第二段階では，第一段階で区別されうると判断された財又はサービスが，契約の観点から見た場合にも，契約に含まれる他の財又はサービスから区別して識別できるのかどうかを評価する。財又はサービスが区別できると結論付けるには，両方の段階における要件を満たす必要がある。

(1)　第一段階：個々の財又はサービスのレベルでの区別可能性

　第一段階では，個々の財又はサービスのレベルで，当該財又はサービスの性質に着目し，それらがそもそも区別されうるのかを検討する。以下のいずれかの要件を満たす場合には，個々の財又はサービスは区分されうる。

(a)　顧客が，当該財又はサービスからの便益をそれ単独で得ることができる。
(b)　顧客が，当該財又はサービスからの便益を，それ単独では得ることができないものの，容易に入手可能な他の資源と一緒にした場合に得ることができる。

　この評価では，個々の財又はサービスの性質に照らして，当該財又はサービスを使用，消費，売却又は経済的便益を創出する形で保有することにより，顧客が当該財又はサービスから経済的便益を得ることができるか否かを検討する（IFRS15.28）。したがって，当該検討を行うにあたり，顧客が個々の財又はサービスをどのように使用するのか，また，企業の財又はサービスのみを使用することが要求される場合など，顧客が他の企業から容易に入手可能な資源を得ることを制限するような契約条項があったとしても，これらを考慮する必要はない。

　上記(b)の要件に関して，容易に入手可能な他の資源としては，企業又は他の企業が個別に販売している財又はサービス，顧客が当該契約の下ですでに取得済みの財又はサービスを含む企業からすでに購入済みの財又はサービス，あるいは顧客が他の取引や事象からすでに取得している資源などが該当する。

　なお，企業又は他の企業により経常的に個別に販売されている財又はサービスは，通常上記のいずれかの要件を満たすと考えられる。というのも，そもそも顧客が当該財又はサービスから単独で，又は容易に入手可能な他の資源と一緒にして便益を得ることからできるからこそ，当該財又はサービスは経常的に

個別に販売できていると考えられるからである。

(2) 第二段階：契約の観点からの区別可能性

次に，第一段階でその性質に照らして区別されうると判断された財又はサービスが，契約の観点から見た場合に，契約に含まれる他の財又はサービスから区別して識別できるか否かを評価する。財又はサービスが，契約における他の財又はサービスと相互関連又は相互依存している場合には，その内容及び程度によっては，契約上，当該財又はサービスが実質的にそれら他の財又はサービスから区別して識別できない場合がある。当該評価の目的は，契約の観点から見た場合に，企業の約定の性質が以下のいずれであるかを判断することである（IFRS15.29）。

> ・個々の財又はサービスを移転すること
> ・財又はサービスをインプット（原材料等）として使用することにより創出される結合されたアウトプット（成果物）を移転すること

すなわち，当該評価においては，顧客の観点から顧客が契約した対象物は何であるのかを考えることが必要となる。

図表4－1　契約の観点からの区別可能性

契約の観点から見た場合に，企業の約定の性質は以下のいずれであるか？

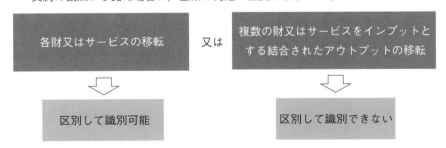

ある財又はサービスを移転するという約定が同じ契約における他の約定から区別して識別できるか否か，すなわち，企業の約定の性質が個々の財又はサービスを提供することであるのか，あるいは複数の財又はサービスをインプットとして創出された結合されたアウトプットを提供することであるのかの決定に

は，すべての関連する事実と状況を考慮した上で，判断が求められる。

IFRS第15号では，この判断に際し検討すべき要因として以下の３つを挙げているが，これらに限定されるわけではない。これらの要因は，相互に排他的なものではなく，むしろ多くの場合，複数の要因が当てはまる可能性がある。これらの要因が１つ以上存在する場合，当該財又はサービスは契約における他の財又はサービスから区別して識別できないことが示唆される。

(a)　財又はサービスを同じ契約に含まれる他の財又はサービスと統合して顧客が契約した対象物（結合されたアウトプット）を創出するという，重要なサービスを提供している。
(b)　１つ又は複数の財又はサービスが，他の財又はサービスを大幅に改変又はカスタマイズするか，あるいは他の財又はサービスによって大幅に改変又はカスタマイズされる。
(c)　複数の財又はサービスの相互依存性又は相互関連性が高い。

以下では，各要因について説明する。

(a)　複数の財又はサービスを顧客が契約した対象物に統合する重要なサービスの提供

たとえば，顧客の本社ビルの請負建設工事を考えてみると，当該契約の下では，建設資材や軀体工事サービスなど，その性質に基づけば区別されうる数多くの財又はサービスが顧客に提供される。しかし，企業は，下請業者の作業が契約で合意された仕様を満たしていることの確認を含む，さまざまな建設作業を管理及び調整し，それらの財又はサービスを統合することにより，本社ビルを建設する必要がある。この場合，企業の顧客に対する主な約定は，個々の財又はサービスを顧客が契約した対象物である本社ビルに確実に統合することにある。

顧客が契約した対象物は，個々の財又はサービスではなく，本社ビルであり，それら複数の財又はサービスは顧客が契約した対象物である本社ビルを建設するためのインプットとして使用されているに過ぎない。そのため，契約の観点からはそれらの財又はサービスは互いから区別して識別できない。

第4章　会計処理の単位（ステップ2：履行義務の識別）　79

(b)　財又はサービスの著しい改変又はカスタマイズ

たとえば，顧客に標準品のソフトウェアのライセンスを付与することに加え，顧客の既存のシステム・インフラ上で機能するように，当該ソフトウェアを大幅にカスタマイズすることにより，完全に統合されたシステムを顧客に提供することを約定する場合，当該ソフトウェア及びカスタマイズ・サービスは契約対象物である顧客仕様の統合システムを創出するために結合される。

このように，ある財又はサービスが契約における他の財又はサービスを大きく改変又はカスタマイズする場合，それらの財又はサービスはインプットとして使用され，顧客が契約した対象物を創出するために統合されることになる。そのため，当該ソフトウェア及びカスタマイズ・サービスを移転する約定は互いから区別して識別できない。

(c)　複数の財又はサービスの相互依存性又は相互関連性

複数の財又はサービスの相互依存性又は相互関連性が高い場合，言い換えれば，各財又はサービスが契約に含まれる他の財又はサービスにより著しい影響を受ける場合，それらの財又はサービスは互いから区分して識別できないと考えられる。たとえば，各財又はサービスを個別に移転することによって企業が契約における約定を果たせないのであれば，それら複数の財又はサービスは互いに重大な影響を及ぼしている可能性がある。

上述した第一段階及び第二段階の要件の双方を満たさない財又はサービスは，区別できる財又はサービスの組合せが識別されるまで，契約における他の財又はサービスと結合しなければならない。これにより，区別できない財又はサービスを，それ自体は区別できると言えるための要件を満たす他の財又はサービスと結合することが必要となる場合がある。

図表4－2は，個別に会計処理すべき履行義務の識別プロセスをまとめたものである。

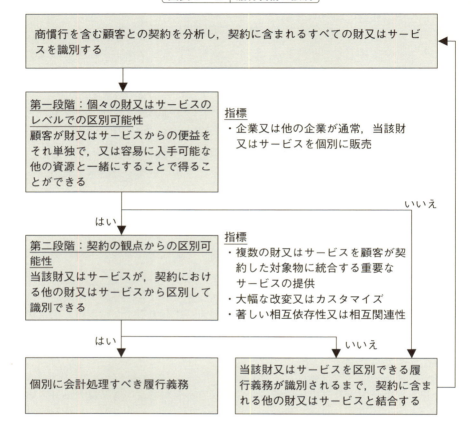

図表4-2 履行義務の識別

IFRS第15号の明確化における主要ポイント

- IFRS第15号の改訂において、どのような場合に財又はサービスが契約に含まれる他の財又はサービスから区別して識別できるのか、すなわち、契約の観点から区別できるのかが明確化された。
- 契約の観点からの区別可能性を評価する目的は、顧客に対する約定の性質が契約におけるそれぞれの財又はサービスを移転することなのか（すなわち、複数の約定が存在する）、あるいは複数の財又はサービスから構成される単一の財又はサービスを提供することなのか（すなわち、1つの約定しか存在しない）を評価することである。そのため、ある財又はサービスを移転する約定が、契約における他の約定と区別して識別できるかどうかを評価するにあたり、契約の履行過程にお

第4章　会計処理の単位（ステップ2：履行義務の識別）　81

いて複数の財又はサービスがどのように関係しているのか，複数の財又はサービスの一体性，相互関連性及び相互依存性の程度を評価する必要がある。
・たとえば，機器とそれ専用の消耗品の販売契約では，企業のみが製造できる当該消耗品なくして機器は使用できないため，当該機器と消耗品は機能的に関連している（当該機器と消耗品の性質に基づく区別可能性については，当該企業が経常的に当該消耗品を個別に販売しているため，当該機器と消耗品はいずれも区別され得ると判定される）。しかし，このように単にある財又はサービスがその性質上，他の財又はサービスに依存している，すなわち複数の項目の間に機能的な関係が存在するというだけでは，契約の観点からそれらの財又はサービスが互いから区別して識別できないと判断するには不十分である。
・当該判断に当たり重要となるのは，契約の履行過程において複数の財又はサービスの間に互いを変換することになるような関係，すなわち，それら財又はサービスを，個々の項目の単なる集合体とは大きく異なる，一体となって機能する結合されたアウトプットに変換することになるような関係が存在するか否かを評価することである。

▌現行IFRSとの差異▌ ....
・現行IFRSでは，契約に複数の財又はサービスが含まれる場合，取引の実質を反映するように，個別に識別可能な構成要素ごとに収益認識要件を適用することが求められているものの，各構成要素を個別に会計処理すべきか否かの判断に資するガイダンスはほとんど提供されていない。その結果，どの単位で会計処理を行うかに関して，実務でばらつきが生じている。実務上，US GAAP（特定の業界や取引に焦点を当てたガイダンスも多く，経済的実質が類似する取引であっても異なる会計処理が行われる場合がある）を参照して会計方針を策定している業界や企業も少なくない。そのため，IFRS第15号に従って区別可能性要件に照らして検討した結果，会計処理の単位についてこれまでとは異なる結論に至る可能性がある。

▌日本基準との差異▌ ....
・日本基準では，ソフトウェア取引実務対応報告及び工事契約会計基準において，複合要素取引の分割に関する会計処理が個別に定められているものの，収益全般に関して取引の会計処理単位への分割について一般的に定めた規定は存在しない。そのため，日本基準では，ソフトウェアに係る契約及び工事契約を除き，そもそも収益認識に際しての会計処理の単位の識別に関する検討が行われておらず，契約書上の単位を会計処理の単位としている実務が多いと思われる。
・ソフトウェア取引については，1つの契約とされていても，財又はサービスの内容や各々の金額の内訳が顧客との間で明らかにされている場合には，契約上の対価を適切に分解して，収益認識を行うとされている。また，内訳金額が明らかでない場合でも，管理上の適切な区分に基づき契約上の対価を分解することができ

ると定められている。なお，財とサービスの複合取引であっても，一方の取引が他方の主たる取引に付随して提供される場合には，その主たる取引の収益認識時点に一体として会計処理することができるとされている。

・工事契約については，上記「第3章3．契約の結合」で説明したように，仮に契約書が当事者間で合意された実質的な取引の単位を適切に反映していない場合には，これを反映するように契約書上の取引を分割して，工事契約に係る認識の単位とすることが必要となる場合があるとされている。また，実質的な取引の単位が有する特徴として，施工者がその範囲の工事義務を履行することによって，顧客から対価に対する確定的な請求権を獲得することが挙げられている。

・ソフトウェアに係る契約及び工事契約について，上記のように，取引の実態を反映する単位に分割することが求められているものの，具体的な要件は設けられていない。そのため，区別可能性という概念に基づく具体的な要件に照らして会計処理の単位を決定することが求められるIFRS第15号の適用により，現行実務とは異なる会計処理の単位が識別される可能性がある。

┃日本基準EDとの差異┃

重要性の観点から，以下のような代替的な取扱いが容認されている。

・約束した財又はサービスが顧客との契約の観点で重要性が乏しい場合には，当該財又はサービスが履行義務であるかどうかを評価しないことが認められる（収益認識適用指針ED 92）。

・顧客が商品又は製品に対する支配を獲得した後に行う出荷及び配送活動については，当該商品又は製品を移転する約束を履行するための活動として処理し，履行義務として識別しないことが容認される（収益認識適用指針ED 93）。

・一定の期間にわたって収益を認識する船舶による運送サービスについて，一航海の船舶が発港地を出発してから帰港地に到着するまでの期間が通常の期間（運送サービスの履行に伴う空船廻航期間を含み，運送サービスの履行を目的としない船舶の移動又は待機期間を除く）である場合には，当該期間は短期間であると想定されることから，複数の顧客の貨物を積載する船舶の一航海を単一の履行義務として収益を認識することが認められる（収益認識適用指針ED 96）。

設例4-3　区別できる財又はサービス①

　メーカーであるA社は，B社と大型機械（標準品）の製造販売とその据付を行う契約を締結する。なお，A社は常に機械と据付サービスをセットで販売している。

　据付サービスには，単一の製造ラインとして稼働するように当該機械をB

第4章　会計処理の単位（ステップ2：履行義務の識別）　83

社工場の既存の機械等と統合することが含まれる。なお，複数の企業が同様の据付サービスを提供している。

　当該契約には，無償の1年間の保守サービスが含まれているが，当該保守サービスは1年間につき10万円で延長できる。

　なおA社は，日本基準上，機械の据付完了時点で契約対価全額を収益認識し，保守サービスの提供に要するコストを引当計上しているものとする。

解説

・この契約では，機械，据付サービス及び保守サービスの3つの財及びサービスが識別されるが，以下では，上記の2段階アプローチに照らして，それぞれが区別できるか否かを検討する。

財又はサービス	第一段階		第二段階	
	分析	区別可能性	分析	区別可能性
機械	・機械は据付を行わないと使用できないが，他の企業から据付サービスを購入することにより使用可能である ・スクラップ価値よりも高い価格で売却できる	○	・据付サービスにより機械はB社工場の既存の機械等と一体となって機能する単一の製造ラインに統合されている ・据付サービスは当該製造ライン向けにカスタマイズされており，据付の過程で当該機械も大幅にカスタマイズされている ・機械を移転する約定を据付サービスを移転する約定から独立して履行する（機械又は据付サービスだけを個別に移転する）ことができないため，両者の相互依存性及び相互関連性が高い	× 機械と据付サービスの組合せ
据付サービス	・すでに提供されている機械と一緒にして便益を得ることができる	○	上記参照	×

	・他の企業が個別に販売している			
保守サービス	・すでに提供されている機械と一緒にして便益を得ることができる ・A社は年間10万円で契約を更新するオプションを個別に販売している	○	・保守サービスと据付済機械が単なる両者の集合体とは異なる結合されたアウトプットに変換されることはない ・据付済機械も保守サービスも互いをカスタマイズすることはない ・据付済機械は保守サービスがなくとも使用でき，両者の相互関連性及び相互依存性は高くない	○

・第二段階の契約の観点からの区別可能性について，顧客が契約した対象物は製造ラインに組み込まれた一体として稼働する機械であり，契約の観点から見た場合に，機械と据付サービスは互いから区別して識別できないと考えられる。そのため，両者をまとめて単一の履行義務として会計処理する。上記のように，第一段階及び第二段階を通じた分析により，この設例では2つの履行義務，すなわち，①機械と据付サービスの組合せ，及び②保守サービスが識別される。

<u>実務で生じうる影響</u>

・この設例のケースでは，A社は，日本基準上，当該契約全体を1つの会計処理単位として機械の据付完了時点で一括して収益認識している一方，IFRSの下では，無償の保守サービスが独立した履行義務として識別されることから，契約対価の一部が当該保守サービスに配分され，1年間の保守サービス期間にわたり収益認識されることになる。

第4章　会計処理の単位（ステップ2：履行義務の識別）　85

| 設例 4 - 4 | 区別できる財又はサービス② |

　他の企業により類似する据付サービスが販売されておらず，A社のみが当該据付サービスを提供できる点を除き，設例4-3と前提条件は同じとする。

| 解説 |

財又はサービス	第一段階		第二段階	
	分析	区別可能性	分析	区別可能性
機械	・機械は据付を行わないと使用できないが，当該据付サービスはA社のみが提供できるものであり，かつ常に機械とセットで販売され，個別に販売されていないことから，機械と据付サービスは区別できない	×機械と据付サービスの組合せ	・保守サービスと据付済機械が単なる両者の集合体とは異なる結合されたアウトプットに変換されることはない・据付済機械も保守サービスも互いをカスタマイズすることはない・据付済機械は保守サービスがなくとも使用でき，両者の相互関連性及び相互依存性は高くない	○
据付サービス	上記参照	×		
保守サービス	・すでに提供されている機械と一緒にして便益を得ることができる・A社は年間10万円で契約を更新するオプションを個別に販売している	○	上記参照	○

・第一段階の個々の財又はサービスのレベルでの区別可能性に関して，個別に販売されていない当該据付サービスなしに当該機械から便益を得ることができないため，機械と据付サービスは区別できないと考えられる。そのため，第二段階の検討においては，機械と据付サービスの組合せが保守サービスから区別して識別できるか否かが検討され，結果として2つの履行義務，すなわち，①機械と据付サービスの組合せ，及び②保守サービスが識別される。

実務で生じうる影響

・この設例における日本基準とIFRSの下での会計処理の差異については，上記設例4-3と同じである。

設例4-5　区別できる財又はサービス③

　据付サービスがB社工場の製造ラインの所定の場所に当該機械を据付，配線をつなぐ程度の比較的単純なものである点を除き，設例4-3と前提条件は同じとする。

解説

財又はサービス	第一段階		第二段階	
	分析	区別可能性	分析	区別可能性
機械	・機械は据付を行わないと使用できないが，他の企業から据付サービスを購入することにより使用可能である ・スクラップ価値よりも高い価格で売却できる	○	・機械と据付サービスが単なる両者の集合体とは異なる結合されたアウトプットに変換されることはない ・機械も据付サービスも互いをカスタマイズすることはない ・機械を移転する約定と据付サービスを移転する約定はそれぞれ独立して履行することができるため，両者の相互関連性及び相互依存性は高くない	○
据付サービス	・すでに提供されている機械と一緒にして便益を得ることができる ・他の企業が個別に販売している	○	上記参照	○
保守サービス	・すでに提供されている機械と一緒にして便益を得ることができる	○	・保守サービスと据付済機械が単なる両者の集合体とは異なる結合されたアウトプットに変換されることはない	○

| | | ・据付済機械も保守サービスも互いをカスタマイズすることはない |
| | ・A社は年間10万円で契約を更新するオプションを個別に販売している | ・据付済機械は保守サービスがなくとも使用でき，両者の相互関連性及び相互依存性は高くない |

・第二段階の契約の観点からの区別可能性の検討において，機械と据付サービスの関係を評価すると，契約の履行過程で互いを変換することになるような関係は存在せず，両者の相互関連性及び相互依存性の程度は低いと考えられることから，機械と据付サービスはいずれも互いから区別して識別できると判断される。そのため，この設例のケースでは，3つの履行義務，すなわち，①機械，②据付サービス及び③保守サービスが識別されることになる。

実務で生じうる影響

・この設例のケースのように，日本基準上，当該契約全体を1つの会計処理単位として機械の据付完了時点で一括して収益認識している場合には，IFRSでは，機械，据付サービス及び保守サービスはすべて個別に会計処理すべき独立した履行義務と判断されることから，契約対価を相対的な独立販売価格に基づき各履行義務に配分し（「第5章②　取引価格の各履行義務への配分（ステップ4）」を参照），機械についてはその引渡時点で，据付サービスに関しては据付完了時点又は据付期間にわたり及び保守サービスについては1年間の保守サービスの提供期間にわたり収益認識されることになる可能性が高い（第6章を参照）。

検討を要する取引の形態及び業種

たとえば，以下のような複数の財又はサービスを伴う契約において，各財又はサービスが独立した履行義務に該当するかの検討が必要となる。
・製品，機械又は設備の販売と，その据付，テスト，カスタマイズ又は保守サービスの提供
・個別受注産業などにおけるプラント等の建設と，技術者の派遣や管理サービスの提供
・ソフトウェアとハードウェアの販売，据付，カスタマイズ，アップグレード，及び保守サービス等の提供

・ソフトウェアの開発契約において，工程ごとに別個の契約が締結される場合（上記第3章3.を参照）や，工程ごとに検収及び支払いが行われる契約
・ホスティング・サービスの提供とソフトウェアのライセンスの付与を含むクラウドサービスの提供，及びカスタマイズなどの関連するサービスの提供
・製薬業界における新薬候補に係るライセンスの付与と事後的な研究開発や原薬・製品供給サービス
・広告業における媒体枠の販売，広告の制作，マーケティング，プランニングやプロモーションの提供
・カスタマー・ロイヤルティ・ポイントの付与を伴う販売契約（第7章②を参照）
・製品保証を伴う製品の販売契約（「第7章③　製品保証」を参照）

実務適用上のポイント

☑履行義務の識別に関する検討を要する契約

　　収益は財又はサービスの支配が顧客に移転した時点で認識される（以下第6章を参照）ため，契約に複数の履行義務が含まれるとしても，それらの支配の移転時点及び移転パターンが同じであるならば，それらを個別に会計処理しても，まとめて会計処理しても同様の結果になるであろう。そのため，実務上は，契約に支配の移転時点及び移転パターンが異なる複数の財又はサービスが含まれる場合にのみ，それぞれを個別に会計処理すべきか否かを検討すればよいと考えられる。

☑財又はサービスの移転に係るリスクと区別可能性

　　契約の観点から区別して識別できるという考え方は，ある財又はサービスを顧客に移転するという義務を履行する際に企業が引き受けるリスクが，契約における他の財又はサービスを移転するリスクと区別できるか否かという点を基礎としている。上記の3つの要因はすべて，複数の財又はサービスをインプットとして用いて，個々の財又はサービスの単なる集合体とは大きく異なる結合されたアウトプットが創出されるため，複数の財又はサービスの移転に係るリスクが互いのリスクから区別できなくなる状況を示唆している。

　　たとえば，上述した請負建設工事契約の下で，企業がさまざまな建設作業を管理及び調整し，これらの作業の統合に関するリスクを引き受けている状況では，インプットである個々の財又はサービスの移転に係るリスクは，互いから区別できないといえ，企業は結合されたアウトプットである本社ビル全体の移転に係るリスクを引き受けていると考えられる。同様に，カスタマイズ・サービスの提供により，ソフトウェアが大幅に改変される場合には，ソフトウェアとカスタマイズ・サービスを提供するリスクは互いのリスクから区別できなくなり，契約の観点からはそれらを区別して識別することはできないであろう。

☑類似する契約に関する契約の観点からの区別可能性の評価

特に第二段階の契約の観点からの区別可能性の検討において，契約に含まれる複数の財又はサービスの一体性，相互関連性又は相互依存性とその程度を評価することが，当該財又はサービスが区別できるのか，すなわち個別に会計処理すべき履行義務に該当するのか否かの判断に際し，非常に重要となる。上記設例4－3から4－5のケースのように，同じ財及びサービスを含む一見類似する契約であっても，契約における複数の財又はサービスの一体性，相互関連性又は相互依存性の内容及びその程度によって，個別に会計処理すべき履行義務に該当するか否かの結論が変わりうるため，個々の契約ごとに慎重な検討が必要と考えられる。

☑履行義務の識別が財務数値以外に及ぼしうる影響

区分可能性要件に照らして検討した結果，新たな又はこれまでとは異なる会計処理の単位が識別される場合，収益認識の時期及び金額や会計処理の変更を余儀なくされる可能性があるが，会計処理単位の変更は財務数値に影響を与えるだけでなく，システム，営業活動，顧客との契約内容などその他の多くの領域にも重大な影響を及ぼす可能性がある点に留意が必要である。

たとえば，上記設例4－3では，日本基準上は，すべての財及びサービスをまとめて単一の会計処理単位としていたものの，IFRSでは2つの会計処理単位が識別されている。この場合，どの単位で，またいくらの金額で販売システムに受注データをインプットし，また当該インプットに基づく会計上の売上金額が請求書の金額と異なる場合にどのように管理するかなど，販売システムの変更及び新たな社内管理プロセスを構築する必要性が生じる可能性がある。

3 │ 実質的に同一で，顧客への移転パターンが同じである，一連の区別できる財又はサービス（一連の区別できる財又はサービス）

たとえば，1年契約の清掃サービスのように，実質的に同一で区別できる複数の財又はサービスが継続して顧客に移転される場合がある。IFRS第15号では，そうした取引の実務での適用を容易にするとともに，首尾一貫した履行義務の識別に繋がるように，上記で説明した2段階のアプローチに基づき，ある財又はサービスが区別できると判断される場合であっても，当該区別できる財又はサービスが，実質的に同一で，顧客への移転パターンが同じである，継続して移転される区別できる複数の財又はサービスの一部であるならば，それらをまとめて単一の履行義務として会計処理することが求められる（IFRS15.23）。一連の区別できる財又はサービスは，以下の要件をいずれも満たす場合，同一の顧客への移転パターンを有する。

(a) 継続して移転される各区別できる財又はサービスは，個別に会計処理される場合，一定期間にわたり充足される履行義務に該当する。

(b) 継続して移転される各区別できる財又はサービスについて，同じ進捗度の測定方法が使用される。

したがって，上記の1年契約の清掃サービスは，1日単位の清掃サービスという複数の履行義務ではなく，単一の履行義務として取り扱われることになる。

なお，これは任意の規定ではないため，一連の区別できる財又はサービスが上記要件を満たす場合には，単一の履行義務として取り扱うことが要求される。

▌TRGで取り上げられた論点及び合意内容の概要▌

■どのような場合に一連の区別できる財又はサービスに係る規定が適用されるのか

当該規定が適用されるために，区別できる財又はサービスが連続して移転される必要はなく，断続的に移転される場合や重複して移転される場合にも適用される。財又はサービスの移転の間隔の長さを勘案し，一連の区別できる財又はサービスに係る規定が適用されるか否かを慎重に検討する必要がある。

また，当該規定を適用するために，各財又はサービスを独立した履行義務であるかのように会計処理した場合と同じ結果になる必要はなく，またそのことを証明する必要もない。

■どのような場合に一連の区別できる財又はサービスに含まれる各財又はサービスは実質的に同一であるといえるか

主にサービス契約に関して議論が行われ，一連の区別できるサービスに含まれる各サービスが実質的に同じであるといえるかどうかを判断するにあたり，まずはサービスを顧客に提供するという企業の約定の性質が検討された。当該約定の性質が一定量のサービス（たとえば，1年間の契約期間にわたる12回の月次の給与計算サービス）を提供するものである場合，その評価において，各サービス（月次の給与サービス）が区別でき，かつ実質的に同じものであるかどうかを検討する。一方，当該約定の性質が，提供すべき量が定められておらず，契約期間にわたり待機する又は単一のサービスを提供することである場合，その評価においては，実際の活動ではなく，各時間増分（たとえば，時間，日）が区別でき，かつ実質的に同じものであるかどうかを判断する。

IFRS第15号では，1年間にわたる月次の給与計算サービス（設例13）及びホテル運営サービス（結論の根拠（IFRS15.BC285））に関する例が取り上げられている。月次の給与計算サービスに係る約定の性質は，1年間にわたり12回の実質的に同じ区別できる給与計算処理サービスを提供するというものである。一方，ホテル運営

サービスにおける約定の性質は、日々のホテル運営サービスを提供することである。当該ホテル運営サービスにおける活動は、1日の中でも、また日によっても変化しうるが（たとえば、清掃、予約、不動産の維持管理など）、それにより日々のホテル運営サービスが区別でき、実質的に同じであると結論付けることが妨げられることはない。企業の約定の性質は、ホテルの運営サービスを提供することであり、これはすべての日で同じであり、日々提供されるサービスは実質的に同一である。

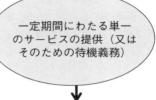

	約定の性質	各サービス／期間は実質的に同じか？
1年間の月次給与計算処理サービス	月次の給与計算処理サービスの提供	12個の区別できるサービスは実質的に同じである
1年間のホテル運営サービス	日々のホテル運営サービスの提供	実際の活動は日々変化しうるが、日々のホテル運営サービスは区別でき、実質的に同じである

検討を要する取引の形態及び業種

- IT業務委託、給与計算、コールセンター業務などのアウトソーシング・サービス、保守サービス、運用管理サービスなど、サービス契約全般
- 電気・ガス等供給契約
- 鉄道業における定期券や回数券
- 契約期間にわたり提供される顧客仕様の部品や製品の受託製造契約（「第6章2．一定期間にわたり充足される履行義務」も参照）
- アクセス権に該当する知的財産のライセンス（第7章8を参照）

実務適用上のポイント

☑企業の約定の性質と一定期間にわたり充足される履行義務に係る3要件

　財又はサービスが区別できるかどうかを含め，一連の区別できる財又はサービスに係る規定が適用されるか否かを検討する際には，企業の約定の性質を評価する必要がある。一連の区別できる財又はサービスに該当するためには，当該財又はサービスが一定期間にわたり充足される履行義務でなければならないため，企業の約定の性質を評価するにあたり，一定期間にわたり充足される履行義務といえるための3つの要件（IFRS第15号第35項，第6章2．を参照）のうちどの要件が満たされたのかを考慮することが有用となる場合がある。

　企業の履行につれ，顧客が便益を受け取り消費する（IFRS第15号第35項(a)）ことから，履行義務が一定期間にわたり充足されると判断されている場合，サービスの各増分を区別できることが示唆される。その場合，サービスの各増分が区別して識別できるか，及び実質的に同一であるかを評価すべきである。

　一方，顧客が仕掛品を支配している，及び代替的な用途がある資産が創出されず，かつ現在までの履行に対して支払いを受ける強制可能な権利が有しているという残りの2つの要件（IFRS第15号第35項(b)及び(c)）に基づき，履行義務が一定期間にわたり充足されると判断されている場合，企業の約定の性質は，単一の特定の財又はサービス（たとえば，顧客仕様の建物の建設）を引き渡すことである可能性がある。その場合，履行義務における個々の財又はサービスは区別できないことから，一連の区別できる財又はサービスとはみなされない。

☑一連の区別できる財又はサービスか，あるいは結合された履行義務かに関する判断

　履行義務が一連の区別できる財又はサービスから構成される単一の履行義務であるのか，又は互いに区別できない複数の財又はサービスから構成される単一の履行義務であるのかに関する判断は，契約に変動対価が含まれる場合や契約の変更が行われる場合に，会計処理に影響を及ぼす可能性がある。というのも，一連の区別できる財又はサービスに係る規定を満たす契約は単一の履行義務であるものの，そこに含まれる各財又はサービスは区別できるものであり，上記の領域における規定を適用する際には，単一の履行義務全体ではなく，各区別できる財又はサービスを考慮することが求められるからである。この点については，「第3章4．契約の変更」及び「第5章②2．独立販売価格に基づく取引価格の配分の例外」を参照されたい。

第5章

測　　定

1　取引価格の決定（ステップ3：取引価格の決定）

- 取引価格の決定は，収益として計上される金額を決定する非常に重要なプロセスである。
- 対価の金額が変動する可能性がある場合には，変動対価として金額を見積り，取引価格に含めなければならない。また，その際には将来に当該変動対価が戻入れられる可能性の有無も加味して取引価格を算定する必要がある。
- 財又はサービスの提供時点と，それに係る対価の受取時点に1年超の差異がある場合には，当該差異に金融の要素が含まれていないかどうかの検討が必要となる。
- 顧客からの対価が現金以外の財又はサービスである場合も，取引価格に当該非現金対価の公正価値が含まれる。
- 顧客に対して対価が支払われる場合には，当該支払いが顧客から提供される財又はサービスに対する支払いに該当するのか（＝棚卸資産又は費用として処理），又は該当しないのか（＝収益から控除）を判断する必要がある。

1 | 取引価格とは

このステップでは，収益として認識される金額の基礎となる取引価格を決定

する。取引価格は各履行義務に配分され，各履行義務が充足された時点で収益計上される。取引価格の決定は，計上される収益の金額に直接影響する重要なステップである。

取引価格は，以下のように定義されている。

取引価格	顧客に移転する財又はサービスと交換に企業が権利を得ると見込む対価の金額

そのため，企業が権利を得るわけではなく，第三者のために回収する金額（たとえば我が国における消費税：売手は消費税を税務当局の代理で回収している）については，取引価格に含まれない（IFRS15.47）。

また，取引価格の算定上は，財又はサービスが現在の契約に従って約定のとおりに顧客に移転するものと仮定する。すなわち，契約の取消し，更新又は変更はないものと仮定しなければならない（IFRS15.49）。よって，取引価格の金額は，企業が現在の契約に基づき権利を有する金額が反映され，追加の財やサービスに関する将来の注文変更により生じる対価の見積りは含まれない。

取引価格の算定は通常，比較的容易ではあるものの，以下の状況においては留意が必要である。

取引価格が変動する可能性がある場合	「2．変動対価」を参照
財やサービスの提供時点と，対価の受取時点が異なる場合	「3．重要な金融要素」を参照
顧客からの対価が現金以外で支払われる場合	「4．非現金対価」を参照
企業が顧客に対して現金を支払う場合やクーポンなどを付与する場合	「5．顧客に支払われる対価」を参照

▌現行IFRSとの差異▌ ....

IAS第18号は，収益を企業が受領した又は受領可能な対価の公正価値（企業が許容した値引き及び割戻しを考慮後）で測定するとされているものの，それ以上詳細なガイダンスは存在しない。この点，IFRS第15号では，変動対価をはじめとする多くのガイダンスがあるため，取引価格の算定において両者の間に差異が生じうる。

▌日本基準との差異▌ ....

・日本基準では，取引価格の測定に関する詳細な規定が設けられていないため，多

第5章 測　定　95

くのガイダンスが設けられているIFRS第15号との間で，取引価格の算定において
差異が生じる可能性がある。
・表示に関しても消費税の取扱いを除き，企業が第三者のために回収する金額を収
益から控除して表示すべきかに関して明文規定はない。消費税等の会計処理に関
しては，原則として税抜方式が適当であるが，一定の状況において合理性がある
場合には税込方式を採用することができるとされている。また，実務上，ガソリ
ン税，酒税及びタバコ税などのように，一部の業界では税相当額が売上高及び売
上原価に含まれ，総額表示されているケースが見受けられる。一方，IFRSでは，
取引価格から売上税など第三者のために回収する金額は除外する旨が定められて
おり，販売に関連して課される税金について，当該税金を本人当事者として回収
しているのか，又は税務当局の代理として徴収しているのかを判断することが求
められる。代理人として徴収している場合，売上高及び売上原価は当該税額を控
除した純額で表示することとなる。

・・・

実務適用上のポイント

☑売上税の表示

　　ガソリン税，酒税及びタバコ税などに関して，企業は，税務当局に代わってこ
れらの税金を顧客から徴収しているのか，又は本人当事者として回収しているの
かを判断するにあたり，各国の税法，税金の性質及びその他関連するすべての事
実や状況を考慮しなければならない。具体的には，IFRS第15号における本人当
事者か代理人かに関するガイダンスに照らして，以下の事項を検討する必要があ
るだろう（本人当事者か代理人かの説明については「第7章①　本人当事者か代
理人かの検討」参照）。
　・企業が売れ残り，陳腐化，物理的損害などの在庫リスクを負っているか。すな
　　わち，売れ残り等により製品が廃棄処分された場合にも，納付した税金が還付
　　されないのか，あるいは還付されるのか。
　・企業が販売価格を決定する裁量権を有しているか。すなわち，企業は税金を販
　　売価格に転嫁するか否かの決定権を有しているか。あるいは企業は販売価格に
　　税率又は税額を反映させる義務を負っているか。
　　上記を検討の結果，企業が税務当局に代わって顧客からこれらの税金を徴収し
ている（代理人として行動している）と判断される場合は，当該税金は顧客への
財又はサービスの移転と交換に企業が権利を得ると見込む対価の金額には該当し
ないため，これらの税相当額は売上高及び売上原価から控除する，つまり収益は
純額で表示するのが適切であると考えられる。

2 | 変動対価

契約における約定対価が変動性のある金額を含んでいる場合，顧客への財又はサービスの移転と交換に企業が権利を得ることになる対価の金額を見積らなければならない（IFRS15.50）。

(1) 変動対価の種類

約定対価はさまざまな要因で変動する場合があるが，たとえば以下のようなものが挙げられる。

値引き・割引	数量リベート	業績ボーナス （運用報酬など）	ペナルティ
価格譲歩	返品	インセンティブ	損害賠償金
仮単価	サービス品質保証契約	返金	返金保証

約定対価は，契約上で明示されている場合に加え，以下のいずれかの状況が存在する場合にも変動性がある（IFRS15.52）。

- ・商慣行，公表している方針又は具体的な声明により，企業が契約に明記された金額よりも低い対価を受け入れるであろうという妥当な期待を顧客が抱いている。つまり，企業が価格譲歩の申し出を行うことが期待されている。
- ・その他の事実及び状況により，契約締結時点で企業が顧客に価格譲歩を行う意図を有していることが示唆される。たとえば，企業が契約開始時点で顧客からの対価の回収に疑義があると認識しているにもかかわらず，当該顧客と契約を締結する場合，黙示的な価格譲歩が存在する可能性がある。

■TRGで取り上げられた論点及び合意内容の概要■ ....

■アウトプットの数量は決められていないが，契約単価は固定されている場合に，当該対価が変動対価に該当するか

たとえば，契約期間中に提供しなければならない業務量が契約で定められておらず，完了した業務量に固定の報酬単価を乗じて受取対価が決まる条件となっている場合

第5章 測 定 97

などが該当する。このような場合，取引価格総額は変動対価に該当する。これは，数量当たりの単価が一定であっても，契約上生じうる取引価格には変動性がある，すなわち最終的な受取対価が将来事象（たとえば顧客による使用）の発生の有無やその量に応じて決まるからである。

実務適用上のポイント

☑価格譲歩と貸倒費用との区別

　企業は，場合によって契約に記載された価格よりも低い価格での決済を受け入れることがあり，そのような場合には契約が黙示的な価格譲歩を含んでいる可能性がある。たとえば，製造業者が，卸売業者に販売した商品について，当該卸売業者がさらにその顧客である小売業者に対して値引販売できるように価格譲歩を付す場合もある。このように，価格譲歩は顧客との関係を強化し，当該顧客への将来の販売を促進するために付される場合がある。価格譲歩に該当した場合には，価格譲歩部分は変動対価に該当し，収益から減額される。

　一方，契約で合意された対価に関する顧客の支払不履行リスクを受け入れることを選択するケースもあり，その場合には貸倒費用として会計処理される。価格譲歩と貸倒費用との区別は非常に判断を要する分野である。

　なお，「第3章1.(1)　契約の属性」でも説明しているように，「契約」の定義及び要件を満たすか否かの判断において，契約の開始時点で取引価格の回収可能性を検討する際にも価格譲歩について考慮しなければならない点には留意が必要である。

(2)　変動対価の見積り

　変動対価は，期待値法又は最頻値法のいずれかを用いて見積られる。これらの方法は企業が任意で選択できるものではなく，企業が権利を得ることとなる金額をより適切に見積ることができる方法を選択しなければならない（IFRS15.53）。

見積方法		適合する状況の例
期待値法	一連の起こりうる結果の確率加重平均金額	類似の特徴を有する契約が多数ある場合
最頻値法	一連の起こりうる結果の中で，最も発生可能性が高い金額	契約で生じうる結果が2つしかない場合

企業は選択した方法を，契約全体を通じて一貫して適用し，各報告期間の末日において見積取引価格を見直す必要がある（IFRS15.54）。ただし，1つの契約に異なる種類の変動対価が含まれている場合には，各変動対価に対して異なる見積方法を用いることが適切となる場合もある。

(3) 変動対価に係る制限

変動対価の見積りを行ったら，取引価格に含める変動対価の金額を制限すべきか否かを検討しなければならない。これは，収益が過大に計上され，事後的に収益の戻入れが生じることを防ぐための規定である。そこで，変動対価は当該対価に関する不確実性が解消される時点で，収益認識累計額に大幅な戻入れが生じない可能性が非常に高い範囲でのみ，取引価格に含められる（IFRS15.56）。

この判定を行う際には，収益が戻し入れられる確率とその規模の双方を考慮しなければならない。収益の戻入れが生じる確率又は規模を増大させる可能性がある要因，つまり，取引価格に含めてはならない可能性がある要因の例として以下が挙げられる（IFRS15.57）。

・対価の金額が企業の影響が及ばない要因に非常に影響を受けやすい。
　たとえば市場の変動性，第三者の判断や行動，気象状況及び約定した財又はサービスの高い陳腐化リスクなど。
・対価の金額に関する不確実性が長期間にわたり解消しないと見込まれる。
・類似した種類の契約についての企業の経験（又は他の証拠）が限定的である，又は当該経験（もしくは他の証拠）の予測価値が限定的である。
・同様の状況における類似の契約について，さまざまな価格譲歩や支払条件の変更を行ってきた慣行がある。
・契約上の対価はさまざまな金額になることが考えられ，かつその変化の幅も広い。

なお，変動対価の見積りと制限については，各報告期間の末日に見直す必要がある（IFRS15.59）。

第5章 測　定　99

▌現行IFRSとの差異 ▌ ....

・IAS第18号では，収益は企業が受領した，又は受領可能な対価の公正価値により測定され，公正価値は値引き，割戻しや割引を考慮した後の金額で測定される。そのため，値引き，割戻し，割引などについて，現行の基準では予想される金額を控除した取引価格で収益計上されているため，IFRS第15号の規定に従った場合と類似した会計処理が行われていると考えられる。また，販売インセンティブについて現行基準に明確な定めはないが，実務上は，実質的に販売価格の減額なのか，それとも顧客が企業に代わって実施した販売促進費用の補填なのかを判断する必要がある。前者の場合には収益から控除し，後者の場合には費用計上することになるが，IFRS第15号の下でも同様の判断及び処理が求められる。

・ただし，現行基準には対価が変動する場合の取扱いについて一般的に定めた規定は存在せず，変動対価に係る具体的な見積方法も定められていない。また，現行基準の下では，変動対価に係る制限という概念自体が存在しないため，これらの点からは差異が生じうる。

・現行基準では条件付対価の認識も容認されてはいるものの，それは取引に関係する経済的便益が企業に流入する可能性が高く，かつ収益の金額を信頼性をもって測定できる場合に限定されている（IAS18.14，18）。そのため，特に業績ボーナスなどについて，現行基準の下では，変動対価の見積りを行わずに，それらの金額を受領した時点，又は不確実性が解消した時点で収益を認識している企業もあるだろう。そうした企業にとっては，契約締結時点で変動対価の見積りが求められ，かつ制限をかけるべきか否かの検討も求められることになるため，実務に大きな変更が生じうる。

▌日本基準との差異 ▌ ....

・日本基準には，対価が変動する場合の取扱いについて一般的に定めた規定は存在せず，変動対価に係る具体的な見積方法も定められていない。また，収益の過大計上を防ぐ目的で，収益認識累計額を制限することを求める明文規定も存在しない。

・販売インセンティブについては，販売時（又は実務的には決算時）に見積り，インセンティブの提供に要すると見込まれる金額を引当計上しているケースが多いものの，過去に多くの支払実績（商慣行）があったとしても，期末時点でいまだ顧客と交渉・合意に至っていない場合には，支払金額がほぼ合意又は確定した時点で未払金を計上する実務も見受けられる。またその際，売上から控除している場合もあれば，販売インセンティブを販売促進費用と捉え，販売管理費として処理している場合もある。

・返品については，実務上，販売時点で返品の見込みを考慮せず，全額を売上計上した上で，期末日時点で将来の返品見込みに対応する売上総利益相当額を返品調整引当金として計上している。

・業績ボーナスなど，将来事象の発生又は不発生に依存する変動対価については，不確実性が解消され，請求する権利が確定した時点又は支払いを受領する時点まで，

収益認識を繰り延べている実務が多い。

・販売インセンティブ，返品，仮価格などの変動対価の見積りを行っている場合であっても，その見積方法は，過去の実績に基づく方法など，各企業の取引実態に応じてさまざまな方法が採用されている。

・IFRSでは，どのような項目が変動対価に該当しうるかが例示されており，変動対価は期待値法又は最頻値法のいずれかより適切な方法を用いて見積った上で，取引価格，すなわち収益に含める金額を制限すべきか否かを検討することが要求されている。そのため，販売インセンティブや返品などについては，財又はサービスが移転された時点で（又は実務的には決算時に），収益認識累計額に係る制限を考慮後のこれら変動対価の見積額を控除した金額で収益が計上されることになり，日本基準の下での現行実務に比して当初の収益認識額が小さくなる可能性がある。

・他方，業績ボーナス等の将来事象の発生の有無に係る不確実性を伴う対価については，関連する財又はサービスが移転した時点で，不確実性が解消されたときに大幅な収益の戻入れが生じない範囲で，より早期に，また現行実務とは異なる金額で収益が認識されることになる可能性がある。

．．

　以下の設例で，変動対価に係る見積り及び制限に係る規定がどのように適用されるのか説明する。

設例5-1-1　変動対価の見積り及び制限の適用

　A社は製品を1個あたり100千円で販売する契約を2018年4月1日に卸売業者のB社と締結した。B社が2018年度中に購入する数量に応じて，以下の料率のリベートがA社から支払われる。

販売個数	リベート率(A)	発生確率(B)	(A)×(B)
2,500 ～	6％	5％	0.3％
2,000 ～ 2,499	5％	10％	0.5％
1,500 ～ 1,999	4％	30％	1.2％
1,000 ～ 1,499	3％	40％	1.2％
0 ～ 999	0％	15％	0％
		加重平均リベート率	3.2％

　なお，適用されるリベート率は1年間の販売個数に応じて，全製品に適用されるものとする（たとえば販売個数が1,300個であれば，1,000個を超過す

第 5 章　測　　定　　101

る分だけではなく，1,300個すべてに 3 ％のリベート率が適用される）。

　2018年 6 月末に終了する第 1 四半期において，A社は当該製品を350個販売したとする。

　日本基準においては，過去の実績に基づきリベート率を3.5％と見積り，売上高から控除しているものとする。

| 解説 |

①　期待値法 vs 最頻値法

　最初に，変動対価を見積るにあたって，期待値法と最頻値法のいずれを適用するか判断しなければならない。両者の結果は以下のとおりである。

【期待値法を採用した場合】

　　加重平均リベート率の3.2％を用いる。

　　そのため，第 1 四半期の売上高は350個×100千円×（ 1 －0.032）＝33,880千円となる。

　　ただし，本件のような場合に期待値法を適用すると，現実には起こりえないリベート率(3.2％)を用いることになる。現実には起こりえないリベート率であっても適切な見積りであると結論付けられる可能性はあるが，その場合には当該リベート率をもとに，重要な戻入れが生じる可能性を検討する必要がある。

【最頻値法を採用した場合】

　　最も発生確率が高い販売個数（1,000〜1,499個）に適用されるリベート率である 3 ％を適用する。

　　そのため，第 1 四半期の売上高は350個×100千円×（ 1 －0.03）＝33,950千円となる。

②　制限規定の適用

　ここでは 3 ％のリベート率を適用したと仮定し，変動対価の制限規定を適用する。

　変動対価が制限されるか否かにあたっては，収益認識累計額に「大幅な戻入れが生じない可能性」が何％なのかを把握し，それが「非常に高い」と言えるかどうかを検討する必要がある。

　本件では収益を減額させる変動対価であるため，収益認識累計額に「戻入れが生じない」状況，すなわち収益が減額されない状況とは，リベート率が

当初想定と同じ，もしくはそれよりも低くなる場合である。そのため，３％のリベート率を用いた場合に，「戻入れが生じない」のは，年度末で数量が確定した時点で，リベート率が０％もしくは３％になった場合であり，その確率は55%である。

　以上より，本件においては確率だけで見ると「大幅な戻入れが生じない可能性」が非常に高いとは言えないかもしれない。しかし，リベート率が仮に４％になったと想定しても，第１四半期の販売個数が350個であれば，その影響額は取引総額35,000千円に対して350千円となる（350個×100千円×（４％－３％））。確率の観点からは大幅な戻入れが生じる可能性が高くとも，その影響額を加味すれば，戻入れ自体に重要性がない，つまり３％のリベート率を用いた計算が妥当であるという判断もできるかもしれない。

実務で生じうる影響

・IFRSでは変動対価の見積方法として期待値法と最頻値法のいずれか適切な方法を採用することが求められているため，日本基準における見積方法が，IFRSにおける方法と整合しているかを確かめる必要がある。過去の実績に基づく3.5％というリベート率は期待値及び最頻値いずれとも異なる率であるためIFRSの下では認められない可能性が高い。

検討を要する取引の形態及び業界の例

・製造業や小売業全般における数量リベート，値引き，最低価格保証や販売インセンティブ
・建設業や個別受注産業における追加工事に係る追加見込請負金，物価スライド条項，ペナルティ（リキダメ）
・製薬業におけるライセンス供与，研究開発サービスに係るマイルストン・ペイメント
・情報通信業における通信サービスに係る品質保証契約，及び通話時間，データ量やクリック数等に応じた課金
・アセットマネジメントにおいて市場価格や運用成果に応じて得られるインセンティブ・フィー

第5章 測 定 103

実務適用上のポイント

☑変動対価の見積りにおいて考慮すべき事象

　　変動対価を見積る際には，財又はサービスの価格設定を行う時に，また契約交渉，販売提案又は入札を行う過程で使用する情報をはじめとする，すべての関連する事実及び状況を加味すべきである（IFRS15.BC201）。そのため，たとえば販売インセンティブの金額を見積る際には，企業と顧客（及びさらにその顧客）との間の値引き，割戻し及び補塡等に関する契約（口頭による合意も含む）だけでなく，過去の商慣習なども把握する必要がある。

　　仮価格での販売取引においては，販売価格が未確定となっている原因分析，顧客との間の価格決定プロセス，過去の実績や顧客との交渉状況等を確認する必要があるだろう。

☑収益の戻入れが生じる可能性の検討

　　上述した大幅な戻入れが生じる確率又は規模を増大させる要因が存在するからといって，必ずしも変動対価を取引価格に含めてはならないというわけではない。たとえば，返品は顧客による判断や行動によるものであるため企業の影響が及ばない事象に該当する。しかし，返品期間が比較的短期間であり，企業が類似製品の返品に係る過去の十分な実績を有している場合，すなわち企業が適切な見積りを行うことができる状況が整っている場合には，大幅な戻入れが生じない可能性が非常に高いと結論付けられる場合もあるだろう。

☑対価の変動性が会計処理に影響しないケース

　　対価が変動性を有する場合には変動対価に該当するため，さまざまな対価が変動対価に含まれることになる。しかし，対価に変動性があったとしても，変動対価の見積りや制限の適用といった収益認識の実務に変更を及ぼさないケースも考えられる。

　　たとえば，月次のクリック数で課金額が決定される広告も変動対価に該当する。しかし，こうした広告収入は，適時，もしくは月次決算中に課金額を確認することができるものも多いため，形式的には変動対価に該当するものの，課金額の実績に基づき収益計上することで，変動対価の見積り及び制限の適用について検討する必要がないケースもある。

▍TRGで取り上げられた論点及び合意内容の概要▍ ....

■変動対価の制限規定は契約レベルで適用するか，履行義務レベルで適用するか

　変動対価に係る制限は，履行義務レベルではなく契約レベルで適用される。すなわち，生じうる収益の戻入額の重要性を評価する際には，（履行義務に配分された取引価格の一部ではなく）契約の取引価格総額を加味することとなる。

....

(4) 変動対価に関する例外規定

　IFRS第15号には，知的財産のライセンスと交換に支払われる売上高又は使用量ベースのロイヤルティに関して，上記で説明した変動対価の測定原則に対する例外規定が設けられている。知的財産のライセンスに係る売上高又は使用量ベースのロイヤルティは，変動対価の一種であるが，当該例外規定により，実際に事後的に関連する売上又は使用が生じるまでは変動対価の見積りに含められず，その時点までは収益として認識されない（IFRS15.58）。詳細については「第7章⑧　知的財産のライセンス」を参照されたい。

3 ┃ 重要な金融要素

(1) 金融要素とは

　顧客が財又はサービスの提供前に，又は提供後に対価を支払う場合のように，顧客からの支払時期と，顧客への財又はサービスの提供時点が異なることがある。

　重要な金融要素の有無は，契約に明示されているか，あるいは合意した支払条件に含意されているのかに関係ない。顧客又は企業が，合意した支払時期によって，財又はサービスの顧客への移転に係る資金調達に関して重要な財務的便益を得ている場合には，契約に重要な金融要素が含まれていることになる。このように，販売契約に重要な金融要素が含まれている場合，約定対価を割り引くことで，貨幣の時間的価値の影響を調整し，取引価格を算定することが求められる（IFRS15.60）。すなわち，販売取引に含まれる金融要素を抜き出して，売上収益とは区別して認識する必要がある。

(2) 金融要素の評価

① 原則

　契約に金融要素が含まれているか否か，及びそれが契約にとって重要であるか否かを評価する際には，以下の両方を含むすべての関連する事実及び状況を考慮する必要がある（IFRS15.61）。

（a）　財又はサービスに関する約定対価と現金販売価格との差額
（b）　以下の両者の影響の組合せ
　（i）　企業が財又はサービスを顧客に移転する時点と，顧客がそれに対して支払いを行う時点との間の期間の長さ
　（ii）　関連する市場における実勢金利

　なお，上記の評価にかかわらず，以下のいずれかの要因が存在する場合には，顧客との契約には重要な金融要素は含まれていない（IFRS15.62）。

・顧客が財又はサービスに対して前払いをしており，それらの財又はサービスの移転時期は顧客の裁量によって決まる（たとえば，プリペイドカードやカスタマー・ロイヤルティ・プログラム）。
・約定対価の大部分に変動性があり，当該対価の金額又は時期が，実質的に顧客又は企業の支配下にない将来事象の発生の有無により変動する（たとえば，対価が売上高ベースのロイヤルティである場合）。
・財又はサービスの約定対価と現金販売価格との差額が，顧客又は企業の資金調達以外の理由で生じており，かつ当該差額がその発生理由に照らして合理的である。たとえば，契約の相手方が契約に定められる義務のすべて又は一部を適切に完了できなかった場合に備えて，こうした支払条件が設けられる場合がある。

②　実務上の便法
　上記の原則に対してIFRS第15号には実務上の便法が設けられており，契約開始時点で，企業が財又はサービスを顧客に移転する時点と，顧客が支払いを行う時点との間が1年以内であると見込まれる場合，重要な金融要素の影響について対価を調整する必要はない（IFRS15.63）。なお，他の実務上の便法と同様，この実務上の便法は，類似の契約に一貫して適用すべきである（IFRS15.BC235）。

(3) 重要な金融要素がある場合の会計処理

契約にとって金融要素が重要であると判断された場合，約定対価の金額を割り引くことで取引価格を算定する。

重要な金融要素が含まれている場合には，以下の2つのケースがある。

> ・顧客が前払いするケース⇒実質的に企業は顧客から資金調達をしている。
> ・顧客が後払いするケース⇒実質的に企業は顧客に資金提供をしている。

割引率は，契約開始時点で，財又はサービスの提供とは独立した，別個の金融取引を顧客と締結した場合に適用されるであろう利率を用いる。すなわち，割引率は契約における借手の信用特性を反映したものでなければならず，リスクフリーレートや，契約に明示されていても別個の金融取引で用いられる金利と一致しない金利を用いることは認められない。また，IFRS第15号では明示されていないが，金融取引の予想期間も加味しなければならないと考えられる。

なお，契約開始後に状況や金利に変化が生じたとしても，割引率が見直されることはない（IFRS15.64）。

収益は履行義務が充足された時点で，約定対価の現在価値で認識される。他方，金融要素は，顧客が前払いする場合には金利費用，顧客が後払いする場合には金利収益として，IFRS第9号（又はIAS第39号）に定められる実効金利法に従って，財務期間にわたって認識される。また，こうして認識された金利収益又は金利費用は，包括利益計算書上で顧客との契約から生じる収益と区別して表示しなければならない（IFRS15.65）。

設例5-1-2 　重要な金融要素の調整

① 顧客が前払いするケース（顧客からの資金調達）

- E社は機械を売却する契約を締結したが，当該機械に対する支配は2年後に移転する。
- 顧客は契約締結時に対価として500,000円を支払う。
- 対価の調整として用いる金利は4%とする（この利率は，資金提供を受けている企業の信用特性を反映しており，企業と顧客との間での別個の金融

第5章　測　定　107

取引に用いられる割引率と一致しているものとする）。

【仕訳例】

契約締結時

　現金　500,000　／　契約負債　500,000

利息の認識（2年間分）

　金利費用　40,800　／　契約負債　40,800

　※500,000×0.04　＋500,000×0.04×（1＋0.04）

機械の移転時

　契約負債　540,800　／　売上　540,800

② 　顧客が後払いするケース（顧客への資金提供）

・E社は機械を売却する契約を締結し，契約締結と同時に当該機械に対する
　支配は顧客に移転する。

・顧客は契約から2年後に対価として500,000円を支払う。

・対価の調整として用いる金利は4％とする（この利率は，資金提供を受け
　ている顧客の信用特性を反映しており，企業と顧客との間での別個の金融
　取引に用いられる割引率と一致しているものとする）。

【仕訳例】

契約締結時

　金融債権　462,300　／　売上　4,623,000

　※500,000÷（1＋0.04）^{2}

利息の認識（2年間分）

　金融債権　37,700　／　受取利息　37,700

　※500,000－462,300

入金時

　現金　500,000　／　金融債権　500,000

実務で生じうる影響

・現行の実務において，とりわけ対価を前受けするケースで金利費用を認識
　していない場合には，留意が必要である。

現行IFRSとの差異

・現行IFRSは，企業が物品の販売の対価として無利息の信用を買手に供与する，又は市場金利を下回る低利の受取手形を買手から受領することで，ある取引が実質的に顧客に資金提供している場合（すなわち，顧客が後払いする場合）について取り扱っている。そのような場合には，対価の公正価値はみなし金利を用いて将来の受取総額を割り引くことにより決定される。なお，みなし金利は以下のいずれかのうち，より明確に決定できる金利を使用する（IAS18.11）。
　－同程度の信用格付を有する会社が発行する類似の金融商品に係る実勢利子率
　－金融商品の名目価額を，物品又はサービスの現金販売価格まで割り引く利子率
・現行基準では，反対のケース，つまり顧客から無金利で前受金を受領するケースについて取り扱っていないが，同じ論法が適用できるとも考えられる。その場合，代金の受領時に前受金を計上した上で，財務期間にわたって金利費用を認識することとなる。一方で，IFRIC第18号「顧客からの資産の移転」の起草過程では，顧客から受領した前払金に対して利息を認識する考え方は支持を集められず，「IAS第18号第11項の規定は，支払いが繰り延べられる場合にのみ，企業に貨幣の時間的価値を考慮することを要求している」とされている（IFRIC18.BC22）。このように解釈が明確化されていないため，顧客から受領した前受金に金利を認識するかどうかは会計方針の選択と捉えられており，いずれかの会計方針を選択して継続適用することとなる。
・以上より，顧客が後払いするケースでは，現行基準の下でも実効金利法で金利収益を販売収益と区分して認識することが求められており，IFRS第15号との間で実質的な差異は生じないものと考えられる。一方で，顧客が前払いするケースでは，現行基準の下でいずれの会計方針を採用しているかによって，IFRS第15号との間で差異が生じる可能性がある。

日本基準との差異

・日本基準では，金融商品会計に関する実務指針において，売上債権（受取手形を含む）等に重要な金利部分が含まれている場合，当該債権を取得したときにその現在価値で計上し，決済期日までの期間にわたって償却原価法（利息法又は定額法）により各期の損益に配分するとされている。一方，顧客から対価を前受けするケースについては，日本基準では販売取引と金融取引を区分して会計処理することは明示的には求められていない。IFRSでは前払いか後払いかに関係なく，契約に重要な金融要素が含まれている場合に，販売取引と金融取引を区分して会計処理することを求めており，この点で我が国における実務との間に差異が生じている。
・割賦販売について日本基準では，通常の販売と異なり，その代金回収期間が長期にわたり，かつ，分割払いであることから代金回収上の危険性が高いと考えられている。そこで，収益認識を慎重に行うために販売基準に代えて，割賦代金の回収期限の到来の日又は入金の日をもって売上収益実現の日とすることも認められる。一方，IFRSでは，このような回収期限到来基準及び入金基準は認められていない。

第5章 測　定　109

▌日本基準EDとの差異▌

・上述のとおり，IFRS第15号では重要な金融要素による影響（金利収益又は金利費用）を，包括利益計算書上，顧客との契約から生じる収益と区別して表示することが求められている（IFRS15,65）。収益認識EDにおいても取引価格の算定において重要な金融要素を加味する旨が定められているため，回収期限到来基準及び入金基準が認められなくなる点はIFRS第15号と同様であるが（収益認識ED 53-55），包括利益計算書上での区分表示は明示的には要求されていない。なお，包括利益計算書上での顧客との契約から生じる収益と金融要素の影響との区分表示の要否については，本会計基準が適用される時（平成33年4月1日以後開始する連結会計年度及び事業年度の期首）までに検討される（収益認識ED 137）。

検討を要する取引の形態及び業界の例

・建設業や個別受注産業における，財又はサービスの提供が完了するまでに長期間を要し，かつ対価の前払いや分割払いが慣例的に行われる取引
・消費財の小売店等で行われる割賦販売
・自動車業界における車両の分割払いによる販売
・長期サービス契約などにおいて，一括前払いが行われる取引
・一括払いか月次払いかなど，支払方法の選択により契約価格が大きく異なる取引

実務適用上のポイント

☑割引率の決定
　一般事業会社にとって，適切な割引率を設定することは難しい場合もあるだろう。支払条件によって異なる販売価格を設定している企業であれば，約定対価の名目金額を，財又はサービスの現金販売価格に割引く率を特定することで，適切な割引率を決定できる可能性がある。また，顧客に対して長期にわたる分割払いを認める場合には，一定の信用調査を行うことも一般的であると思われ，そうした情報を基礎として割引率を決定することも1つの方法である。

▌TRGで取り上げられた論点及び合意内容の概要▌

■重要な金融要素に係る収益の調整方法

　IFRS第15号は，重要な金融要素を含む契約について，取引価格の調整の計算方法を定めていない。金融要素は金利費用（顧客が前払いする場合），又は金利収益（顧客が後払いする場合）として認識されるが，調整額の計算についてはIFRS第9号「金融商品」又はIAS第39号「金融商品：認識及び測定」に従う必要がある。そのため，金利部分の調整については実効金利法が適用されることとなる。

4 | 非現金対価

　顧客から受け取る対価は，必ずしも現金で支払われるとは限らず，その他の財やサービスの形態をとることがある。非現金対価を受け取る場合には，取引価格に非現金対価の公正価値が含まれる（IFRS15.66）。非現金対価の公正価値は，IFRS第13号「公正価値測定」に従って測定される。顧客が企業による契約の履行を促進するために財又はサービス（たとえば，材料，設備又は労務）を拠出する場合には，当該財又はサービスを企業が支配しているか評価する必要がある。企業が支配を獲得していれば，非現金対価として処理することになる（IFRS15.69）。

　なお，非現金対価の公正価値を合理的に見積れない場合には，当該対価と交換に顧客に提供することを約定した財又はサービスの独立販売価格を参照することで，間接的に測定することとなる（IFRS15.67）。

　非現金対価の公正価値は，対価の形態により変動する場合がある。たとえば，財又はサービスの対価として買手企業の株式を受領するケースもあり，当該株式は非現金対価に該当する。ただし，株価は変動するため，非現金対価の公正価値も変動する。ここで，基準上は対価の形態に起因する変動（たとえば，顧客から受け取る株式の価格変動）については，変動対価の制限の適用対象外とされている。株価が下落する可能性があったとしても，それによる制限は加味せずに株式の公正価値を取引価格に含めることとなる。

　他方，非現金対価に対する企業の権利が，対価の形態以外の要因で変動する場合（非現金対価を受け取るか否かに関して不確実性が存在する場合），変動対価の制限を考慮することとされている（IFRS15.68）。

設例 5－1－3　非現金対価

　建設会社であるA社は，顧客であるB社の本社ビルを建築する契約を締結した。

　対価は2,000百万円の現金と，当該建築を進める上で使われる機械装置で支払われる。また，当該機械装置についてはA社に法的所有権が移転することとされており，公正価値は100百万円と見積られた。

　そのため，機械装置に対する支配はA社に移転しており，他の案件にこの

第5章　測　定　111

機械装置を利用することもできる。なお，当該機械装置の譲渡取引に関して
リース要素は含まれないものとする。

　日本基準では，2,000百万円の売上を計上するとともに，機械装置に係る固
定資産受贈益を営業外収益に計上しているものとする。

解説
・機械装置は対価として譲渡されており，Ａ社は当該機械装置を使って建築
　サービスを進める。またＡ社は機械装置を支配している。そのため，当該
　機械装置は非現金対価として取り扱われることとなり，契約における取引
　価格は機械装置の公正価値も含めた2,100百万円となる。また，受領した固
　定資産は他の固定資産と同様に，耐用年数にわたって減価償却される。

実務で生じうる影響
・日本基準の下では，2,000百万円の売上を計上するとともに，機械装置に
　対する支配を獲得した時点で固定資産受贈益を営業外収益に計上している
　ため，機械装置で受け取る対価も売上計上するIFRSとは，機械装置に係
　る収益の表示科目が異なる。

▌現行IFRSとの差異▐ ………………………………………………………………

　現金以外の対価を公正価値で測定するという考え方は，現行のIFRSも同様である。
IAS第18号においても，現金以外の対価は，受領した財又はサービスの公正価値で測
定することが求められており，この金額を信頼性をもって測定できない場合には，
現金以外の対価を引き渡した財又はサービスの公正価値で測定する（IAS18.12）。し
たがって，IFRS第15号の適用によって現行実務から大きな変更が生じることは想定
されない。

▌日本基準との差異▐ ………………………………………………………………

　日本基準では，現金以外の対価に関する一般的な定めはない。そのため，たとえ
ば製造委託契約などにおいて，委託元（顧客）から原材料，監督サービス，及び金
型や設備などの有形固定資産を無償で支給される場合，当該資産の法的所有権を有
している委託元で資産の計上が継続され，受託者では預かり資産として簿外で管理
されている実務が多いと思われる。一方で，法的所有権が移転している場合には，
受領した企業では固定資産受贈益などが計上されているだろう。

………………………………………………………………………………………………

実務適用上のポイント

☑リース要素を含むか否かの判断

　製造委託契約などにおいて，委託者から無償で有形固定資産などを受領する場合，IFRS第15号の支配の概念に照らして受託者が当該資産を支配しているといえる場合には，当該無償で提供される資産も非現金対価と捉えられる。ただし，その場合であっても，関連する製造委託契約などの下で当該有形固定資産を「使用する権利」を委託者である顧客が保持していないかについて，IFRIC第４号「契約にリースが含まれるか否かの判断」（又はIFRS第16号「リース」）に照らした検討が必要になる可能性がある点には留意が必要である。

▌TRGで取り上げられた論点及び合意内容の概要▌

■非現金対価の測定タイミング

　非現金対価の公正価値を測定するタイミングとして，契約開始時，非現金対価の受取時，履行義務の充足時などが考えられる。

　FASBは，非現金対価は契約開始時に測定される旨を明確化するためにUS GAAPを改訂した。

　一方，IASBは同様の改訂を加えていない。そのため，IFRSの下では測定のタイミングについて必ずしも契約開始時である必要はないと捉えられる（IFRS15.BC254E）。

5 ｜ 顧客に支払われる対価

(1) 顧客に支払われる対価とは

　企業によっては，顧客から対価を受領するだけではなく，顧客に対価を支払う場合もある。なお，ここでの「顧客」には，企業が製品を販売する直接の顧客だけでなく，当該顧客から製品を購入する最終消費者のように，企業にとって間接的な顧客も含まれる。顧客に支払われる対価として代表的なものには，リベート，クーポンやバウチャー，棚代等が含まれる。詳細については後述の「検討を要する取引の形態及び業界の例」を参照されたい。

(2) 会計処理

顧客に支払われる対価が区別できる財又はサービスに対する支払いであるか否かによって，以下のように会計処理が異なる（IFRS15.70-72）。

区別できる財又はサービスに対する支払いである	支払対価＝財又はサービスの公正価値	当該財又はサービスを仕入れ先から購入した場合と同じ会計処理（ie．棚卸資産や費用として計上）
	支払対価＞財又はサービスの公正価値	同上 ただし，支払対価が公正価値を超過する部分は，売上に係る取引価格から減額
	公正価値を合理的に見積れない場合	顧客に支払われる対価の全額を取引価格から減額
区別できる財又はサービスに対する支払いではない	取引価格から減額する。 減額するタイミングは以下のいずれか遅い方となる。 ・企業が財・サービスを顧客に移転し，収益を認識した時点 ・顧客に対価を支払うか，又は支払いを約定した時点（約定には，企業の取引慣行による黙示的なものも含まれる）	

▌現行IFRSとの差異▌ ....

・IFRS第15号に定められる顧客に支払われる対価の会計処理は，IFRSに基づく現行実務とおおむね整合している。しかし，顧客に支払われる対価を収益の減額以外のものとして取り扱うために，財又はサービスが「区別できる」か否かの判断を求める規定は，IFRS第15号で導入されたものである。こうした考え方が現行のIFRSの下で存在しないわけではないものの，基準上で明示されてはいない。そのため，IFRS第15号の適用によって，顧客に支払われる対価の取扱いを再検討することが必要になる企業もあるだろう。

▌日本基準との差異▌ ....

・日本基準には，顧客に支払われる対価に係る会計処理を取り扱う規定は存在せず，顧客からの財又はサービスの購入と，売上から控除すべき販売インセンティブを明確に区別することは要求されていない。そのため，我が国の実務では，そうした販売インセンティブは売上から控除されている場合もあれば，区別できる財又はサービスの購入に該当しない場合であっても販売管理費として処理されている場合もある。

・IFRSでは，顧客に支払われる対価は，顧客から区別できる財又はサービスを購入した場合を除き，すべて売上の減額とすべきことが明らかにされているため，現

行実務において区別できる財又はサービスの購入に該当しない販売インセンティブを販売管理費として処理している場合には，売上が減少する可能性がある。

....

設例5−1−4 　顧客に支払われる対価

① 　棚代

食品加工会社Ａ社がスーパーマーケットを展開するＢ社に対して，製品を1年間にわたって販売する契約を締結する。当該契約に基づく購入量は最低でも160百万円とされており，Ａ社は当年度の販売量は160百万円と予想している。

なお，販売契約締結と同時に，Ａ社は自社製品を優先的に陳列してもらうため，Ｂ社に対して8百万円を支払う。

日本基準においては，8百万円を広告宣伝費として処理しているものとする。

[解説]

・8百万円の支払いは，Ａ社に移転する区別できる財又はサービスと引き換えに行われるものではない。そのため，8百万円の支払いは取引価格から減額され，収益の減額として認識される。

・本件では，顧客に支払うことを約定した時点よりも，収益認識の方が遅いタイミングとなるため，収益認識の時点で，取引価格から5％（8百万円÷160百万円）を減額して収益認識する。たとえば，最初の月に16百万円の製品をＡ社が販売した場合には，0.8百万円を減額し，15.2百万円の収益を認識する。

[実務で生じうる影響]

・日本基準においては，売上から控除すべきインセンティブについて明確な定めがないため，本件のように広告宣伝費として処理している場合には，IFRSとは売上高の金額に差異が生じる。

第5章　測　定　115

②　広告宣伝

　家電メーカーC社は，量販店D社とテレビを50百万円で販売する契約を締結した。この契約には，D社が行う広告宣伝活動に対する6百万円の支払いが含まれており，広告宣伝活動としては，広告板の掲示や販促物の配布が行われる。

　また，同様の広告宣伝を他の業者に依頼した場合にも6百万円かかると見込まれる。

　日本基準においては，6百万円が広告宣伝費として認識されているものとする。

解説

・当該広告宣伝活動は，契約上具体的に定められた区別できるサービスに対する公正価値での支払いであるため，（取引価格から減額するのではなく）全額が広告宣伝費として会計処理される。
・仮に他の業者に頼めば4百万円で，同様の広告宣伝サービスを受けられたとする（すなわち，当該サービスの公正価値が4百万円であったとする）。その場合，6百万円のうち，4百万円については広告宣伝費として会計処理される。残りの2百万円については取引価格から減額され，売上は48百万円で計上される。

実務で生じうる影響

・日本基準においては，売上から控除すべきインセンティブについて明確な規定がないため，売上から控除しているケースと，販売管理費として費用処理しているケースの双方がある。本件のように広告宣伝費として処理している場合にはIFRSと差異が生じる。また，同様の財・サービスの公正価値との比較で会計処理を変える実務は一般的ではないため，上記の例のように，他社での提供価格より顧客に支払われる金額が高かったとしても，日本基準では全額が広告宣伝費（もしくは売上の減額）として処理されていると考えられる。

実務適用上のポイント

☑顧客の範囲

IFRS第15号では，顧客に支払われた対価に関する検討を行う上で，「顧客」を幅広く捉えている。つまり，上述したように，企業にとっての直接の顧客に対するインセンティブだけでなく，さらにその顧客（同じ流通網に含まれる間接的な顧客）に対する販売インセンティブに関して企業が補填する場合についても対象としている。こうした間接的な顧客に対する販売インセンティブに係る情報は入手しづらい場合も想定されるため，このような情報を収集するためのプロセスを構築する必要が生じる可能性もある。

企業が代理人に該当する場合にも，顧客の範囲の決定に判断が求められる。本人当事者，代理人及び最終消費者が関係する契約において，代理人にとっての顧客は，本人当事者のみと考えられることも，本人当事者及び最終消費者（企業の顧客である本人当事者のさらにその顧客）という2人の顧客が存在する場合も有りうる。こうした状況において，企業の顧客のさらにその顧客への支払いを収益の減額とするか又は販売管理費とするかについては，事実及び状況に応じて判断が求められる。

検討を要する取引の形態及び業界の例

顧客に支払われる対価はさまざまな形態をとり，上記に照らしていずれの会計処理が適切か否かを慎重に判断する必要があるが，一般的な例として以下が挙げられる。

	例	想定される会計処理
共同で行う広告宣伝	売手の製品を宣伝するために再販業者に生じたコストの一部を，売手が再販業者に補填することに同意する場合がある。	売手による支払いが，区別できる財又はサービスを公正価値で引き渡すことへの対価であるか否かの判断が必要。
価格保護	小売業者が消費者への製品販売から得る対価が下落した場合，売手である当該製品の製造業者が特定の期間にわたり一定金額を上限として小売業者に補填することに同意する。	通常，こうした手数料は製造業者にとって区別できる財又はサービスへの対価ではないので，製造業者から小売業者への販売において取引価格の減額となる。
クーポン及びリベート	売手の間接的な顧客が，小売業者又は通信業者にキャッシュ・バックのための所定の手続を完了することにより，購入した製品又は	一般にこうした手数料は，製造業者にとって区別できる財又はサービスではないため，取引価格の減額となる。

	サービスの購入価格の一部について返金を受けられる場合がある。	
契約締結に向けた前払い	売手が新規契約を獲得するために顧客に前払金を支払う場合がある。	ほとんどの場合，顧客から受領する区別できる財又はサービスへの対価ではないため，取引価格の減額となる。
棚代	消費者製品のメーカーが，店舗で自社の製品を優先的に陳列してもらうために，小売業者に手数料を支払う。当該陳列棚は，店舗がある建物の中に設けられるように物理的なものである場合もあるし，小売業者のオンライン・カタログ上のスペースのようにバーチャルなものである場合もある。	一般的にそうした手数料は，メーカーにとって区別できる財又はサービスへの対価ではない（企業が陳列棚に対する権利の支配を獲得することはない）ため取引価格の減額となる。
財又はサービスの購入	企業はしばしば顧客と供給契約を締結し，顧客から財又はサービスを購入することがある。たとえば，ソフトウェア企業が，自社のソフトウェア製品の顧客の1社から事務用品を購入する場合など。	顧客への支払いが受領した財又はサービスに対する支払いなのか，あるいは支払いの一部が実質的に企業が顧客に引き渡す財又はサービスの取引価格を減額するものなのか慎重な検討が必要。

2 取引価格の各履行義務への配分
（ステップ4：取引価格の各履行義務への配分）

 重要ポイント

- 取引価格は，原則として相対的な独立販売価格に基づき，各履行義務に配分しなければならない。
- 履行義務が単独で販売されていない場合であっても，客観的なインプットを用いて独立販売価格を見積る必要がある。
- 値引きや変動対価が含まれる場合には，独立販売価格に基づく比例的な配分が適切とはならず，そのすべてを特定の履行義務に配分すべき場合もある。

IFRS第15号の下では履行義務の充足時点，もしくは充足に応じて収益が認識されるため（「第6章　認識（ステップ5：履行義務の充足）」を参照），各履行義務が収益認識の単位となっている。各履行義務の充足時に認識すべき収益の金額を決定するために，「本章①　取引価格の決定（ステップ3）」で説明したプロセスを経て算定された取引価格を，各履行義務に配分する必要がある。取引価格を配分する目的は，約定した財又はサービスの顧客への移転と交換に，企業が権利を得ると見込む対価を描写する金額で，取引価格を各履行義務に配分することとされている（IFRS15.73）。契約に複数の財又はサービスが含まれており，かつそれらが異なる履行義務の充足パターンを有する場合，どのように取引価格を配分するかによって各期の収益認識額が異なってくるため，取引価格の配分が重要となる。

取引価格を各履行義務に配分する際の原則的な方法は，各履行義務を構成する財又はサービスを個別に販売した場合の価格（＝独立販売価格）の比率で按分する方法である。そのために，まずは各履行義務の独立販売価格を見積る必要がある（以下，1．参照）。ただし，変動対価と値引きに関しては例外規定が設けられているので，それらの配分については「2．独立販売価格に基づく取引価格の配分の例外」で説明する。

1 ｜ 独立販売価格の見積りと取引価格の配分

取引価格の配分の基礎となる，独立販売価格についてIFRS第15号は以下のように定義している。

| 独立販売価格 | 契約開始時点で企業が財又はサービスを個別に販売する場合の価格 |

IFRS第15号では，財又はサービスが個別に販売される場合の客観的な販売価格が存在する場合，これが独立販売価格の最良の証拠であるとされている（IFRS15.77）。

客観的な独立販売価格が存在しない場合，独立販売価格を見積る必要がある。その際には，市場の状況，企業固有の要因，顧客に関する情報などの入手可能なすべての情報を加味しなければならない。また，客観的なインプットを最大限に用いるとともに，同様の状況では一貫した見積方法を使用することが求められる（IFRS15.78）。

IFRS第15号では，見積方法として以下の3つの方法が例示されており，各見積方法については下記で詳述する。なお，見積方法は以下に限定されるわけではなく，他の合理的な方法も認められる（IFRS15.80）。

・調整後市場評価アプローチ
・予想コストにマージンを加算するアプローチ
・残余アプローチ

独立販売価格の見積りは契約開始時点で行い，事後的な変動が生じたとしても，当該変動を反映するために当初の見積りを見直すことはない。そのため，事後的に取引価格が変動したとしても，当初の独立販売価格に基づいて各履行義務に配分される。すでに充足した履行義務に配分される場合，当該金額は取引価格の変動が生じた時点で収益として認識される（IFRS15.88）。

しかし，契約が変更された場合には，IFRS第15号に定められる契約変更に係る規定に準拠しなければならないため，当該契約変更に基づく取引価格の変動を配分するにあたって，独立販売価格の見直しが必要となる場合もある（「第3章4．契約の変更」を参照）。

実務適用上のポイント

☑ 独立販売価格を見積る頻度

　上述のように，独立販売価格は契約開始時点で見積り，基本的には事後的に見直さないが，これはあくまで個々の契約単位でみた場合である。原則としては，同種の契約であっても別個の契約であれば，各契約について契約開始時点における独立販売価格を見積る必要がある。

　一方で，同種の契約であり，かつ契約締結時期も近い場合には，各履行義務の独立販売価格についても，各契約間で近似することが予想される中，どの程度の頻度で独立販売価格の見積りを見直すべきであろうか。

　IFRS第15号では，同様の販売取引が反復的に行われる場合において，どの程度頻繁に独立販売価格の見積りを見直すべきかに関して明確に定められていないが，同一の取引であっても，独立販売価格の見直しの要否を継続的にモニタリングする必要がある。そこで，事実や状況に変化が生じた際には，新たな契約に対して最新の状況に応じた見積りが求められる。なお，確実に状況の変化が適時に見積りに反映されるようにするには，定期的に（たとえば月次，四半期ごとに）見積りを見直す必要があると考えられる。

(1) 独立販売価格の見積方法

　上述したとおり，独立販売価格の見積方法として，IFRS第15号では，以下の①〜③の方法が例示されている（IFRS15.79）。各見積方法に関する留意点は以下のとおりである。

① 調整後市場評価アプローチ

調整後市場評価アプローチ	財又はサービスを販売する市場を評価して，市場参加者が財又はサービスに対して支払うであろう金額を見積る方法

　この方法は，以下のような状況において適合する。

・企業が財又はサービスを一定期間販売した実績があり，顧客の需要に関するデータを有する場合
・競合他社が，企業が分析の基礎として使える競合製品又はサービスを販売している場合

　一方で，まったく新しい財又はサービスを販売する場合には，市場の需要を予測することは困難であるため，このアプローチの適用は難しい。

第5章 測　定　121

　また，この方法を用いる際には，以下のような市場の状況を加味する必要がある。

- ・製品の販売価格に係る潜在的な制限
- ・競合他社による類似又は同一製品の価格設定
- ・製品の市場浸透度及び認知度
- ・価格設定に影響を及ぼす可能性が高い現在の市場動向
- ・企業の市場占有率及びポジション（たとえば，価格設定を左右する企業の能力）
- ・カスタマイズが価格設定に及ぼす影響
- ・製品の技術的な予想寿命

---

②　予想コストにマージンを加算するアプローチ

予想コストにマージンを加算するアプローチ	履行義務の充足に係る予想コストと適切なマージンを，主に内部的な要因に基づき見積る方法

　この方法は，直接履行コストが識別可能な履行義務をはじめとして，多くの状況で有用となりうる。一方，直接履行コストが明確に識別可能ではない，又は判明していない場合には当該アプローチの有用性は低減する。

　このアプローチでは，主に内部要因に着目するものの，外部要因も考慮する。そのため，当該方法で用いるマージンは，企業が目標とするマージンではなく，市場が支払うであろうマージンを反映しなければならない。マージンは，製品，地域，顧客及びその他の要因の違いに応じて調整する必要がある。この方法の適用にあたって加味すべき企業固有の内部要因の例として，以下が挙げられる。

- ・内部コスト構造及び利益目標
- ・価格設定の実務及び価格設定目標（目標とする売上総利益率を含む）
- ・カスタマイズが価格設定に及ぼす影響
- ・セット販売される製品の価格付けを行うために用いられている価格設定の実務

- ・提案されている取引が価格設定に及ぼす影響（たとえば，取引の規模，ターゲットである顧客の特性）
- ・製品の技術的な予想寿命（近い将来見込まれる企業固有の技術的進歩）

③ 残余アプローチ

残余アプローチ	契約に含まれる履行義務のうち，特定の財又はサービスを除く，すべての財又はサービスの独立販売価格を見積り，独立販売価格を見積ることができない残りの財又はサービスに，取引価格の残額を配分する方法

　このアプローチの適用は，契約に含まれる履行義務のうち，特定の財又はサービスを除く，すべての財又はサービスの独立販売価格の見積りが可能であることが前提となる。

　残余アプローチは，過去の販売価格の変動性が高い，あるいは財又はサービスの販売実績がないために，複数要素取引における特定の財又はサービスの販売価格が分からない場合にのみ，適用可能な方法である。そのため，当該アプローチを適用できる状況は限られると思われる。

■現行IFRSとの差異■ ……………………………………………………………

- ・IAS第18号は，複数要素契約に関して，各構成要素に対する収益の配分方法を具体的に定めていない。
- ・IFRIC第13号「カスタマー・ロイヤルティ・プログラム」では，ポイントやマイルなどの特典クレジットの会計処理について定めている。IFRIC第13号は，特典クレジットに配分される対価について，その公正価値を参照して測定することを求めている。ただし，特典クレジットに配分する金額を以下のいずれにすべきかは述べられていないため，企業はいずれかを会計方針として採用していると考えられる。
  - ①　特典クレジットの公正価値と同額を配分
  - ②　特典クレジットの公正価値と，それが付与される販売取引に含まれる他の財又はサービスの公正価値との相対比率に基づく按分額

　現行基準の下で，上記②の方法を複数要素が含まれる他の販売契約にも準用している企業においては，IFRS第15号でも同様の方法が適用できる可能性が高い。
- ・IFRS適用企業の中でも，特にIFRS移行前にUS GAAPを適用していた企業の中には，IAS第8号の会計方針選択に係る規定に従って，US GAAPのASC605-25「収

第5章 測 定 123

益認識―複数要素契約」を参照して取引価格の配分に関する会計方針を策定している企業もあるだろう。ASC605は，売手固有の公正価値の客観的証拠（VSOE: Vendor Specific Objective Evidence）を重視したヒエラルキーを有しており，各構成要素への取引価格配分の基礎として，まずVSOE，次に第三者の証拠，そして最後に販売価格の最善の見積りを考慮することを求めている。そのため，現行IFRS適用企業でUS GAAPを参照している企業がこのヒエラルキーを保持していたとしてもIFRS第15号においては，こうしたヒエラルキーを優先する必要はなく，上記のガイダンスに従い各履行義務にとって適切な独立販売価格の見積り，及び当該独立販売価格に従った配分が求められる。

▌日本基準との差異▐...

日本基準では，ソフトウェア取引実務対応報告及び工事契約会計基準を除き，取引の会計処理単位への分割に関する一般的な定めはない。

取引価格の配分に関しては，ソフトウェア取引実務対応報告には，複数の取引が含まれる契約について，管理上の適切な区分に基づき，販売する財又はサービスの内容や各々の金額の内訳が顧客との間で明らかにされている場合には，契約上の対価を適切に分解して収益認識する旨が定められている（ソフトウェア取引実務対応報告3）。また，顧客との間で金額の内訳が明らかにされていない場合にも，管理上の適切な区分に基づき契約上の対価を分解し，各々の販売時点で収益認識することが認められているが，必ずしもそうした処理が求められているわけではない（ソフトウェア取引実務対応報告　注9）。一方，工事契約については，取引の分割についての定めはあるものの，そこで認識された各構成要素への取引価格の配分についての具体的な定めはない。

そのため，日本の実務上は，契約上の各財又はサービスの金額や，管理上の適切な区分に基づき取引価格を各構成要素に配分する実務が見受けられ，そのような配分が必ずしもIFRS第15号で求められる独立販売価格に基づく配分と整合するとは限らない点には留意が必要である。

▌日本基準EDとの差異▐...

上述のとおり，IFRS第15号においては残余アプローチを適用できる状況は限られている。一方，収益認識EDでは，取引価格の配分について基本的にIFRS第15号と同様の規定が設けられているものの，重要性が乏しい財又はサービスに対する残余アプローチの使用について代替的な取扱いが定められている。

当該代替的な取扱いでは，以下のいずれの要件も満たす場合に当該財又はサービスの独立販売価格の見積方法として，残余アプローチを使用することができるとされている（収益認識適用指針ED 99）。
・履行義務の基礎となる財又はサービスの独立販売価格を直接観察できない
・当該財又はサービスが契約における他の財又はサービスに付随的なものであり，重要性に乏しいと認められる

....

以下は，独立販売価格に基づく，原則的な配分方法に関する設例である。

設例 5 − 2 − 1　取引価格の配分方法

　A社は機械装置，それに係る据付サービス及び1年間のメンテナンスサービスを9,600千円でB社に販売する契約を締結した。これらはそれぞれが独立した履行義務である。契約書上は販売価格の内訳として，機械装置が6,500千円，据付サービスが2,000千円，メンテナンスサービスが1,100千円と表示されている。なお，機械装置については単独でも販売されており，そのときの取引価格は6,500千円である。

　日本基準においては実務上，契約書で示されている金額に基づき，それぞれの財又はサービスの提供時に収益計上しているものとする。

解説
・各履行義務を構成する財又はサービスの独立販売価格を見積ったところ，以下のとおりとなった。

履行義務	独立販売価格	見積方法
機械装置	6,500千円	客観的な独立販売価格
据付サービス	1,500千円	調整後市場評価アプローチ（競合他社が同様のサービスを提供する際の価格を参照した見積価格）
メンテナンス	2,000千円	予想コストにマージンを加算するアプローチ（A社がメンテナンスを実施するにあたって必要なコストを見積り，目標利益率を上乗せした見積価格）
合計	10,000千円	

・独立販売価格の合計10,000千円が取引価格の9,600千円を上回るが，この値引きは特定の履行義務に関連するものではないとする（値引きが特定の履行義務に関連するケースについては設例5−2−3を参照）。
・各履行義務に比例的に値引きが配分されるため，取引価格の配分結果は以下のとおりとなる。

履行義務	取引価格の配分額		
機械装置	6,240千円	＝	9,600×（6,500／10,000）
据付サービス	1,440千円	＝	9,600×（1,500／10,000）

メンテナンス	1,920千円	=	9,600×（2,000／10,000）
合計	9,600千円		

実務で生じうる影響

・日本基準からIFRSへ移行するにあたっては，各履行義務の独立販売価格を見積り，独立販売価格の比率に基づき取引価格を配分しなければならない。契約上で示されている金額が必ずしも独立販売価格を表すわけではない点に留意が必要である。

以下は，ソフトウェアの独立販売価格の見積りにおいて上記(1)③で説明した残余アプローチを適用した場合の設例である。

設例 5 - 2 - 2　取引価格の配分　残余アプローチ

　C社はソフトウェア，テクニカルサポート，及びメンテナンスサービスをセット販売しており，契約対価は800千円である。ソフトウェア及び各サービスは個別に販売されておらず，テクニカルサポート及びメンテナンスサービスについては，予想コストにマージンを加算するアプローチを用いて独立販売価格をそれぞれ50千円及び100千円と見積ったとする。なお，ソフトウェアについて過去の販売実績を見ると販売価格は相手先によって大きく変動している。

　日本基準では，管理上の適切な区分で各財及びサービスの取引価格が明らかにはされていないため，実務上はソフトウェアの販売を主たる取引と捉え，ソフトウェアの販売時に800千円を収益計上しているものとする。

解説

・C社は，ソフトウェアの独立販売価格を算定するにあたって，残余アプローチを用いることができる。これはソフトウェアの過去の販売価格の変動性が高く，独立販売価格を直接算定することができないためである。

・上記の例に基づくと，ソフトウェアの独立販売価格は650千円（800千円−50千円−100千円）となる。

	契約価格	独立販売価格	取引価格
ソフトウェア	−	650千円（差額として算出）	650千円
テクニカルサポート	−	50千円（個別に見積り）	50千円
メンテナンス	−	100千円（個別に見積り）	100千円
合計	800千円	800千円	800千円

※残余アプローチを用いると，独立販売価格の合計と取引価格合計が一致する。そのため，各履行義務に対して見積られた独立販売価格が，そのまま当該履行義務に配分される取引価格となる。

実務で生じうる影響

・日本基準からIFRSへの移行にあたっては，各履行義務の独立販売価格に基づき取引価格を配分し，それぞれの履行義務の充足時点で収益を認識しなければならない。特定の条件を満たす場合にのみ，上記のように残余アプローチを採用することができる。

検討を要する取引の形態及び業界の例

・製造業や個別受注産業において，製品の販売に加えてメンテナンスサービスの提供や技術指導員の派遣が含まれている契約
・小売業などで商品の販売と同時にポイントを付与する取引（「第7章2　追加の財又はサービスに関する顧客の選択権」を参照）
・ソフトウェア産業では，ソフトウェアライセンス，専門的サービス，及びメンテナンスサービスを含む契約が締結され，当該契約価格が顧客によって大きく変動することがある。このようなケースで，専門的サービス及びメンテナンスサービスが個別に販売されており，独立販売価格が比較的安定している場合には，残余法が適切となりうる。

実務適用上のポイント

☑独立販売価格を見積るプロセスの構築

　　IFRS第15号の下で履行義務を識別した結果，従来とは異なる会計処理の単位が識別されることもあるだろう。新たに識別された履行義務に客観的な独立販売価格が存在しない状況も想定され，その場合，当該独立販売価格を合理的に見積るプロセスを構築するとともに，取引価格を相対的な独立販売価格に基づき配分するプロセス，及び各履行義務の単位で当該配分金額に基づき売上を計上するシステムを整備することも必要となるだろう。

第5章 測　定　127

　また，契約上で示されている各履行義務に係る内訳金額が，必ずしも相対的な独立販売価格に基づく配分金額を表しているとは限らないため，各履行義務への配分金額が変更される可能性がある。

　独立販売価格は，財又はサービスが経常的に個別に販売されており，その販売価格に関する説得力のある証拠が存在する場合を除き，見積ることが求められる。そのため，常にセットで販売され，単独で販売されることがない財やサービスがあったとしても，当該財・サービスが独立した履行義務である場合には，独立販売価格の見積りが求められる。どのような方法を用いて各財又はサービスの独立販売価格を算定するのが適切なのか，またそのために必要となる情報をどのように収集すべきかについて，経理だけでなく，営業や原価部門などの価格設定に関与する部署を巻き込みながら，検討することになると考えられる。

　同一の財又はサービスに複数の独立販売価格が存在する場合もあると考えられる。たとえば，同一の財又はサービスを異なる種類の顧客に異なる価格で販売する場合や，代理店経由と最終顧客への直接販売のように，異なる流通経路において異なる価格で販売する場合がある。このように，企業が顧客の種類ごとに独立販売価格を設定している場合,そうした種類ごとの分析が必要となる可能性がある。

2 ｜ 独立販売価格に基づく取引価格の配分の例外

　上述のとおり，原則としては契約に含まれる各財又はサービスの独立販売価格の比率に基づき取引価格を各履行義務に配分する。ただし，以下の2つの場合には，一定の要件を満たすことを条件として，取引価格の配分方法に例外規定が設けられている。

(1)　値引きに係る例外規定

　財又はサービスをセットで販売する場合には，セット価格が各財・サービスの独立販売価格合計よりも小さくなることが多い。当該差額は値引きであり，通常は，原則的な方法に従って，すべての履行義務に比例的に配分しなければならない（IFRS15.81）。

　ただし，以下の要件のすべてを満たす場合には，値引きは契約全体に係るのではなく，特定の履行義務のみに係るものと判断される。そのため，そのような場合には値引きを，契約の中の1つ又は複数の履行義務（ただし，すべての履行義務ではない）に配分しなければならない（IFRS15.82）。

(a) 企業が通常，区別できる財又はサービスのそれぞれを個別に販売している。

(b) 企業が通常，それらの区別できる財又はサービスのうちいくつかをまとめたパッケージを，当該パッケージに含まれる各財又はサービスの独立販売価格合計に比して値引価格で販売している。

(c) 上記(b)で説明した，各財又はサービスのパッケージに係る値引きが，当該パッケージを含む契約全体における値引きとほぼ同じであり，各パッケージに含まれる財又はサービスを分析することにより，当該契約における値引き全体がどの履行義務に帰属するのかに関する客観的な証拠が得られる。

(2) 変動対価に係る例外規定

変動対価についても，通常は原則的な方法に従い，契約に含まれるすべての履行義務に対して，その独立販売価格に基づき配分される。

しかし，以下の両方の要件を満たす場合には，変動対価は契約全体に係るものではなく，特定の履行義務のみに係るものと判断される。

(a) 変動対価の支払条件が，当該履行義務を充足するための企業の努力，又は当該履行義務の充足から生じる特定の結果に明確に対応している。

(b) 契約における履行義務及び支払条件のすべてを考慮した場合，変動対価の全額を特定の履行義務に配分することが，②冒頭で記載した取引価格を配分する際の目的に合致する。

このような場合には，変動対価をすべてではないが1つ以上の履行義務，又は単一の履行義務を構成する一連の財又はサービスのうち，すべてではないが1つ以上の区別できる財又はサービスのみに配分しなければならない（IFRS15.85）。

第5章 測　定　129

▌現行IFRSとの差異▐ ....

　現行IFRSでは，相対的な公正価値に基づく方法や残余法により，取引価格を配分しているが，IFRS第15号にあるような値引きや変動対価に係る例外規定は定められていない。そのため，値引きや変動対価がある場合には，IFRS第15号の適用により，従前よりも複雑な会計処理が求められる可能性がある。

▌日本基準との差異▐ ....

・日本基準では，変動対価や値引きの配分を含め，契約対価の各履行義務への配分に係る一般的な規定は存在しない。実務においては，変動対価や値引きが，契約書上又は顧客との交渉内容に基づき，特定の財又はサービスに係る成果等に関連していることが明らかである場合には，当該対価のすべてを当該特定の財又はサービスのみに配分しているものと考えられる。なお，日本基準の下で，契約書単位で会計処理が行われており，契約に含まれる各要素の会計処理の単位への分割が行われていない場合には，そもそもこうした論点が識別されていない場合も考えられる。

・IFRSでは，上記(1)及び(2)で説明したように，値引きや変動対価を特定の履行義務に配分するための具体的な要件が定められている。そのため，日本基準の下で特定の財又はサービスに値引きや変動対価を配分している場合であっても当該要件を満たすかどうかの確認が求められる。

....

▌設例5-2-3▐　値引きの配分

　前提は設例5-2-1と同様とする。すなわち，企業は機械装置，据付サービス及びメンテナンスサービスを提供しており，それぞれの独立販売価格，及び3つの財・サービスをセット販売した場合の取引価格も設例5-2-1と同様とする。

　設例5-2-1と異なる点は以下の3つである。

　・3つの財・サービスはそれぞれ単独でも販売されている。

　・機械装置と据付サービスを7,600千円でセット販売している。

　・契約書上，各財及びサービスの単独での販売価格で明細が示されており，

　　値引金額400千円については機械装置の金額6,500千円から控除されている。

　日本基準においては実務上，契約で示されている金額に基づき，それぞれの財又はサービスの提供時に収益計上しているものとする。すなわち，値引金額は機械装置に帰属するものとして機械装置の引渡時に6,100千円の収益が計上されている。

解説

・この場合，3点セットの販売に係る値引額と，機械装置及び据付サービスのセット販売に係る値引額が400千円で一致する。

・3点セット販売に係る値引額の400千円について，設例5-2-1ではすべての履行義務に独立販売価格の比率に基づき配分していたが，このようなケースにおいては，当該値引額は機械装置と据付サービスに帰属していることが明らかである。

履行義務	独立販売価格
機械装置	6,500千円
据付サービス	1,500千円
メンテナンス	2,000千円
合計	10,000千円

独立販売価格合計 8,000千円 ↔ 2点セット販売の取引価格7,600千円

値引額400千円で一致

3点セット販売の取引価格9,600千円

・値引額400千円は機械装置及び据付サービスに対して，各々の独立販売価格の比率で配分されるため，機械装置に325千円（400千円×6,500千円／8,000千円），据付サービスに75千円（400千円×1,500千円／8,000千円）が配分される。

・以上より，400千円の値引きは特定の履行義務（機械装置及び据付サービス）に以下のように配分され，メンテナンスをセットにすることから値引きは生じていないものと捉えられる。

履行義務	独立販売価格	値引額	取引価格
機械装置	6,500千円	325千円	6,175千円
据付サービス	1,500千円	75千円	1,425千円
メンテナンス	2,000千円	－	2,000千円
合計	10,000千円	400千円	9,600千円

実務で生じうる影響

・IFRSでは取引価格の配分にあたって，値引きを特定の財又はサービスに配分するためには，値引きが当該財又はサービスに対するものであるという客観的な証拠が求められる。上記設例では，日本基準では契約書に従って値引きが機械装置の内訳金額から控除されている一方，IFRSでは据付サービスにも値引きが配分されている。

第5章 測 定 131

設例 5－2－4 変動対価の配分①

　企業は2つの知的財産のライセンスを付与する契約を締結した。各知的財産のライセンスはいずれも一時点で充足される履行義務で，独立販売価格及び契約上の対価は以下のとおりである。

	独立販売価格	契約価格	
		【ケース1】	【ケース2】
ライセンスX	8,000千円	8,000千円（固定）	3,000千円（固定）
ライセンスY（※）	10,000千円	顧客がライセンスYを用いた製品の将来売上高の3％	顧客がライセンスYを用いた製品の将来売上高の5％
合計	18,000千円		

（※）ライセンスYに係る対価は売上高ベースのロイヤルティであり，変動対価に該当する。当該変動対価について，ケース1では10,000千円，ケース2では15,000千円と見積ったとする。

　ライセンスYは契約時に移転し，ライセンスXは契約から3カ月後に移転する。

　日本基準では，契約に示された金額で収益計上しているため，ライセンスXについては，当該ライセンスが移転した時点で，ケース1では8,000千円，ケース2では3,000千円の収益が認識されているものとする。また，変動対価についても当該設例の契約書上ではライセンスYに係る対価とされているので，関連する売上高の発生時点で，ケース1では当該売上高×3％，ケース2では当該売上高×5％の収益を認識しているものとする。

解説
【ケース1】

　以下の理由から，ライセンスXに8,000千円，ライセンスYに変動対価の全額10,000千円を配分する。
・当該変動対価は，ライセンスYを移転する履行義務から生じる結果（ライセンスYを使用する製品についての顧客の将来売上高）と個別に関連している。
・ライセンスYに係る売上高ベースのロイヤルティの見積金額と，ライセンスYの独立販売価格は近似しており，かつライセンスXに係る固定金額の

対価8,000千円もライセンスXの独立販売価格と近似している。そのため，変動対価全額をライセンスYに配分することは取引価格の配分目的と整合的と捉えられる。
・以上より，ライセンスXに係る収益8,000千円は，ライセンスXの移転時（契約から3カ月後）に認識する。ライセンスYに係る収益は，（ライセンスYの移転時ではなく）その後の販売が生じた時点で認識する。知的財産のライセンスに係る収益認識については第7章⑧を参照されたい。

【ケース2】
　以下の理由から，取引価格3,000千円，及び変動対価の双方を各履行義務の独立販売価格に基づき配分する。
・変動対価は，ライセンスYを移転する履行義務に関連しているが，変動対価の全額をライセンスYに配分すると，独立販売価格に基づいた場合の配分と著しくかい離するため，取引価格の配分の目的と合致しないと考えられる。
・仮に契約後1カ月目の売上ベースのロイヤルティが2,000千円であった場合，各履行義務への配分金額は以下のとおりである。

	取引価格3,000千円 （契約上はライセンスX に係る対価）	取引価格2,000千円 （契約上はライセンスY に係るロイヤルティ）	合計
ライセンスX	1,333千円 （3,000×8,000 / 18,000千円）	889千円 （2,000×8,000 / 18,000千円）	2,222千円
ライセンスY	1,667千円 （3,000×10,000 / 18,000千円）	1,111千円 （2,000×10,000 / 18,000千円）	2,778千円
合計	3,000千円	2,000千円	5,000千円

・ライセンスYは契約開始時に履行義務を充足しているため，その時点で契約上のライセンスXに係る対価から配分された1,667千円の収益を認識し，売上に連動するロイヤルティ部分の1,111千円については，売上が発生した時点で収益計上される。
・ライセンスXに配分された2,222千円は，ライセンスXに係る履行義務が充足される3カ月後まで繰り延べられる。

第5章 測　定　133

> 実務で生じうる影響
>
> ・日本基準からの移行にあたって，ケース1においてはIFRSでも同様の処
> 理が求められることになる。一方，ケース2について，IFRSでは日本基
> 準のように契約に記載された金額に従って収益認識されるとは限らないた
> め修正が必要になると考えられる。

TRGで取り上げられた論点及び合意内容の概要

　金額が変動する値引きや，将来の事象によって金額が決まる値引きのように，変
動対価の性質を併せ持つ値引きについて，変動対価の例外規定と値引きの例外規定
のどちらを適用すべきか議論された。このような性質の値引きについては，まず変
動対価に係る例外規定の適用要件を満たすかどうかを判断することで合意した。当
該要件を満たさない場合には，値引きに係る例外規定の要件を満たすかどうかを検
討する。

実務適用上のポイント

☑値引きに係る例外規定の適用可否
　　当該例外規定によって，一定の取引に関して，経済的実態をより適切に反映す
　ることが可能になるだろう。しかし，値引きが特定の履行義務のみに関連してい
　ることを証明するには一定の要件を満たす必要があるため，この例外規定を適用
　できる状況は限定的かもしれない。値引きが契約における2つ以上の履行義務に
　関連するかどうかは，それらの財又はサービスのパッケージでの販売価格と，各
　財又はサービスの個別での販売価格合計とを比較することで検証可能である。し
　かし，値引きが単一の財又はサービスに帰属することを立証することは困難と考
　えられる。

第6章

認識（ステップ5：履行義務の充足）

重要ポイント

- 収益は，財又はサービスの支配が顧客に移転された時点で又は移転されるに応じて認識される。
- 収益は，契約対象物の形態（財，サービス又は工事契約）にかかわらず，財又はサービスの支配が一定期間にわたり移転していると言えるための要件を満たす場合にのみ，一定期間にわたり認識され，当該要件を満たさない場合には，一時点で認識される。
- 一定期間にわたり収益を認識する場合，財又はサービスに対する支配の顧客への移転を最も適切に描写する単一の進捗度の測定方法を決定する必要がある。

　収益認識モデルの最後のステップでは，各履行義務について収益の認識時点を決定する。収益は，財又はサービスを顧客に移転することにより，履行義務が充足された時点で認識される。財又はサービスの顧客への移転は，顧客がその財又はサービスの支配を獲得した時点で生じる。したがって，収益は，顧客が財又はサービスの支配を獲得した時点で認識される。そのため，財又はサービスに対する支配の顧客への移転時点の判定が重要になる。

1 ｜ 支配の移転に基づく収益認識

　概念フレームワークでは，資産とは，過去の事象の結果として企業が支配し，かつ将来の経済的便益が当該企業に流入すると期待される資源と定義されてお

第6章　認識（ステップ5：履行義務の充足）　135

り，資産の認識及び認識の中止時点を決定するために，支配の概念が用いられている。そのため，IFRS第15号では，顧客が財又はサービスの支配を獲得し，取得した資産を認識する時点，逆にいえば，企業が資産に対する支配を顧客に移転することで当該資産の認識を中止し，収益を認識する時点の決定を，支配を基礎として行うこととしている。

　なお，資産には，財だけでなく，サービスも含まれる。サービスは受領すると同時に消費されるため，顧客の財務諸表に資産として認識されることはないものの，受領した時点では資産に該当する。

　IFRS第15号では，資産に対する支配は以下のように説明されている（IFRS15.33）。

資産に対する支配	資産（財又はサービス）の使用を指図し，資産からの残りの便益を実質的にすべて獲得する能力。また，他者が当該資産の使用を指図し，それらの便益を享受することを妨げる能力

　顧客が，自社の活動において財又はサービスを利用する，あるいは他の企業に当該財又はサービスの使用を認める又は他の企業が当該資産を利用することを制限する権利（資産の使用を指図する能力）を獲得するとともに，当該資産から創出されるであろうキャッシュ・フローの実質的にすべてに対する権利を有している（資産からの残りの便益を実質的にすべて獲得する能力）場合，当該顧客はその財又はサービスを支配していると考えられる（IFRS15.33）。

　支配は一時点で移転する場合（典型的には，財の販売）もあれば，一定期間にわたり移転する場合（典型的には，サービスの提供）もある（IFRS15.31）。企業は，契約の開始時点で，各履行義務の基礎となる財又はサービスの支配が顧客に一定期間にわたり移転するのか，又は一時点で移転するのかを判断しなければならない。

　一部の工事契約やサービス契約について，その支配が一定期間にわたり移転するのか否かの判断が難しい場合があることから，その判断に資するよう，財又はサービスの支配が一定期間にわたり移転しているといえるための要件が設けられた。したがって，まずは契約開始時点で当該要件に照らして財又はサービスを評価し，当該要件を満たす場合には，その財又はサービスの支配は一定期間にわたり移転されるとみなされる（すなわち，一定期間にわたり履行義務は充足され，収益が認識される）。一方，当該要件を満たさない場合には，そ

の支配はある一時点で移転される（すなわち，一時点で履行義務が充足され，収益が認識される）ことになる（IFRS15.32）。

　なお，契約に買戻条項が含まれている場合には，顧客への財又はサービスの支配の移転の有無の評価において，当該条項を考慮する必要がある（IFRS15.34）。この点については，「第7章⑤　買戻契約」を参照されたい。

▌現行IFRSとの差異▐ ....

・IAS第18号でも，財又はサービスが顧客に移転された時点で収益が認識されるが，当該移転時点は主に資産の所有に伴うリスクと経済価値に基づき評価される。以下「4．一時点で充足される履行義務」で説明しているように，IFRS第15号では，リスクと経済価値の移転は資産に対する支配の移転を示す有用な指標の1つとされていることから，リスクと経済価値又は支配のいずれを基礎としても，財又はサービスの移転時点は同一になると判断される場合も多いと考えられる。しかし，企業が財又はサービスを顧客に移転し，顧客が当該財又はサービスの支配を獲得しているものの，企業が依然として当該財又はサービスに係るリスクの一部を保持しているような場合には，いずれを基礎として財又はサービスの顧客への移転時点を判定するかにより，収益認識時点が変更される可能性がある。

・IAS第18号では，収益認識要件として，リスクと経済価値の移転に加え，収益の金額を信頼性をもって見積れることが挙げられているが，IFRS第15号では，収益の金額に不確実性があり変動する場合には，当該変動対価を見積った上で，収益の過大計上を防ぐ目的で当該見積額に制限をかけるべきかを検討することが求められる。すなわち，そうした不確実性は測定において反映されることになる（「第5章①2．変動対価」を参照）。

・IAS第18号における取引に関連する経済的便益が流入する可能性が高いという収益認識要件については，IFRS第15号では，契約が存在するか否かの評価において考慮されている（「第3章1．契約」を参照）。

・一方，IAS第11号では，工事契約を遂行するための企業の活動等に基づき収益が認識される。しかし，企業の活動に応じて必ずしも財又はサービスの支配が顧客に移転しているとは限らない。IFRS第15号の下では，以下2．で説明する一定期間にわたり充足される履行義務の要件を満たすことで，契約期間にわたり財又はサービスの支配が連続的に顧客に移転していることが示せるか否かにより，工事の進捗に応じて収益を認識しなければならなくなる，あるいは逆に収益が認識できなくなる可能性がある。

▌日本基準との差異▐ ....

・日本基準では，収益の認識は実現主義によることが示されているものの，実現の定義や収益認識要件等を具体的に定めている基準はない。一般的に実現とは，財貨の移転又は役務の提供の完了と対価の成立をいうものとされている。実務上は，

第6章　認識（ステップ5：履行義務の充足）　137

個々の販売取引の実質に加え，業界慣行や税法に照らして，各企業がその販売取引が実現したと考えられる時点で収益を認識している。一方，IFRSでは，収益認識時点は支配の移転に基づき決定され，支配の移転時点の判断に資するように，支配の概念に加え，一定期間にわたり充足される履行義務の要件や支配の移転を示唆する指標が提示されており，IFRS第15号の適用により収益認識時点が変更される可能性がある。

実務適用上のポイント

☑企業又は顧客のいずれの観点から支配の移転を評価すべきか

　財又はサービスの支配が顧客に移転されたか否かの判定は，企業ではなく，顧客の観点から実施すべき点に留意されたい。これは，顧客への財又はサービスの移転を表さない企業の活動により収益が認識されてしまうリスクを最小化するためである（IFRS15.BC121）。

2 ｜ 一定期間にわたり充足される履行義務

　履行義務が以下の3つの要件のいずれかを満たす場合，その基礎となる財又はサービスの支配は一定期間にわたり顧客に移転しているとみなされ，よって収益は一定期間にわたり認識される（IFRS15.35）。

(a)　企業が履行するにつれて，顧客が企業の履行による便益を受け取り，同時に消費する。

(b)　企業の履行により，仕掛品などの資産が創出されるか又は増価し，当該資産の創出又は増価につれて，顧客が当該資産を支配する。

(c)　企業の履行により，企業にとって代替的な用途がある資産が創出されず，かつ，企業は現在までに完了した作業に対して支払いを受ける法的に強制可能な権利を有している。

現行IFRSとの差異

・現行IFRSでは，契約対象物が財なのか，サービスなのか，あるいは工事契約なのかという契約対象物の形態に基づき，収益を一時点又は一定期間のいずれで認識すべきかが定められている。

・IAS第18号では，財の販売については，主にその所有に伴うリスクと経済価値が移

転する一時点で収益を認識する一方，サービスの提供については，その成果を信頼性をもって見積れる限り，進捗度に応じて収益を認識することが求められる。

・また，IAS第11号では，工事契約の定義を満たす契約について，その成果を信頼性を持って見積れる限り，企業の活動の進捗度に応じて収益を認識する。

・一方，IFRS第15号では，契約対象物の形態に関係なく，顧客との約定が上記の一定期間にわたり充足される履行義務に係る要件を満たす場合には，収益は一定期間にわたり認識されることになる。そのため，IFRS第15号の適用により，一定期間にわたり収益認識されるものの対象範囲が変更され，結果として収益認識時点が変わる可能性がある。

■日本基準との差異■ ....

・日本基準では，収益は，実現主義の原則に従い，商品等の販売又は役務の給付によって実現したものに限り認識するとされている。

・財の販売については，商品等を販売した日をもって実現したものとされ，一時点で収益が認識されている。

・役務の提供に関しては，実現主義の原則に加え，一定の契約に従い継続して役務の提供を行う場合には，収益は時間の経過を基礎として認識すべきと定められている。しかし，工事契約に係る収益を除き，役務提供の会計処理一般を包括的に取り扱っている基準は存在しない。したがって，実務上は，工事契約を除いて，役務提供の完了時点で又は時の経過に基づき定額法で収益認識を行っている場合が多いと考えられる。

・工事契約に関しては，日本基準では，成果の確実性が認められる場合，すなわち，工事収益総額，工事原価総額，決算日における工事進捗度の3つの各要素について信頼性をもって見積ることができる場合は，工事進行基準が適用される一方，この要件を満たさない場合には，工事完成基準が適用される。また，工期がごく短い工事契約についても工事完成基準の適用が認められている。

・一方，IFRS第15号では，契約対象物の形態にかかわらず，上記の一定期間にわたり充足される履行義務の要件のいずれかを満たすか否かにより，収益を一定期間にわたり認識すべきか，又は一時点で認識すべきかが決まる。よって，IFRS第15号上，一定期間にわたり収益認識されるための要件を満たすサービスの提供について，特に現行の日本基準での処理としてサービス提供の完了時点で収益を認識している場合には，進捗度に応じて収益を認識することを求めるIFRS第15号との間で，収益認識時期に差異が生じるものと考えられる。

・また，IFRS第15号における一定期間にわたり収益を認識するための要件は，工事契約会計基準における，工事収益総額，工事原価総額及び工事の進捗度の信頼性のある測定に基づく判断とはまったく異なるものであり，日本基準において工事進行基準を適用している工事の収益が完成時点で認識されることになる場合や，その逆になる場合もありうる。さらに，現在工事完成基準が適用されている多くの短期工事契約を有している場合には，それら契約を進捗度に応じて会計処理すべきか検討する必要があると考えられる。

第6章 認識（ステップ5：履行義務の充足） 139

▐ 日本基準EDとの差異 ▐ ....

　工事契約及び受注制作ソフトウェアについては，重要性の観点から，現行の工事契約会計基準と同様に，契約における取引開始日から履行義務が完全に充足すると見込まれる時点までの期間がごく短い場合には，一定の期間にわたり収益を認識せず，完全に履行義務を充足した時点で収益を認識することが容認される（収益認識適用指針ED94，95）。

....

▐ 検討を要する取引の形態及び業界の例 ▐

　・サービス業全般
　・建設業や個別受注産業などにおける工事契約全般
　・ソフトウェア業における受注制作ソフトウェアに係る契約
　・建設業，個別受注産業やソフトウェア業などにおいて，現在工事完成基準を適用している短期の工事契約が多く存在する場合
　・特定の自動車の部品など，顧客仕様の部品や製品の長期供給契約
　・複数の財又はサービスから構成される単一の履行義務

▐ 実務適用上のポイント ▐

☑収益認識時点が他の領域に及ぼしうる影響
　　一定期間にわたり充足される履行義務に該当するか否かの判断は，収益の認識時点だけでなく，他の領域にも影響を及ぼす可能性がある。たとえば，これまで一定期間にわたり収益を認識し，その対価を定期的に受領していた長期契約について，IFRSにおける一定期間にわたって充足される履行義務の要件を満たさず，一時点で充足される履行義務に該当すると判断される場合には，重要な金利要素が含まれているか否かの検討が必要になる可能性がある。

(1)　企業の履行につれ，顧客が便益を受け取ると同時に消費する

　この要件は主に，純粋なサービス契約について，一般的にその支配は一定期間にわたり移転されることを明確にするために設けられたものである（IFRS15.BC125-BC128）。
　清掃サービスなどの定期的又は反復的なサービスについては，企業が履行するにつれ，その履行による便益を顧客が受け取ると同時に消費していることは容易に判断できるであろう（IFRS15.B3）。

しかし，財と異なり，サービスには物理的な実態がなく，顧客が企業の履行による便益を享受しているか否かが明確でない場合があるなど，当該判定が難しい状況も存在する。そうした状況では，仮に他の企業が顧客への残りのサービスの提供を引き継ぐとしたら，当該引き継ぐ企業が，企業がそれまでに実施した作業を実質的にやり直す必要があるかどうかを検討する。当該仮定に基づく評価において，残りの履行義務を引き継ぐ企業が，企業がそれまでに実施した作業を実質的にやり直す必要がないと判断される場合には，顧客が企業の履行による便益を享受していることが示唆されることから，当該要件を満たすとみなされる（IFRS15.B4）。

なお，当該仮定に基づく評価は，顧客が企業の履行につれ，それによる便益を得ているか否かの評価が主観的なものとなる場合があることから，客観的に当該判定を行うために設けられたものである。したがって，残りの履行義務を引き継ぐ他の企業が，企業が現在までに完了した作業を実質的にやり直す必要がないかどうかを判断するにあたり，以下の両方の前提を置く（IFRS15.B4）。

(a) 残りの履行義務を他の企業に移転することを妨げる契約上又は実務上の制約は無視する。
(b) 残りの履行義務を引き継ぐ他の企業は，企業が現在支配し，当該他の企業への引き継ぎ後も依然として支配する資産（たとえば，企業のそれまでの履行により創出された仕掛品など）から便益を得ることはない。

設例6-1 一定期間にわたり充足される履行義務①

A社は，東京からロンドンまで貨物を輸送する契約を顧客と締結する。
顧客は，貨物がロンドンに到着した時点で契約対価を支払う無条件の義務を負う。

解説
・輸送サービスについては，顧客は，貨物を受領してはじめて企業の履行による便益を受け取るとも考えられ，企業が履行するにつれて，顧客がその便益を受け取り，同時に消費しているか否かが明確ではない。
・しかし，仮にA社が途中のシンガポールまで貨物を輸送した時点で，B社

第6章　認識（ステップ5：履行義務の充足）　141

がロンドンまでの残りの輸送サービスを引き継ぐことになったとしたら，B社は，一旦シンガポールから東京まで戻って，再度東京からロンドンまでの輸送サービスを提供する必要はなく，シンガポールからロンドンまでの輸送サービスのみを提供すればよいと考えられる。つまり，B社は，A社がこれまでに完了した東京からシンガポールまでの輸送サービスを実質的にやり直す必要はない。これは，A社が輸送サービスを提供するにつれ，顧客がA社の履行による便益を受け取ると同時に消費していることを示している。したがって，当該履行義務は一定期間にわたり充足される履行義務に該当する。

・輸送サービスの途中で，B社が残りの輸送サービスを引き受けることが契約上禁止されている場合や，たとえば，当該貨物船が海上にあり，B社の貨物船はその地域におらず，貨物の引渡しができないなど，実務的でない場合も考えられる。しかし，当該要件を満たすか否かを評価する目的は，輸送サービスの提供につれて当該サービスの支配が顧客に移転しているかどうかを判断することにあるため，当該評価にあたり，こうした制約を考慮する必要はない（IFRS15.B4）。

設例6-2　一定期間にわたり充足される履行義務②

A社はコンサルティング・サービスを提供する契約を顧客と締結する。

解説

・コンサルティング・サービスについては，企業が履行するにつれ，顧客がその便益を受け取り，同時に消費しているか否かが明確ではない。

・しかし，仮に他のコンサルティング会社が当該専門家としての意見を提供するサービスをA社から途中で引き継ぐとしたら，当該他のコンサルティング会社は実質的にA社がそれまでに実施した作業をやり直す必要がある。これは，上記(b)に記載した前提のとおり，当該他のコンサルティング会社は，A社がそれまでに実施した作業のいかなる便益も得ることがないためである。専門家の意見を提供するという約定の性質は，顧客が専門家の意見を受領した時点でのみ，企業の履行による便益を享受するものである。したがって，A社は当該要件は満たされないと結論付ける。

・A社は次に，残りの2つの要件を満たすか否かを検討することになるが，この点については，設例6-3を参照されたい。

検討を要する取引の形態及び業界の例

・サービス業全般
・電気・ガスなどの供給契約

実務適用上のポイント

☑企業の履行により仕掛品などの資産が創出される契約

　残りの履行義務を引き受ける他の企業が，企業が現在までに完了した作業をやり直す必要があるか否かの検討における2つ目の前提（上記(1)に記載した(b)の前提）により示唆されるように，顧客が企業の履行による便益を受け取る時点で，たとえば仕掛品など，完全に費消されることのない資産が創出される場合，履行義務が一定期間にわたり充足されるか否かを判断するために，当該要件を適用してはならない。そのため，工事契約については通常，当該要件は適用されない。そうした状況では，残りの2つの要件を満たすか否かを評価する（上記設例6-2を参照）。

(2)　企業の履行により資産が創出又は増価されるに応じて，顧客が当該資産を支配する

　この要件は，有形か無形かを問わず，企業の履行により資産が創出又は増価されるに応じて，顧客が当該仕掛中の資産を支配していることが比較的明確な場合に適用される。

　企業の履行により資産が創出又は増価されるに応じて，顧客が当該仕掛中の資産の支配を獲得するということは，実質的に企業は仕掛品及びその増価に対する権利を，企業が履行するにつれ継続的に顧客に販売しているものと考えられる。

　顧客が仕掛中の資産を支配しているか否かは，上記1.で解説した資産に対する支配の概念，及び以下4.で説明する支配の移転の指標に照らして評価する。すなわち，顧客の仕掛品に対する支配の有無は，顧客が仕掛品の使用を指図して，当該資産からの残りの便益の実質的にすべてを獲得する能力を有して

第6章　認識（ステップ5：履行義務の充足）　143

いるか否かに基づき判断される。その際，仕掛品に係る支払いに対する現在の
権利，法的所有権，物理的占有，リスクと経済価値，及び顧客による検収の有
無といった支配の移転に関する指標も考慮する必要がある。

　たとえば，工事契約の中には，契約書上で，契約対象物が創出されるに応じ
て，顧客が当該仕掛工事を法的に所有することが明確に定められている場合が
ある。また，顧客の土地の上に建物を建設する契約や，顧客が所有する建物内
でITシステムを開発する契約では，顧客が当該建設中の建物又は開発中のIT
システムを物理的に占有している。他の支配の指標も考慮の上総合的に判断す
る必要はあるものの，そうした事実により，当該仕掛工事，建物又はITシス
テムが創出又は増価されるに応じて，顧客が当該仕掛品を支配していることが
示唆される。

検討を要する取引の形態及び業界の例

　・建設業や個別受注産業などにおける工事契約全般
　・ソフトウェア業における受注制作ソフトウェアに係る契約

(3)　企業の履行により創出される代替的な用途のない資産，及び現在までに完了した作業に対して支払いを受ける強制可能な権利

　上記(1)及び(2)の2つの要件に照らして検討したものの，いずれかを満たすと
明確に判断できない場合には，当該要件を検討する。当該要件では，以下の2
つの条件の両方を満たすことが求められる。

①　企業の履行により創出される，企業にとって代替的用途のない資産

　代替的な用途という概念は，企業の履行に応じて財又はサービスに対する支
配が一定期間にわたり顧客に移転しないにもかかわらず，収益が一定期間にわ
たり認識されることを防止するために設けられたものである。

　企業の履行により，標準品である棚卸資産などの代替的な用途がある資産が
創出される場合には，企業は当該資産を容易に別の顧客に販売することができ
る。そうした場合，顧客には当該資産の使用を指図する又は企業が他の顧客に
当該資産を販売することを制限する能力はなく，企業がそうした能力を有し当

該資産を支配しているといえる。

　IFRS第15号によれば，企業が，資産を創出又は増価している段階で，たとえば当該資産を他の顧客に販売するなど，当該資産を他の用途に使用することが契約上制限されているか，又は完成した資産を容易に他の用途に使用することが実務上制約されている場合には，企業の履行により創出される資産は，企業にとって代替的な用途がないとされている（IFRS15.36）。そのため，当該要件を満たすか否かを評価するにあたり，契約上及び実務上の制約が，当該資産を容易に転用する企業の能力に及ぼす影響を考慮しなければならない。

　契約上の制限については，実質的なもののみを考慮する。契約上の制限は，企業が約定した資産を他の用途に使用しようとした場合に，顧客が当該資産に対する権利を行使すると見込むのであれば，実質的であるといえる。他方，契約に違反することも，他の資産と交換しなければ当該契約に関して発生することがなかったであろう多額の違約金などのコストを負担することもなく，企業が当該資産を他の顧客に移転する予定の他の同様の資産と交換できる場合，契約上の制限は実質的とはいえない（IFRS15.B7）。その場合，契約上の制限は単なる保護的な権利（たとえば，企業の清算の場合に顧客を保護することを意図した，顧客が資産に対する法的所有権を有しており，他に移転できないとする条項）であり，それだけで当該資産に代替的な用途がないと結論付けるには不十分である。

　実質的な契約上の制限に加え，他の顧客への販売など，当該資産の転用に関して指図する企業の能力に影響を及ぼす実務上の制約についても考慮する必要がある。完成した資産の特徴を考慮すると，当該完成した資産を他の用途に使用するために多額の経済的損失が発生するような場合には，企業が当該資産を他の目的に使用できる可能性は低い。たとえば，特定の顧客向けに大幅にカスタマイズされた資産の場合，多額の費用をかけて改造するか，又は大幅な値引価格でないと販売できない可能性が高い。そのため，当該資産に代替的用途はないといえる（IFRS15.BC135-BC137）。

　代替的な用途が存在しない資産の場合，実質的に企業は顧客の指図に基づき資産を創出しており，顧客は企業が履行するにつれ，企業の履行による便益を享受する，すなわち資産の支配を獲得していると考えられる。

　なお，資産が企業にとって代替的な用途があるか否かの評価は，契約開始時点で行われ，履行義務が大幅に変更されることになる契約の変更が承認される

第6章　認識（ステップ5：履行義務の充足）　145

場合を除き，事後的に再評価されることはない（IFRS15.36）。

実務適用上のポイント

☑実務的な観点からの資産に代替的な用途があるか否かの評価
　　企業の履行により創出される資産が，実務的な観点から代替的な用途があるか否かについては，完成した資産の性質に基づき評価され，資産が創出又は増価されている期間を通じて代替的な用途がない状態である必要はない。したがって，資産が創出又は増価される当初は標準品であるものの，その後に大幅にカスタマイズされる資産の場合には，代替的な用途がないと考えられる。
☑標準品についての代替的用途の有無
　　たとえば航空機や船舶など大型のものであっても，ほぼ標準品である場合には，当該資産に代替的な用途がないといえるのかについて，慎重な評価が必要と考えられる。

---

②　現在までに完了した作業に対する支払いを受ける強制可能な権利

　企業の履行により創出される資産に代替的な用途がない場合，企業は顧客が契約を解約し，代替的な用途がない資産を保有することになる経済的なリスクから解放されようと，通常それまでの履行に対して顧客に支払いを要求すると考えられる。企業の履行に対し顧客が支払義務を有するということは，顧客が企業の履行により生じる便益を獲得していることを示唆している（IFRS15.BC142）。

(ア)　現在までに完了した作業に対する支払い

　現在までに完了した作業に対する支払いを受ける権利とは，仮に顧客が企業による契約不履行以外の理由で契約を解約するとしたら，それが契約期間中のどの時点であっても，少なくともそれまでに完了した履行について補償する金額を受け取る権利でなければならない（IFRS15.37，B9）。

　現在までに完了した履行に対する補償金額は，契約が解約された場合の企業の潜在的な利益の喪失のみを補償するものではなく，現在までに移転した財又はサービスの販売価格に近似する金額，たとえば，履行義務を充足する際に発生したコストに合理的な利益マージンを加えた金額である（IFRS15.B9）。

　合理的な利益マージンは，約定どおりに契約が履行された場合に企業が稼得する契約上の利益マージンを反映する必要はなく，当該利益マージンのうち，

現在までの企業の履行の程度を合理的に反映する一定割合部分，又は契約上の利益マージンが通常よりも高い場合には，類似する契約についての企業の資本コストに対する合理的なリターン（すなわち，類似する契約についての通常の営業リターン）のいずれかとなる。

(イ)　支払いを受ける強制可能な権利
　支払いを受ける強制可能な権利は，現在の無条件の権利である必要はない。多くの場合，合意された目標の達成時点，あるいは履行義務の完全な充足時点のいずれかの時点ではじめて，企業は支払いを受け取る無条件の権利を獲得する。したがって，支払いを受ける強制可能な権利を有しているかどうかを評価するにあたり，仮に顧客が契約の完了前に企業による契約不履行以外の理由で契約を解約するとしたら，企業は現在までに完了した履行に対して支払いを要求する法的に強制可能な権利を有しているか否かを検討する（IFRS15.B10）。
　支払いを受ける権利の強制可能性については，契約条件及び当該契約に適用される法律に照らして評価する必要がある（IFRS15.37，B12）。この際，契約条件を補完する又は無効にする法令や判例も考慮しなければならない（IFRS15.B12）。たとえば，解約不能な契約にもかかわらず顧客が契約を解約しようとする場合，契約及び適用される法律により，企業に，契約に従って財又はサービスを移転するという自らの義務の履行を継続するとともに，顧客に約定対価の支払いを求める権利が与えられるのであれば，企業は現在までに完了した履行について支払いを受ける権利を有しているといえる（IFRS15.B11）。
　なお，類似する契約において企業が支払いを受ける権利があるにもかかわらず，これを放棄することを選択した実績がある場合には，適用される法律の下で，そうした実績により契約当事者の強制可能な権利及び義務が制限されることになるのかどうかを検討する必要がある。企業の過去の実務によっても，当事者の法的に強制可能な権利及び義務に影響が生じることがなく，現在の契約に関して，現在までの履行に対する支払いを求める権利が依然として強制可能であるならば，企業は引き続き支払いに対する権利を有することになる。

第6章　認識（ステップ5：履行義務の充足）　147

実務適用上のポイント

☑支払いを受ける権利と支払スケジュール

　　現在までに完了した作業に対する支払いを受ける権利について，支払いの金額，時期及び頻度を定めた契約上の支払スケジュールは，それ自体で，企業が現在までに完了した履行に対する支払いを受ける権利を有していることを示すものではない点に留意されたい。

　　企業は，顧客から受領済みの対価の返還の要否を含む契約条件，適用される法律，及び関連する事実及び状況を総合的に勘案し，支払スケジュールが，現在までに完了した履行に対する支払いを受ける権利を表しているといえるのかを慎重に評価する必要がある。

　　たとえば，契約対価の全額が前払いされ，企業の債務不履行以外の理由では返金不能な場合には，通常当該要件を満たすと考えられる。一方，現在までに完了した履行に対する補償金額といえるためには，顧客からの支払いは現在までに移転された財又はサービスの販売価格に近似していなければならないため，支払スケジュールが固定されている場合には，この要件を満たさない可能性がある。

設例6-3　一定期間にわたり充足される履行義務③

　A社は，コンサルティング・サービスに関する契約を顧客と締結する。

　契約上，顧客がA社による契約不履行以外の理由で当該契約を解約する場合，顧客は発生原価に15％の利益を乗せた金額をA社に補償しなければならない。

　15％の利益は，A社が類似する契約から稼得する利益率に近似している。

解説

① 資産の代替的用途の有無

・専門家としての意見の提供は顧客に固有の事実と状況に関するものであることから，当該意見の形成過程で，A社にとって代替的な用途のある資産が創出されることはない。したがって，当該資産を容易に他の顧客に販売するA社の能力は，実務的に制限される。

② 支払いを受ける強制可能な権利の有無

・A社は，解約条項に基づき，発生原価に適切な利益を上乗せした金額で，それまでに完了した履行に対する支払いを受ける強制可能な権利を有している。

・したがって，A社は，当該履行義務は上記の要件の双方を満たしており，一定期間，すなわちコンサルティング・サービスの提供期間にわたり充足される履行義務に該当すると判断する。

設例6-4　一定期間にわたり充足される履行義務④

　分譲マンションのデベロッパーであるA社は，建設中のマンションの701号室に関する売買契約を顧客と締結する。

　すべての部屋の間取りと広さはほぼ同じであるが，マンション内における位置などのその他の特徴は部屋ごとに異なる。

　顧客は契約の締結時点で預託金を支払うが，当該預託金はA社が契約に従って当該部屋を完成できない場合にのみ返金される。残りの契約価格は，顧客が当該部屋の物理的な占有を獲得する契約の完了時点で支払われる。

　顧客が当該部屋の完成前に契約不履行に陥る場合，A社は預託金を留保する権利のみを有している。

|解説|

① 資産の代替的用途の有無

　分譲マンションの特定の部屋の売買契約については，当該特定の部屋は標準仕様であり，A社が他の顧客に販売しようとすれば，実務的には販売することは可能である。しかし，契約によりA社は，当該特定の部屋を他の顧客に販売することを禁止されており，当該顧客に販売する義務を負っている。仮にA社が他の顧客に販売しようとした場合には，顧客は当該部屋に対する権利を行使し，他の顧客への販売を制限する現在の能力を有している。したがって，当該契約には，A社が当該特定の部屋を他の顧客に販売することを妨げる実質的な条項が含まれている。そのため，A社は，その履行により創出される資産（701号室）は，A社にとって代替的な用途はないと判断する。

② 支払いを受ける強制可能な権利の有無

　A社は当該特定の部屋の工事が完成するまでは顧客が差し入れた預託金に対する権利しか有していない。そのため，A社は，現在までに完了した履行に対する支払いを受ける強制可能な権利は存在しないと結論付ける。

第6章　認識（ステップ5：履行義務の充足）　149

上記①の要件は満たされるものの，②の要件が満たされないため，A社は
当該履行義務は一定期間にわたり充足される履行義務に該当せず，当該特
定の部屋を引き渡す一時点で充足される履行義務として会計処理する。

検討を要する取引の形態及び業界の例

- ・不動産業建設業及び個別受注産業などにおける工事契約全般
- ・ソフトウェア業における受注制作ソフトウェアに係る契約
- ・コンサルティング・サービスなどの，顧客に固有のサービス契約
- ・特定の自動車の部品など，顧客仕様の部品や製品の長期供給契約

実務適用上のポイント

☑顧客仕様の部品や製品の長期供給契約

契約期間にわたり顧客仕様の部品や製品を製造販売する場合，契約上，当該部
品等を他の顧客に販売することが禁止され，また実務的にも販売できないことが
多い。また，そうした契約では，顧客が契約を途中で解約した場合に，顧客が企
業に対し現在までに製造した完成品及び仕掛品に対する支払いを行う義務を負っ
ている場合がある。そのような場合，上記の要件を満たし，一定期間にわたり充
足される履行義務に該当する，すなわち，部品等が引き渡される一時点ではなく，
製造されるにつれて収益が認識されると判断される可能性がある。このように，
一定期間にわたり充足される履行義務は，サービスの提供や工事契約に限定され
ず，財の販売であっても該当する可能性がある点に留意されたい。

3 ｜ 一定期間にわたり充足される履行義務の会計処理

　上記2.の要件に照らして履行義務が一定期間にわたり充足されると判断さ
れた場合，当該履行義務の完全な充足に向けての進捗度を測定することにより，
収益は一定期間にわたり認識される（IFRS15.39）。

　一定期間にわたり充足される履行義務は，その完全な充足に向けての進捗度
を合理的に測定できる限り，測定された進捗度に基づき収益を認識しなければ
ならない（IFRS15.44）。

　他方，進捗度を測定するための合理的な基礎を有していない場合には，不確
実性が大きいため，企業の履行に応じて収益を認識することは認められない。
ただし，その場合であっても，たとえば，契約の初期段階などの一定の状況に

おいて，企業が履行義務の成果を合理的に測定することはできないが，少なくとも当該履行義務を充足する際に発生する原価は回収できると見込んでいる場合には，当該履行義務の成果を合理的に測定できるようになるまで，収益は，発生したコストの範囲でのみ認識される（IFRS15.45）。

なお，進捗度を合理的に測定することができず，進捗に応じて収益が認識されない場合であっても，発生コストは，契約履行コストとして資産計上される場合（以下「第7章11(2) 契約履行コスト」を参照）を除き，発生時に費用として認識する必要がある（IFRS15.BC179）。

▌日本基準との差異▐

・日本基準では，工事契約収益，工事契約原価及び進捗度を合理的に見積れない場合，工事完成基準が適用される（工事契約会計基準9）。他方，IFRSでは，進捗度を合理的に見積れない場合，発生原価は，履行コストとして資産計上される場合を除き，費用として認識される一方，収益は発生原価の回収可能性が高い場合には，その範囲において認識される（利益は認識されない），又は発生原価の回収可能性も高いとはいえない場合には，収益は一切認識されず，両基準間でまったく異なるアプローチが採られている。

・日本基準では，工事進行基準を適用する要件を満たさないため工事完成基準を適用している工事契約について，事後的に成果の確実性が相対的に増したとしても，そのことのみをもって途中で工事契約に係る収益の認識基準の変更を容認することは，収益認識のタイミングが恣意的に操作されるおそれがあるため，適切ではないとされている（工事契約適用指針3）。ただし，本来工事の着手に先立って定められるべき工事収益の総額や仕事の内容等の基本的事項の決定が遅れているために工事進行基準が適用されていなかったケースでは，その決定時点から進行基準が適用される（工事契約適用指針14）。この点，IFRSでは，履行義務の成果を信頼性をもって見積ることを妨げていた不確実性が事後的に解消された場合には，その時点から収益は履行義務の進捗度に応じて認識されることになる。

▌日本基準EDとの差異▐

一定の期間にわたって充足される履行義務について，契約の初期段階において履行義務の充足に係る進捗度を合理的に見積ることができない場合には，重要性の観点から，契約の初期段階に収益を認識せず，進捗度を合理的に見積ることができる時から収益を認識することが容認されている（収益認識適用指針ED 98）。

第6章　認識（ステップ5：履行義務の充足）　151

設例6-5　工期の途中から進捗度を合理的に測定できる場合

　A社は，電力会社から火力発電所の発電設備を50,000百万円，工期4年で受注した。

　当該発電設備は，新しい発電方式によるものであり，A社にとって初めての受注である。A社は，受注後に作業と並行して仕様等を最終確定する必要があり，最終的な仕様確定後，契約金額の増額交渉を行う予定である。

　A社は，最終的な見積工事総原価及び契約価格は決定されておらず，利益率は確定していないものの，当該契約から損失が生じることはないと判断している。

　第1年度に，A社は当該工事契約に係る作業を開始したが，最終的な仕様は確定しなかった。A社は，当該発電設備の受注実績がなく，工事総原価を信頼性をもって見積ることができないため，第1年度においては，進捗度を合理的に測定することができなかった。

　しかし，第2年度末に当該発電設備の最終的な仕様が確定し，A社は工事総原価を50,000百万円と見積った。また，契約金額は60,000百万円に増額された。

　第1年度及び第2年度の発生原価はいずれも10,000百万円であった。

　当該契約は，一定期間にわたり充足される履行義務に該当すると判断されている。

　なお，日本基準においては，第1年度には，履行義務の成果を信頼をもって見積ることができなかったため，工事完成基準を適用していたが，第2年度には進捗度を信頼性をもって見積ることができるようになったため，原価比例法に基づく工事進行基準を適用しているものとする。

解説

・第1年度においては，工事総原価を信頼性をもって見積ることができず，よって進捗度を合理的に測定することができない。したがって，履行義務の成果を合理的に測定できるようになるまで，発生原価のうち，回収可能性が高い部分についてのみ収益を認識する（IFRS15.45）。本設例では，当該契約から損失が生じることはないと判断されていること，及び第1年度の工事発生原価10,000百万円が契約金額50,000百万円を大きく下回ることから，発生原価の回収可能性は高いと考えられ，第1年度に同額の収益を

認識する。

・一方，第2年度以降は進捗度を合理的に測定できるようになるため，工事の進捗に応じて収益を認識しなければならない（IFRS15.44）。

・当該工事契約に係る売上，売上原価及び売上総利益をまとめると，下記のとおりである。

（単位：百万円）

	第1年度末	第2年度末	第3年度末	第4年度末
累計売上高	10,000	24,000 =60,000×40%	48,000 =60,000×80%	60,000 =60,000×100%
累計発生原価	10,000	20,000	40,000	50,000
累計工事総利益	0	4,000	8,000	10,000
進捗度	－	40% =20,000÷50,000	80% =40,000÷50,000	100% =50,000÷50,000

実務で生じうる影響

・この設例のケースでは，第1年度において，両基準間で売上高に差異が生じるものの，売上総利益に影響はない。日本基準上は，売上及び売上原価は一切認識されておらず，代わりに未成工事支出金10,000百万円が計上されている一方，IFRSでは，売上及び売上原価が同額で計上され，未成工事支出金の代わりに契約資産が認識されることになる。

(1) 一定期間にわたり充足される履行義務の進捗度の測定

進捗度を測定する目的は，財又はサービスの支配を顧客に移転する際の企業の履行を描写することである（IFRS15.39）。進捗度を測定するために最適となる方法を決定する際に，財又はサービスの性質及び企業の履行の性質の両方を検討する必要がある（IFRS15.41）。

たとえば，利用回数にかかわらず一定期間の使用に対し固定金額を支払うスポーツクラブに係る契約における企業の約定の性質は，顧客がいつ，どの程度の頻度で，またどのようにスポーツクラブを利用するかに関係なく，当該期間にわたりいつでもスポーツクラブを利用可能にしておくという待機サービスの提供である。その場合，顧客による実際のスポーツクラブの利用（マシーンや

第6章　認識（ステップ5：履行義務の充足）　153

プールの利用，プログラムへの参加）ではなく，当該クラブを利用可能にする
という待機サービスの提供（毎日スポーツクラブを利用可能な状態にしてお
く）に基づき進捗度を測定する必要がある（IFRS15.BC160）。顧客は，スポー
ツクラブをいつでも利用可能な状態にしておくという企業のサービスから日々
便益を得ているため，時の経過に基づく進捗度の測定方法が適切になると考え
られる。

　進捗度の測定方法には，インプット法とアウトプット法の2つの方法があり，
またそれぞれの方法として，さまざまな基礎に基づく複数の方法が認められて
いる（IFRS15.41）。

　IFRS第15号は，履行義務の進捗度を測定するために，単一の方法を選択す
ることを求めている。特定の履行義務について選択された進捗度の測定方法は，
その履行の開始時点から完全に充足されるまで一貫して適用する必要があり，
途中で他の測定方法に変更することは認められない。また，選択した方法は，
同様の状況における類似の履行義務に対して首尾一貫して適用しなければなら
ない。

　なお，進捗度は，各報告期間の末日時点で見直す必要があり（IFRS15.40），
進捗度の測定値の変更は，IAS第8号「会計方針，会計上の見積りの変更及び
誤謬」に従い会計上の見積りの変更として会計処理される（IFRS15.43）。

TRGで取り上げられた論点及び合意内容の概要

■複数の財又はサービスから構成される履行義務（結合された履行義務）について，複数の進捗度の測定方法を適用することは認められるか。認められない場合，どのように最も適切な単一の進捗度の測定方法を決定すべきか

　複数の財又はサービスから構成される単一の履行義務（結合された履行義務）
の進捗度に関しても，単一の測定方法を選択しなければならない。結合された履
行義務の進捗度の測定方法について，区別できない複数の財又はサービスのそれ
ぞれに異なる進捗度の測定方法を用いることは，IFRS第15号に従って識別された
会計処理の単位（すなわち単一の結合された履行義務）を無視することになり，
不適切となる。

　単一の進捗度の測定方法の決定は，自由な選択であるわけでもなければ，ある
アプローチがデフォルトとなるわけでもない。企業は，結合された履行義務を充
足する際の企業の履行を最も適切に描写する単一の進捗度の測定方法を選択しな
ければならない。

　しかし，結合された履行義務を構成する複数の財又はサービスが異なる時点で

移転される場合，あるいは仮にそれらの財又はサービスを提供する約定がそれぞれ独立した履行義務であったならば，各財又はサービスに異なる進捗度の測定方法が適用される（たとえば，あるサービスには時の経過を基礎としたインプット法を適用し，他のサービスには労働時間を基礎としたインプット法が適用される）場合，適切な単一の進捗度の測定方法を決定することが困難である場合がある。

　一部のTRGメンバーは，適切な収益認識パターンを判断するためには，複数の財又はサービスが結合され，単一の履行義務にまとめられた理由を検討する必要があると指摘した。たとえば，ある財又はサービスがその性質上そもそも区別できないという理由で他の財又はサービスと結合される場合，その財又はサービスは単独では顧客に価値や効用を提供しないことが示唆される。そうした場合，結合された履行義務の収益認識パターンの決定にあたり，その財又はサービスの移転は考慮しない。

　なお，適切に選択された単一の進捗度の測定方法が契約の経済的実態を忠実に描写していないと考えられる場合には，企業は再度履行義務が適切に識別されているのかを慎重に検討しなければならない。そうした状況では，複数の履行義務が存在する可能性がある。

▌現行IFRSとの差異▐ ....

　現行IFRSと異なり，IFRS第15号には，進捗度を測定する目的が明確に定められており，当該目的に整合する適切な進捗度の測定方法の選択に役立つように，アウトプット法及びインプット法に関するより多くの適用ガイダンスが示されている（以下①及び②を参照）。

▌日本基準との差異▐ ....

・日本基準では，工事契約を除き，進行基準により収益を認識することは求められていない。そのため，サービスの提供に関する契約については，一定の契約に従い継続して役務の提供を行う場合は別として，そもそも進捗度の測定が行われておらず，サービスの完了時点で収益を認識している実務が多い。よって，IFRSの下で一定期間にわたり充足される履行義務に係る要件を満たすサービスに関しては，サービスの支配を顧客に移転する際の企業の履行を適切に描写する方法を用いて，完了時点でなく，サービスの提供期間にわたり収益が認識されることになる。

　また，たとえば，保守サービス契約などにおいて，定期点検などの特定の時期に特定の作業を実施することが定められている場合には，時の経過に基づく定額法が，保守サービスの提供における企業の履行を適切に表さない場合も考えられる。

・工事契約については，日本基準上，契約に関わる履行義務のうち，決算日までに遂行した部分の割合を合理的に反映する方法を用いて見積るとされ，原価比例法が例示されているが，契約内容により他の合理的な方法も認められている。実務上は，ほぼすべての工事契約が原価比例法を用いて進捗度を測定している。一方，IFRSでは，進捗度の測定方法は自由に選択できるわけではなく，財又はサービス

第6章　認識（ステップ5：履行義務の充足）　155

の支配を顧客に移転する際の企業の履行を適切に描写する方法を用いることが求められており，必ずしも原価比例法が適切な測定方法になるとは限らない。

実務適用上のポイント

☑実態に即した進捗度の測定方法の選択

　　進捗度の測定方法は自由に選択できるわけではなく，財又はサービスの支配を顧客に移転する際の企業の履行を適切に描写する方法を用いることが求められる。そのため，類似する販売契約の形態ごとに，財又はサービスの性質及び企業の履行の性質に基づき，実態に最も即した進捗度の測定方法を選択するために多面的な検討を行う必要があろう。どのような方法が企業の履行を最も適切に表す進捗度の測定方法であるかを検討した結果，原価比例法や定額法以外の他の測定方法が識別されることもありうる。IFRS第15号では，進捗度の測定方法，及びその方法が財又はサービスの顧客への移転の忠実な描写となる理由を開示することが要求されている点に留意されたい。

☑単一の進捗度の測定方法

　　たとえば，精密機械の製造と当該機械が組み込まれた製造ラインの設計構築サービスから構成される単一の履行義務に関して，精密機械の製造は原価に基づく方法を，製造ラインの設計構築サービスは労働時間に基づく方法を用いるなど，複数の進捗度の測定方法を採用しているものの，それらがいずれもインプット法又はアウトプット法であることをもって，単一の進捗度の測定方法を用いているとはいえないであろう。単一の進捗度の測定方法というためには，同一のインプット法又はアウトプット法を適用する必要があると考えられる。すなわち，上記の例では，精密機械の製造と製品ラインの設計構築サービスの双方について，原価に基づく方法を用いるなど，インプット法又はアウトプット法の中から適切な単一の方法を選んで適用する必要がある。

---

①　アウトプット法

　アウトプット法は，契約に基づき今後移転すべき残りの財又はサービスと比較して，現在までに移転した財又はサービスの顧客にとっての価値を直接的に測定することにより，収益を認識する方法である。アウトプット法には，現在までに完了した履行の調査，達成した成果の鑑定評価，達成したマイルストーン，経過時間，生産単位数や引渡単位数などに基づく方法が含まれる（IFRS15.B15）。

　アウトプット法を用いて進捗度を測定するにあたり，履行義務を充足する際

に顧客に支配が移転した財又はサービスを進捗度の測定に含めなければならない。支配が一定期間にわたり移転する場合，仕掛品などの資産が創出されるに応じて顧客が当該資産を支配することになる点には留意が必要である。反対に，進捗度の測定に，顧客に支配が移転していない財又はサービスを反映してはならない。

　たとえば，生産単位数又は引渡単位数に基づくアウトプット法は，報告期間の末日において，企業の履行により顧客が支配する重要な仕掛品又は製品が生産されていて，それらが未だ仕掛品である又は引き渡されていないことからアウトプットの測定値に含まれていない場合には，履行義務を充足する際の企業の履行を忠実に描写しないことになる。

　また，IFRS第15号には，アウトプット法に基づく進捗度の測定方法に関して，実務上の便法が設けられている。この便法の下では，たとえば，1時間のサービスにつき一定金額を請求するサービス契約のように，現在までに完了した作業の顧客にとっての価値に直接対応する金額で企業が顧客から対価を受け取る権利を有している場合には，請求する権利を有する金額で収益を認識することが認められる（IFRS15.B16）。この便法により請求金額を基礎として，すなわち引き渡した財又はサービスの価格に進捗度の測定値（すなわち移転した数量又は単位）を乗じることで収益を認識することが容認される。したがって，企業は，取引価格を算定し，当該取引価格を各履行義務に配分して，収益認識時点を決定するに際し，事実上IFRS第15号の一般規定を適用する必要がなくなる。

▌TRGで取り上げられた論点及び合意内容の概要▌

■一定期間にわたり充足される履行義務の基礎となる財又はサービスの支配は，マイルストーンの達成時などの任意の時点で移転されうるのか

　一定期間にわたり充足される履行義務の基礎となる財又はサービスの支配が，たとえばマイルストーンの達成時点などの任意の時点で移転されることはない。一定期間にわたり充足される履行義務の基礎となる財又はサービスの支配は，企業が履行した時点で移転されることから，適切な進捗度の測定方法を用いて測定された企業の履行の結果として，重要な資産（仕掛品など）が認識されることはない。アウトプット法は，その進捗度の測定値が現在までの企業の履行を反映している場合にのみ適用することができる。

第6章　認識（ステップ5：履行義務の充足）　157

設例6-6　進捗度の測定

　造船会社であるＡ社は，7年間で5隻の船舶を建造する契約を顧客と締結する。当該契約には設計サービスと造船サービスが含まれる。

　Ａ社は，当該船舶の建造経験を積むにつれて，より効率的に船舶を建造することができるようになるため，最後の船舶に比べて最初の船舶の方が建造により長期の時間を要すると見込む。

　Ａ社は，設計サービスと造船サービスは単一の履行義務を構成すると判断する。

　また，当該履行義務は一定期間にわたり収益認識されるための要件を満たしている。

　Ａ社は，日本基準に基づく財務諸表上，契約対価合計を5隻の船舶に比例配分し，各船舶に原価比例法に基づく進行基準を適用して会計処理しているものとする。なお，設計に係るコストは資産計上した上で，各船舶の建造が開始される時点で，5分の1ずつを発生原価として認識し，進捗度の測定値に反映している。

解説
・このケースでは，Ａ社が，当該履行義務の単一の進捗度の測定方法として引渡単位数に基づくアウトプット法を選択する可能性は低い。というのも，当該方法ではＡ社による履行の水準が適切に反映されないからである。
・引渡単位法では，報告期間の末日時点で顧客が支配している仕掛品は進捗度の測定値に含まれず，船舶が引き渡されるまで収益は認識されない。そのため，引渡単位法は，当該履行義務を充足する際のＡ社の履行を適切に描写しているとは言えない。
・また，この方法では当該契約の設計段階における企業の履行が反映されない可能性がある。契約に設計サービスと造船サービスの両方が含まれる場合，各船舶が顧客に同等の価値を移転しない可能性がある。すなわち，先に建造された船舶の方が後に建造された船舶よりも高い価値を持つ可能性が高い。そのため，引渡単位法が適切な進捗度の測定方法とはならない場合がある。

・したがって，当該設例のような状況では，A社は，発生原価に基づく方法などのインプット法の方がより適切であると判断する可能性が高い。

| 実務で生じうる影響 |

・この設例のケースでは，IFRS上，5隻の船舶の設計サービス及び建造サービスは単一の履行義務と識別されている一方，日本基準上は，各船舶を会計処理の単位（履行義務）としており，IFRS第15号の適用に際し，履行義務の識別，すなわちどの単位で会計処理すべきかに関して，契約条件及び関連するすべての事実と状況を勘案し，慎重な判断が必要になると考えられる。当該判定により，特に設計サービスの取扱い，それによる進捗度の測定方法とその測定値，及び結果として収益認識の金額と時期に影響が及ぶ可能性がある。

② インプット法

インプット法は，履行義務を充足するための企業の労力又はその他のインプット（たとえば，費消した資源，費やした労働時間，発生コスト，経過期間，機械の使用時間）が，当該履行義務の充足のために予想されるインプット合計に占める割合に基づき，収益を認識する方法である（IFRS15.B18）。

インプット法の欠点は，企業によるインプットと財又はサービスに対する支配の顧客への移転との間に直接的な関係がない場合があることである。そのため，インプット法を適用するにあたり，財又はサービスに対する支配を顧客に移転する際の企業の履行を描写しないインプットの影響を除外しなければならない。たとえば，原価に基づくインプット法を用いる場合，以下のような状況では，進捗度の測定値に対する調整が必要となる可能性がある（IFRS15.B19）。

(a) 発生原価が履行義務の充足における企業の進捗に寄与していない場合
たとえば，契約価格を決定する際に考慮されていない，企業の履行における重要な非効率性に起因して発生した仕損コスト
(b) 発生原価が履行義務の充足における企業の進捗に比例していない場合

第6章　認識（ステップ5：履行義務の充足）　159

実務適用上のポイント

☑セットアップ活動

　　原価比例法などのインプット法を用いる場合，履行義務の充足における企業の進捗に寄与しないインプットは，進捗度の測定に反映してはならない。そのため，契約開始時に行われるセットアップ活動などの内部管理活動及び関連するコストは，顧客に財又はサービスを移転しない限り，進捗度を測定するにあたり考慮してはならない。

㋐　インプット法に基づく進捗度の測定に対する調整

　進捗度の測定方法として原価に基づくインプット法を用いているが，原価が履行義務の充足における企業の進捗に比例して発生しない場合，原価に基づく進捗度をそのまま適用したのでは，進捗度及び収益に不適切な影響が生じる可能性がある。そうした状況では，他の測定方法の方が履行義務の完了に向けた進捗度を測定するためにより適切となる場合がある。

　IFRS第15号では，たとえば，大型設備を調達し，顧客の工場に据付けるサービスの提供などの，財とサービスの双方から構成される単一の履行義務について，企業が当該財を第三者から購入し，顧客に納入することにより最初にその支配が顧客に移転され，その後に関連するサービスが提供される場合で，当該履行義務における当該財の重要性が高い状況を取り上げている。そうした重要な据付前の財がある状況では，契約の開始時点で以下の条件がすべて満たされると見込まれるならば，財の支配の移転に関しては，原価比例法ではなく，発生原価と同額で収益を認識するようにインプット法を調整することが，企業による履行の最善の描写になると考えられる。

(a)　財は区別できない。

(b)　顧客が，財に関連するサービスを受ける相当前に，その財の支配を獲得すると見込まれる。

(c)　移転された財の原価が，履行義務を完全に充足するための予想原価総額に対して重要性がある。

(d)　企業は財を第三者から購入しており，当該財の設計及び製造に深く関与していない（ただし，本人当事者として行動している）。

当該要件を満たす履行義務の進捗度の測定方法として原価比例法を適用し，進捗度の測定値に据付前の財のコストを含めると，当該財の移転時に契約全体に係る利益マージンのうち当該財の比例按分部分が認識されることになるが，これは企業の履行における進捗度を過大評価し，結果として収益の過大計上につながる可能性がある。そのため，顧客に支配が移転しているため当該財の移転について収益を認識すべきであるが，その金額は当該財の原価と同額のみとすべきである。その場合，据付サービスが提供されるにつれ認識される収益を測定するに際し，当該財の原価を原価比例法の測定値及び取引価格の双方から除外する。

当該据付前の財に関する規定が適用されると，財の引渡時点ではその原価に等しい金額で収益が認識され，当該据付前の財に関する利益は，他の財又はサービスに配分され，それらの財又はサービスの原価が発生した時点で認識されることになる。当該条件を満たす財について，収益を当該財の原価と同額で認識することで，当該契約における企業の利益マージンの描写が，顧客が自ら当該財を調達し，企業がそれを据え付ける場合に，企業が認識するであろう利益マージンと同様になる。

▌現行IFRSとの差異▌

・IAS第11号では，原価が企業の進捗に比例して発生しない場合の取扱いに関して，特段の定めは置かれていない。一方，IFRS第15号は，据付前の財に関する規定を除き，そうした状況において，企業がどのようなアプローチを使用すべきかについて明確に定めていないものの，進捗度を測定するために，発生原価を基礎とするインプット法をそのまま使用できないことは明らかである。そのような状況において，進捗度の測定に発生原価を基礎とするインプット法を使用できないことは，一部の企業にとって大きな変更となる可能性がある。

・IAS第11号では，発生原価に基づき進捗度を測定する場合，測定値には履行された作業を反映する原価のみを含めるべきであると定められている。そのため，契約で指定された現場に納入された又は当該契約における使用に備えて保管されているものの，いまだ据え付けられていない材料の原価などの将来の活動に関連する原価は，現在までに発生した原価の測定に含まれない。当該原価は，据付が完了した時点で，現在までに発生した原価に反映される。そのため，原価に基づく測定方法を用いる場合，IFRS第15号の適用により，据付前の財の取扱いが変更され，現行の原価比例法から変更が生じる可能性がある。

第6章　認識（ステップ5：履行義務の充足）　161

▌日本基準との差異▐ ....

　日本基準には，据付前の財の取扱いを含め，原価が企業の進捗に比例して発生しない場合に関する会計処理の定めはない。

....

設例6-7　据付前の財の取扱い

　A社は大手不動産会社が新たに建築するオフィスビルの電気設備工事を受注した。当該請負契約における主な作業は，外部から購入した発電機2台の据付けである。工期は3年であり，ビルの着工から竣工まで作業を行う。

　発電機は第1年度と第2年度に1台ずつ現場に納入されるものの，その設置はそれぞれ第2年度と第3年度に行われる予定である。

　発電機及びその据付サービスの提供は，単一の履行義務を構成すると判断されている。

　また，A社は，顧客に移転される前に当該発電機の支配を獲得するため，当該発電機の提供に関して本人当事者として行動していると判断する。なお，A社は，発電機の設計及び製造には関与していない。

　契約上，顧客が仕掛中の資産に対する法的所有権を有することが明示されており，A社は，当該履行義務は一定期間にわたり充足される履行義務の要件を満たすと結論付けている。なお，履行義務の完全な充足に向けた進捗度の測定方法として発生原価を基礎とするインプット法を用いる。

　契約価格と予想総原価をまとめると，以下のとおりである。

契約価格	900百万円
予想原価：	
発電機（2台）	500百万円（＝250万円×2台）
その他の工事原価	300百万円
予想総原価	800百万円
売上総利益	100百万円
売上総利益率	11.1％

　A社は日本基準上，原価比例法に基づく工事進行基準を適用して会計処理しており，発電機の調達原価はそれが据え付けられた時点で進捗度の測定に含めているものとする。

解説

・原価に基づくインプット法を用いるに先立ち，発電機の調達原価が履行義務の充足における企業の進捗度に比例しているかを評価する必要がある。

・以下の事実関係に基づき，A社は，発電機の調達原価を進捗度の測定に織り込むと，A社による履行の程度が過大評価されると判断する。

　－発電機と据付サービスは互いから区別できず，単一の履行義務を構成する。

　－顧客は発電機が現場に納入された時点でその支配を獲得するものの，発電機は第2年度又は第3年度まで設置されない。

　－A社は，本人当事者として調達した発電機の設計及び製造に関与していない。

・発電機の調達原価（500百万）は，履行義務を完全に充足するための予想総原価（800百万）に比して重要である。

・したがって，A社は，発電機の移転時点で，利益を上乗せすることなく，発電機の調達原価に等しい金額で収益を認識する。また，据付サービスが提供されるにつれて認識される収益を測定するにあたり，発電機の調達原価を進捗度の測定及び取引価格から除外するように調整する。

・以下の表は，各年度の売上，売上原価，及び売上総利益などをまとめたものである。

（単位：百万円）

	第1年度末	第2年度末	第3年度末
累計売上高	290 =（900－500） ×10%＋250	700 =（900－500） ×50%＋500	900 =（900－500） ×100%＋500
発電機調達原価累計（A）	250	500	500
その他の発生原価累計（B）	30	150	300
累計発生原価（A＋B）	280	650	800
累計利益	10	50	100
利益率	3.4%	7.1%	11.1%

第6章　認識（ステップ5：履行義務の充足）　163

進捗率	10% $=30\div(800-500)$	50% $=150\div(800-500)$	100% $=300\div(800-500)$

・このケースのように，日本基準上，発電機の据付時（第2年度と第3年度
に1台ずつ）にその調達原価を進捗度の測定に織り込んでいる場合には，
以下のように各年度の売上高，売上原価及び売上総利益が上記のIFRS第
15号の数値と異なる結果となる。

　日本基準上は，契約期間にわたり一定の利益率となるのに対し，IFRS
第15号では，発電機が据付けられるに応じて，契約全体の利益率よりも高
い利益率が認識されることになる。

	第1年度末	第2年度末	第3年度末
累計売上高	33.75 $=900\times3.75\%$	450 $=900\times50\%$	900 $=900\times100\%$
発電機調達原価累計（A）	0	250	500
その他の発生原価累計（B）	30	150	300
累計発生原価（A＋B）	30	400	800
累計利益	3.75	50	100
利益率	11.1%	11.1%	11.1%
進捗率	3.75% $=30\div800$	50% $=400\div800$	100% $=800\div800$

検討を要する取引の形態及び業界の例

・建設業や個別受注産業などにおいて，その原価が契約全体に比して重要な財を第
三者から調達し，据付を行うサービスの提供

4 ｜ 一時点で充足される履行義務

その基礎となる財又はサービスの支配が一定期間にわたり移転されると言えるための要件を満たさない履行義務については，ある一時点でその支配が顧客に移転され，収益が認識されることになる（IFRS15.38）。

顧客が財又はサービスの支配を獲得した時点を決定するに際し，上記１.で説明した資産に対する支配の概念に基づく検討に加え，以下に示す支配の移転に関する指標も考慮する必要がある（IFRS15.38）。

(a) 企業が資産に対する支払いを受ける現在の権利を有している。

(b) 顧客が資産の法的所有権を有している。

(c) 企業が資産の物理的占有を移転した。

(d) 顧客が資産の所有に伴う重要なリスクと経済価値を有している。

(e) 顧客が資産を検収した。

各指標について，以下で解説する。

(1) 資産に関する支払いを受ける現在の権利

顧客が現時点で資産に対して支払いを行う義務を負っている場合，顧客は当該義務と交換に，当該資産の使用を指図して，当該資産からの残りの便益の実質的にすべてを獲得する能力を得ていることを示唆している可能性がある。

(2) 法的所有権

分割払いなど契約対価の支払いが繰り延べられる場合によく見られるように，企業が顧客に資産を引き渡した後も依然として当該資産の法的所有権を保持している場合がある。企業が資産の法的所有権を保持しているとしても，それが顧客の支払不履行に対する保護を目的としている場合には，企業による法的所有権の保持は，顧客が当該資産の支配を獲得するのを妨げるものではない。

(3) 物理的占有

顧客が資産を物理的に占有していても，当該資産の支配を獲得していない場合がある。たとえば，買戻条件付きの販売契約（第7章⑤を参照）及び委託販

第6章　認識（ステップ5：履行義務の充足）　165

売契約（「第7章⑦　委託販売」を参照）の中には，企業が支配している資産の物理的占有を顧客又は受託者が有している場合がある。反対に，請求済未出荷契約（「第7章⑥　請求済未出荷契約」を参照）の中には，顧客が支配している資産の物理的占有を企業が有しているものがある。

(4)　リスクと経済価値の移転

資産の所有に伴うリスク（潜在的な損失）と経済価値（潜在的な利得）としては，たとえば，以下が挙げられる。

リスク	経済価値
市場価値の下落のすべての負担	資産価値のすべての増加に対する権利
資産の盗難や損傷による損失の負担	制限のない資産の使用
事業環境の変化（たとえば，陳腐化，過剰在庫，小売価格環境の影響）による損失の負担	資産を変更する能力
	資産を移転もしくは売却する能力
	資産に担保を設定する能力

資産の所有に伴うリスクと経済価値が顧客に移転したか否かを評価する際には，たとえば，企業が資産の支配を顧客に移転したが，当該資産の維持管理サービスを提供するという別個の履行義務をいまだ充足していない場合などのように，当該資産を移転するという履行義務に関連するものの，別個の独立した履行義務に係るリスクを除外しなければならない。

なお，資産の所有に伴うリスクと経済価値の移転は，資産の支配が移転したことを示す可能性のある指標の1つであるが，当該指標が含められたことにより，支配に基づき財又はサービスが移転されたか否かを判定するという原則が変わることはない点には留意が必要である。

(5)　顧客による検収

検収条項は，財又はサービスが合意された仕様を満たしていない場合に，顧客が契約を取り消す又は企業に是正措置を行うように要求することを認めるものであり，顧客が当該財又はサービスを検収してはじめて，支払義務が生じることになる。

財又はサービスが契約で合意された仕様に従っているかどうかを企業が客観的に判断できる場合は，顧客の検収は形式的なものであり，顧客がいつ財又はサービスの支配を獲得したかに関する判断に影響を及ぼすことはない。たとえば，検収条項を満たすか否かが，製品が規定のサイズと重量に合致しているか，あるいは特定の速度で稼働するかというような，客観的な要件に基づき判断できる場合，企業は，顧客の検収を受ける前に，それらの要件が満たされているかどうかを判断できるであろう。また，類似の財又はサービスに関する他の契約における企業の経験に基づけば，顧客に移転した財又はサービスが契約で合意された仕様に従っているという証拠が得られる場合がある（IFRS15.B84）。

反対に，顧客に提供する財又はサービスが契約で合意された仕様に従っていると客観的に判断できない場合には，顧客の検収を受けるまで，顧客が当該資産の支配を獲得したと結論付けることはできない（IFRS15.B85）。

なお，商品を顧客に試用又は評価の目的で引き渡し，試用期間が終了するまで顧客が対価の支払いを確約していない場合には，顧客が商品を検収するか又は試用期間が終了するまで，当該商品の支配は顧客に移転しない（IFRS15.B86）。

▌現行IFRSとの差異

・IAS第18号では，主に資産の所有に伴うリスクと経済価値の移転に基づき，当該資産の収益認識時点が評価される。IFRS第15号では，資産に対する支配を獲得した結果としてリスクと経済価値を有することが多いことから，リスクと経済価値の移転を資産に対する支配の移転を示す指標の1つとしている。そのため，リスクと経済価値又は支配のいずれを基礎としても，財又はサービスの顧客への移転時点は同一になると判断される場合も多いと考えられる。

・しかし，たとえば，財の販売と事後的な関連するサービスの提供を含む契約において，企業が顧客に財を引き渡し，顧客が当該財の支配を獲得しているものの，企業が関連するサービスの提供を通じて当該財に関連したリスクの一部を保持する場合もある。この場合，IAS第18号におけるリスクと経済価値の移転に基づけば，当該リスクから解放される時点で収益が認識される可能性がある。一方，IFRS第15号の下では，「第4章2．個別に会計処理すべき履行義務の識別」で説明したように，財の移転に係るリスクと事後的な関連するサービスの移転に係るリスクが互いから区別できる場合には，それぞれが独立した履行義務として識別され，それぞれの支配が顧客に移転された時点で収益認識されることになる。その場合，上述したように，支配の移転時点の評価にあたり，独立した履行義務である他の

第6章　認識（ステップ5：履行義務の充定）　167

財又はサービスに係るリスクの影響を除外する必要がある。つまり財については顧客への引渡し時点で，事後的な関連するサービスについてはその提供に応じて収益が認識される可能性がある。このように，企業が財又はサービスの顧客への移転後も，関連する他の財又はサービスの提供を通じて依然として当該財又はサービスに係るリスクの一部を保持しているような状況では，いずれを基礎として財又はサービスの顧客への移転時点を判定するかにより，収益認識時点が変更される可能性がある。

▊日本基準との差異▊ ....

・我が国においては，実現主義の原則に従い，商品等の販売又は役務の給付によって実現したものに限り収益として認識すべきことが定められているものの，実現の定義や収益認識要件等を具体的に規定している基準は存在しない。財の販売について，実現は販売時に達成されるものとして適用されており，そのタイミングは実務上，出荷基準，引渡基準又は検収基準等として運用されている。一方，IFRS第15号では，収益は財又はサービスに対する支配が顧客に移転された時点で認識され，一時点で移転される財又はサービスに対する支配の顧客への移転時点を判断するのに役立つように，資産に対する支配の概念に加え，考慮すべき指標が提示されている。そのため，IFRS第15号の下では，支配の移転時期に関する分析の結果，これまでとは異なる時点で収益が認識されることになる可能性がある。
・日本基準上，割賦販売については，通常の販売と異なり，その代金回収期間が長期にわたり，かつ，分割払いであることから代金回収上の危険性が高いため，収益認識を慎重に行うために販売基準に代えて，割賦代金の回収期限の到来の日又は入金の日をもって売上収益実現の日とすることも認められる。一方，IFRSでは，このような回収期限到来基準及び入金基準は認められていない（貨幣の時間的価値の影響については，上記「第5章①3．重要な金融要素」を参照）。

▊日本基準EDとの差異▊ ....

国内における商品又は製品の販売について，出荷時から当該商品又は製品の支配が顧客に移転する時（たとえば検収時）までの期間が通常の期間である場合には，重要性の観点から，出荷時から当該商品又は製品の支配が顧客に移転される時までの間の一時点（たとえば，出荷時や着荷時）に収益を認識することが認められる。なお，ここで通常の期間とは，国内における出荷及び配送に要する日数に照らして取引慣行ごとに合理的と考えられる日数である場合をいうが，国内における配送においては，数日間程度の取引が多いものと考えられるとされている（収益認識適用指針ED 97,151）。

....

設例 6 - 8	顧客による検収

　A社は発電設備の製造販売とその据付及び試運転を行う契約を顧客と締結する。

　A社は当該発電設備の試運転及び調整を繰り返し実施し，顧客が指定した環境で一定の性能を達成すると，顧客から工事完成証明を受領する。顧客は工事完成証明後に当該発電設備の使用を開始する。また，顧客による工事完成証明時点で，当該発電設備の法的所有権は顧客に移転される。

　契約に基づき，1年後に当該発電設備が長期的に継続して一定の性能を満たすであろうことの確認を実施した上で，顧客は口頭による最終確認を行う。

　契約上の支払条件によれば，顧客は工事完成証明時点で契約価格の80%を，口頭による最終確認時点で残りの20%を支払う。

　過去の類似する契約において，顧客から口頭による最終確認が受けられなかった実績はない。ただし，A社は，過去の実績に基づき，当該発電設備の口頭による最終確認までの1年間の間に，発電設備の基本的な性能に関係のない軽微な補修等（見積総原価の約5％程度）を行うことになると見込んでいる。

　A社は，IFRS第15号の下では，当該発電設備の販売，据付サービス及び試運転サービスの提供は，互いから区別できず，単一の履行義務であると判断する。

　またA社は，当該発電設備は，一定期間にわたり充足される履行義務に係る要件を満たさないため，一時点で充足されるものと結論付ける。

　なお，日本基準上，A社は当該発電設備の工事完成証明時点で契約価格で収益を認識するとともに，1年後の口頭による最終確認までに要すると見込まれる費用を引当金として計上しているものとする。

解説

・当該設例のようなケースでは，発電設備が契約で合意された仕様に従っているかどうか，すなわち顧客が指定した環境で一定の性能を発揮できるかどうかは，試運転を行い，その結果について顧客の検収を受けるまで，通常企業は客観的に判断できないと考えられる。その場合，A社は，顧客の検収を受けるまで収益を認識できない。

第6章　認識（ステップ5：履行義務の充足）　169

・上記のケースでは，顧客による検収は，発電設備が一定の性能を満たし使用できる状態になっていることを確認する工事完成証明と，より長期にわたり継続して顧客仕様に合致して機能することを確認する口頭による最終確認の2度行われる。こうした状況では，個々の契約ごとに2つの検収の内容，工事完成証明から口頭による最終確認までの間に実施される作業の内容及び類似する契約における実績などを総合的に斟酌し，いずれの時点で発電設備の支配が顧客に移転されているかを慎重に判断する必要がある。

実務で生じうる影響

・当該設例のケースのように，実務上，顧客による工事完成証明時点で収益の全額を認識し，同時に口頭による最終確認までに要すると見込まれる費用を引当金として計上しているケースでは，IFRS第15号の適用にあたり，改めて契約条件及び関連する事実と状況を慎重に評価し，発電設備の支配がいずれの時点で顧客に移転しているのかを判断する必要があると考えられる。

検討を要する取引の種類及び業界の例

・検収条項付きの契約
・小売業における割賦販売
・たとえば有償支給取引など，買戻条件付きの契約（以下第7章⑤を参照）
・複数の財又はサービスから構成される単一の履行義務

実務適用上のポイント

☑支配の指標を考慮する際の留意点

　　顧客が財又はサービスに対する支配を獲得した時点を判断する際には，すべての関連する事実と状況に基づき，資産に対する支配の概念に加え，上記の支配の移転に関する指標もすべて考慮した上で，総合的に判断することが必要である。上記の指標はいずれもそれ単独で，顧客が財又はサービスの支配を獲得したか否かを結論付けるものではなく，また顧客が支配を獲得したと判断するために，すべての指標に当てはまらなければならないわけでもない。この支配の移転に関する指標は，顧客が資産の支配を獲得している場合にしばしば存在する可能性がある要素の例であり，これらに限定されるものではない。

☑顧客による検収か客観的なものか否かの判断

　　顧客による検収に関して，検収条件に準拠しているか否かを客観的に評価でき，検収が単なる形式にすぎないといえるかを判断するにあたり，以下の項目を検討すべきと考えられる。

・検収条件が，企業が締結する契約では標準的なものであるかどうか
・検収が，引き渡された製品が公表されている標準的な仕様に従って機能するか否かに基づいており，企業は当該製品が当該仕様に従って機能することを客観的に判断してきた実績を立証できるか
・顧客の検収を受けるためには，企業は追加のサービスを提供しなければならないか

第7章

個別論点

　前章までを通じて，IFRS第15号における収益認識モデルの基本的な規定やその背景にある考え方を説明してきた。しかし，IFRS第15号は，原則主義の基準であり，実務において同基準書の規定をさまざまな収益創出取引に適用するにあたり，多くの論点に直面し，これに対処するために解釈や判断が必要になると考えられる。

　IFRS第15号では，実務での適用に役立つように，現行IFRSに比して，より多くの適用ガイダンスが提供されている。同基準書には，14の適用ガイダンスが設けられており，同基準書の特定の規定をさらに説明した4つのガイダンスと，特定の取引に同基準書の規定をどのように適用すべきかを説明した10個のガイダンスが存在する。さらに，IFRS第15号には，収益の認識，測定，表示や開示に加え，財又はサービスの顧客への移転に関連して発生するコストの会計処理も定められている。

　本章では，IFRS第15号を適用する上で，多くの企業にとって検討を要すると考えられる，以下の11個の主要な論点について解説する。

1．本人当事者か代理人かの検討
2．追加の財又はサービスに対する顧客の選択権
3．製品保証
4．返品権付販売
5．買戻契約
6．請求済未出荷契約
7．委託販売
8．知的財産のライセンス

9. 顧客による将来に財又はサービスを受け取る権利の不行使

10. 不利な契約（赤字契約）

11. 契約コスト

1 本人当事者か代理人かの検討

  重要ポイント

- 他の当事者が財又はサービスの提供に関与している場合，売手企業は当該販売取引において本人当事者又は代理人のいずれとして行動しているのかを判断する必要がある。
- 顧客に移転する前に財又はサービスを支配しているのであれば本人当事者，支配していないのであれば代理人と評価される。
- 収益は，本人当事者であれば総額で，代理人であれば純額で認識され，当該判断により，認識される収益の金額に影響が及ぶことになる。

販売取引において，本人当事者又は代理人のいずれとして行動しているかの判断は，上記「第4章　会計処理の単位（ステップ2：履行義務の識別）」で解説した「履行義務の識別」に関連するものであり，顧客に移転することを約定した財又はサービスを適切に識別することが重要となる。他の当事者が顧客への財又はサービスの提供に関与している場合，売手企業は，顧客との約定の性質を評価し，その履行義務が以下のいずれであるかを判断することが求められる（IFRS15.B34）。

- 顧客に特定された財又はサービスそのものを提供すること
- 他の当事者が顧客に特定された財又はサービスを提供するのを手配すること

企業の約定の性質が，顧客に特定された財又はサービスそのものを提供することである場合には，企業は，当該販売取引において本人当事者として行動しており，よって収益は総額で認識される。一方，企業の約定の性質が，他の当事者が顧客に特定された財又はサービスを提供するのを手配することである場合には，企業はその取引において代理人として行動していると考えられ，収益は純額で認識される。

すなわち，売手企業が本人当事者又は代理人のいずれと判断されるかにより，認識される収益の額に影響が及ぶことになる。ただし，この判断により，売上高及び売上総利益に影響は及ぶものの，純損益には影響は生じないと考えられる。また，収益は履行義務が充足された時点で又は充足されるに応じて認識されるため，履行義務が上記のいずれであるのかを適切に識別した結果，収益の認識時期が変わる可能性がある。

(1) 本人当事者か代理人かの評価アプローチ及び評価単位

企業の約定の性質が，顧客に財又はサービスそのものを提供すること（この場合，企業は本人当事者）なのか，あるいは他の当事者が顧客にそれらの財又はサービスを提供するのを手配すること（この場合，企業は代理人）なのかの評価は，以下の2つのステップを通じて実施される（IFRS15.B34A）。

| ステップ1 | 顧客に提供すべき特定された財又はサービス（以下(2)を参照）を識別する |
| ステップ2 | 顧客に移転される前に，企業が特定された財又はサービスを支配しているかどうかを評価する |

この評価は，特定された財又はサービスのそれぞれについて実施する。すなわち，特定された財又はサービスは，本人当事者か代理人かの評価を行う際の会計単位である。したがって，顧客との契約に複数の特定された財又はサービスが含まれている場合には，ある特定された財又はサービスについて本人当事者であり，他の特定された財又はサービスについて代理人であると判断される可能性がある（IFRS15.B34）。たとえば，分譲マンションの開発企業が，部屋の販売に加え，家具やインテリアの販売も行う契約の場合には，部屋の販売については本人当事者である一方，家具やインテリアの販売については代理人と判断されることもありうる。

以下，各ステップについて解説する。

(2) 特定された財又はサービスの識別

企業の約定の性質が特定された財又はサービスを提供することであるのか，あるいは他の当事者がそれらの財又はサービスを提供するのを手配することであるのかを判断するにあたっての1つ目のステップでは，契約において顧客に

第7章 個別論点 175

提供される特定された財又はサービス（本人当事者か代理人かの評価に係る会計単位）を識別しなければならない（IFRS15.B34）。

IFRS第15号では，特定された財又はサービスは以下のように定義されている（IFRS15.B34）。

特定された財又はサービス	区別できる財又はサービス（あるいは区別できる財又はサービスの組合せ）

この定義は，履行義務の定義（すなわち，区別できる財又はサービスを移転するという顧客との契約における約定）と似ているが，「履行義務」という用語を使うと代理人の場合に混乱を招くことから，新たにこの用語が設けられた（IFRS15.BC385B）。これは，代理人の履行義務は，他の当事者が特定された財又はサービスを顧客に提供するのを手配することであり，顧客に特定された財又はサービスそのものを提供することではないからである。

なお，この定義により示されるように，特定された財又はサービスは区別できるものでなければならないため，複数の財又はサービスが互いから区別できず，単一のアウトプットに結合される場合（上記「第4章2．個別に会計処理すべき履行義務の識別」を参照）には，特定された財又はサービスは，結合されたアウトプットであり，インプットとして用いられる個々の財又はサービスではない。

特定された財又はサービスの識別は，物理的な実態を伴う有形の財の場合は比較的容易であるが，無形の財又は受け取ると同時に消費されるサービスが関係する場合には，その識別が難しい場合がある。そのため，特に無形の財又はサービスについては，特定された財又はサービスを適切に識別することが，企業が取引における本人当事者か代理人かを判断する上で非常に重要となる。

特定された財又はサービスは，顧客に移転される財又はサービスそのものである場合もあれば，他の当事者が提供する財又はサービスに対する権利となる場合もある（IFRS15.B34A(a)）。すなわち，本人当事者か代理人かの評価は，企業が顧客に特定された財又はサービスそのものを提供するか否かという点だけに基づき判定することはできない（IFRS15.B385O）。

たとえば，旅行代理店が顧客にA航空会社の東京―ロンドン間の航空券を販売する場合，顧客が購入したのは，A航空会社の東京―ロンドン間の旅客輸送サービスである。しかし，東京―ロンドン間の旅客輸送サービスそのものの提

供は，A航空会社の履行義務であり，旅行代理店の履行義務ではない。そのため，旅行代理店にとっての特定された財又はサービスは，旅客運送サービスそのものではなく，A航空会社の東京—ロンドン間の航空券，すなわち当該フライトに搭乗する権利の提供である。

(3) 特定された財又はサービスの支配

　企業の約定の性質を判定するための2つ目のステップは，企業が顧客に移転する前に特定された財又はサービスを支配しているかどうかを判断することである（IFRS15.B34）。

　企業が顧客に移転する前に特定された財又はサービスを支配していなければ，その財又はサービスを顧客に提供することはできない。よって企業はその取引において本人当事者とはなりえない。すなわち，本人当事者か代理人かを評価するに際し，顧客に移転する前に特定された財又はサービスに対する支配を獲得しているか否かが決定要因となる。企業が顧客に移転する前に特定された財又はサービスを支配していれば，本人当事者となる一方，支配していなければ，代理人となる。なお，顧客に移転される前に，企業が特定された財の法的所有権を獲得するものの，それが一瞬だけである場合には，企業は必ずしもその財を支配しているとはいえない。

　企業が顧客に移転する前に特定された財又はサービスを支配しているかどうかを評価するにあたっては，支配の概念（すなわち，財又はサービスの使用を指図し，当該財又はサービスからの残りの便益の実質的にすべてを獲得する能力，「第6章1．支配の移転に基づく収益認識」を参照）を検討する必要がある（IFRS15.B34A(b)，IFRS15.33）。顧客への移転前に，特定された財又はサービスの支配を獲得しているか否かの判断は，特定された財又はサービスの識別と同様に，物理的実態がある有形の財よりも，無形の財やサービスに適用する方が難しいと考えられる。そのため，IFRS第15号には，特に特定された財又はサービスが無形の財又はサービスである場合に，どのように支配の概念を適用するのか，及び顧客に移転される前に本人当事者が何を支配しているかを説明するガイダンスが設けられている。このガイダンスによれば，顧客への財又はサービスの提供に他の当事者が関与している場合，本人当事者である企業は以下のいずれかに対する支配を獲得する（IFRS15.B35A）。

第7章 個別論点 177

	本人当事者が支配を獲得する対象	例
(a)	他の当事者の財，又は他の当事者によって提供される財又はサービスに対する権利で，その後顧客に移転されるもの	・他の当事者の製品や商品 ・他の当事者によって提供される将来の財又はサービスに対する権利（航空券，チケット，バウチャーなど）
(b)	他の当事者が提供するサービスに対する権利 当該権利により，企業が自身に代わって顧客にサービスを提供するように当該他の当事者に指図する能力が与えられる。	・外注先や下請業者が提供するサービスに対する権利 当該権利により，外注先や下請業者に自らに代わって履行義務の一部又は全部を充足させる。
(c)	他の当事者の財又はサービスで，その後顧客に移転される単一の結合されたアウトプット（特定された財又はサービス）を創出するためにインプットとして使用されるもの 企業は，結合されたアウトプットを創出するために，まずはインプットに対する支配を獲得し，顧客に移転される単一の結合されたアウトプットを創出するために，それらの使用を指図する。	・顧客が契約した対象物である，複数の財又はサービスが結合されたアウトプットの一部を構成するもの たとえば，顧客仕様の本社ビルの請負建設工事において，顧客が契約した対象物である本社ビル（特定された財又はサービス）を建設するために，インプットとして用いられる，他の当事者から仕入れた建設資材や下請業者が行う基礎工事サービスなど

　上記(a)～(c)のそれぞれについて，以下で解説する。

　なお，サービスに対する支配については，他の当事者が提供するサービスに対する権利を支配している場合には，企業は当該他の当事者によって提供されるサービスを支配することができるとされている（IFRS15.BC385U）。その場合，企業は通常，当該権利を顧客に移転するか（上記(a)），あるいは，企業に代わって顧客にサービスを提供するように当該他の当事者に指図する（上記(b)）ために，当該権利を使用する。

　(a)　他の当事者の財，又は他の当事者が提供する財又はサービスに対する権利で，その後顧客に移転されるもの

　上記(a)には，他の当事者の財だけでなく，他の当事者によって将来提供される財又はサービスに対する権利が含まれる。特定された財又はサービスが，他

の当事者が提供する財又はサービスに対する権利である場合，企業は，その履行義務は他の当事者が提供する財又はサービスに対する権利を顧客に提供することである（この場合，本人当事者）のか，あるいは他の当事者が当該権利を顧客に提供するのを手配することである（この場合，代理人）のかを判断する必要がある。

特定された財又はサービスが他の当事者が提供する財又はサービスに対する権利である場合，企業は，顧客に移転する前に（他の当事者の財又はサービスそのものを支配しているかではなく）当該権利を支配しているか否かを評価する。他の当事者が提供する財又はサービスに対する権利を支配しているか否かを評価するにあたり，以下のいずれに該当するかを評価することが適切である場合が多い（IFRS15.BC385O）。これは，顧客が他の当事者が提供する財又はサービスに対する権利を獲得する前に当該権利が存在しない場合，顧客に移転する前に企業が当該権利を支配することができないからである。

財又はサービスに対する権利の発生時点	支配の有無
顧客との契約が締結され，顧客が他の当事者が提供する財又はサービスに対する権利を取得する時点ではじめて，当該権利が発生する。	顧客と契約を締結するまで当該権利が発生しないため，通常企業は当該権利を支配していない（この場合，代理人である）。
顧客との契約が締結され，顧客が他の当事者が提供する財又はサービスに対する権利を取得する前から，当該権利が存在する。	企業は，顧客と契約を締結する前に当該権利を購入し，在庫として保有しているため，通常当該権利を支配している（この場合，本人当事者である）。

(b) 企業に代わって特定されたサービスを顧客に提供するように他の当事者に指図する権利

本人当事者である企業は，特定された財又はサービスを提供する履行義務を自ら充足する場合もあれば，自らに代わって外注先などの他の当事者に履行義務の一部又は全部を充足させる場合もある。

他の当事者が顧客にサービスを提供する場合，企業は，自らに代わって顧客にサービスを提供するように別の当事者に指図する能力を有している（この場合，本人当事者）のか，あるいは他の当事者による顧客へのサービスの提供を手配しているだけである（この場合，代理人である）のかを判断する必要がある。

第7章　個別論点　179

企業は，自らに代わって顧客に提供すべきサービスの内容及び範囲を定めた契約を外注先と締結した場合に，特定されたサービスに対する権利を支配し，本人当事者となることができる。こうした状況では，企業は，自ら契約を履行するのと同様に，顧客との契約に基づき，顧客が満足する内容で特定されたサービスを提供する責任を引き続き負っている。反対に，他の当事者が特定されたサービスを提供し，企業が当該サービスを指図する能力を有していない場合，企業はサービスに対する権利を支配しているのではなく，サービスの販売を促進しているだけであるため，通常は代理人となる。

(c)　単一の結合されたアウトプットを創出するためにインプットとして使用される財又はサービス

企業が複数の財又はサービスを統合することにより，顧客が契約した対象物である単一の結合されたアウトプット（特定された財又はサービス）を創出するという重要なサービスを提供している（第4章2.を参照）場合，企業はその特定された財又はサービスを顧客に移転する前に支配している。というのも，企業はまず特定された財又はサービスへのインプット（他の当事者からの財又はサービスを含む）に対する支配を獲得した上で，単一の結合されたアウトプット（特定された財又はサービス）を創出するためにその使用を指図するからである。他の当事者からの財又はサービスを含むインプットは，企業にとっては履行コストである。なお，複数の財又はサービスが互いから区別できず，単一の結合されたアウトプット（特定された財又はサービス）を創出するために統合される場合については，第4章2.を参照されたい。

(4)　本人当事者の指標

支配の概念及び上記(3)の特定された財又はサービスに対する支配に関するガイダンスを検討してもなお，企業が特定された財又はサービスを支配しているか否かが明らかにならない場合もある。そのため，IFRS第15号では，売手企業が顧客に提供する前に特定の財又はサービスを支配している（すなわち，本人当事者）ことを示す指標として，以下が提示されている（IFRS15.B37）。

(a)　企業が，特定された財又はサービスを提供するという約定を履行する主たる責任を有している。

(b) 企業が，特定された財又はサービスの顧客への移転前又は移転後に，在庫リスクを負っている。

(c) 企業が，特定された財又はサービスの価格設定に関して決定権を有している。

　売手企業が顧客に提供される前に特定された財又はサービスを支配しているか否かが明確ではない状況では，支配の概念及び特定された財又はサービスに対する支配に関するガイダンスに基づく支配の評価に加え，上記の指標も考慮の上，総合的に評価する必要がある。

　なお，上記の指標は，支配を獲得しているか否かの判断に役立つように設けられたものであり，支配の評価に置き換わるものではない点に留意されたい（IFRS15.BC385H）。つまり，これらの指標は支配の評価に優先するものではなく，指標のみに基づき支配の有無を評価してはならない。これらの指標に優先順位はないが，該当する指標と該当しない指標が混在する場合には，特定された財又はサービスの性質や契約条件に基づき，より関連性の高い指標にウェイトをおいて検討すべきである。

　以下では，各指標について説明する。

(a) 財又はサービスを提供する主たる責任

　これは，一般的には，特定された財又はサービスを顧客に提供するという約定の履行と，当該財又はサービスの仕様や品質が顧客にとって受入可能なものであること（たとえば，財又はサービスが仕様を満たしておらず，顧客が検収しない場合には，必要に応じて是正措置を取る）の両方に対して，企業が主たる責任を負っている場合に該当する。

　なお，企業が自ら財又はサービスを提供する場合だけでなく，外注先や下請業者など財又はサービスを提供するために他の当事者を利用する場合であっても，企業が顧客との契約における約定の履行に依然として責任を負っている場合がある。

(b) 在庫リスク

　在庫を保有することは，紛失・滅失，価格下落，陳腐化，売れ残り等，さまざまなリスクを伴う。また，顧客に返品権が付されている場合にも，そうした

損失リスクを負うことになる。在庫リスクは，企業が，顧客との契約を獲得する前に，特定された財又はサービスを取得するか又は取得することを約定する場合に存在する。そうした場合，企業は，顧客に移転される前に，当該財又はサービスの使用を指図し，当該財又はサービスの残りの便益のほとんどすべてを獲得する能力を有している可能性が高い。

なお，当該指標は無形の財及びサービスには当てはまらないことが多い。ただし，たとえば，顧客とサービスを提供する契約を締結するが，実際の履行を外注する場合において，顧客がその作業を受け入れるか又は支払いを行うかにかかわらず，企業が外注先又は下請業者が実施した作業に対して支払いを行う義務を負っている場合には，在庫リスクが存在する可能性がある。

© 価格設定に関する決定権
顧客に販売する特定された財又はサービスについて，経済的に合理的な範囲内で価格決定に関する決定権を有することは，企業がその財又はサービスの使用を指図し，残りの便益のほとんどすべてを獲得する能力を有していることを示唆している可能性がある。

ただし，たとえば，代理人が，他の当事者の財又はサービスを顧客に提供するのを手配するというサービスから生じる収益を創出するために，自身の手数料から値引きを提供する場合など，代理人であっても，特定された財又はサービスの価格設定において，若干の決定権を有する場合がある。そのため，価格決定に関する決定権があるか否かについては，取引に関する事実及び状況を注意深く評価する必要がある。

(5) 収益の認識（履行義務の充足）

本人又は代理人のいずれとして行動しているかに関する判断は，企業が認識する収益の金額に影響を及ぼす。本人当事者である場合，収益は特定された財又はサービスと交換に受け取る権利を有すると見込む対価の総額で認識される。対照的に，代理人である場合，収益は，代理人としてのサービスと交換に受け取る権利を有すると見込む手数料の金額で認識される。当該手数料は，他の当事者が提供した財又はサービスと交換に顧客から受領した対価から，当該他の当事者に支払った金額を控除した純額となることもある。

契約における約定の性質を評価し，自身が本人当事者又は代理人のいずれで

あるかを決定したら，企業はその履行義務を充足した時点又は充足するに従って収益を認識する。すなわち，企業は履行義務の基礎となる特定された財又はサービスの支配を移転した一時点又は一定期間にわたって収益を認識する。

　したがって，本人当事者は，特定された財又はサービスを顧客に移転した時点又は移転するに従って収益を認識し，代理人は他の当事者が提供する特定された財又はサービスを手配する履行義務を充足した時点で収益を認識する。代理人は，顧客が本人当事者から財又はサービスを受領する前に，特定された財又はサービスを手配する履行義務を充足することがある。よって，本人当事者又は代理人のいずれと判断されるかにより，収益認識時期に影響が及ぶ場合も考えられる。

　図表7－1－1は，取引において，企業が本人当事者又は代理人のいずれであるかの評価プロセスをまとめたものである。

IFRS第15号の明確化における主要ポイント

2016年4月のIFRS第15号の改訂において，本人当事者か代理人かの評価に関して，以下の点が明確化された。
・本人当事者か代理人かを評価する際の会計単位は，特定された財又はサービスである。特定された財又はサービスは，区別できる財又はサービスそのものである場合もあれば，他の当事者が提供する財又はサービスに対する権利である場合もある。
・顧客に移転する前に財又はサービスを支配している場合，企業は本人当事者となるが，どのように無形の財及びサービスに支配の概念を適用するのかが明確にされた。
・本人当事者に関する指標は，支配の評価を行う際の手助けとなるものであるが，支配の評価に優先するものではない。なお，当該指標は，代理人ではなく，企業が本人当事者として行動していることを示す証拠を重視するように見直された。

第7章 個別論点 183

| 図表7－1－1 | 本人当事者か代理人かの検討 |

ステップ1
顧客に提供すべき特定された財又はサービス（区別できる財又はサービス）を識別する
・ 区別できる財（製品及び商品）又はサービス
・ 複数の財又はサービスが互いに区別できない場合には，それらを結合することにより創出される，単一の結合されたアウトプット
・ 他の当事者が提供する財又はサービスに対する権利

↓

ステップ2
顧客に財又はサービスを移転する前に特定された財又はサービスを支配しているか
支配：財又はサービスの使用を指図し，当該財又はサービスからの残りの便益の実質的にすべてを獲得する能力
本人当事者が支配する対象
・ 他の当事者の財，又は他の当事者が提供する財又はサービスに対する権利で，その後顧客に移転されるもの
・ 他の当事者が提供するサービスに対する権利
・ 他の当事者の財又はサービスで，その後顧客が契約した対象物である単一の結合されたアウトプットを創出するために使用されるもの
本人当事者の指標
・ 財又はサービスを提供する主たる責任
・ 在庫リスク
・ 価格設定に関する決定権

　　　はい　　　　　　　　　　　　　いいえ

本人当事者
履行義務は，顧客に財又はサービスそのものを提供すること

代理人
履行義務は，他の当事者が顧客に財又はサービスを提供するのを手配すること

↓　　　　　　　　　　　　　　　　　↓

総額で収益認識　　　　　　　　　　純額で収益認識

収益は，それぞれの履行義務が充足された一時点又は一定期間にわたり，認識される

▍現行IFRSとの差異 ▍

・IAS第18号では，本人当事者又は代理人の判断は，重要なリスク及び経済価値に対するエクスポージャーの有無に基づいている一方，IFRS第15号では，支配の移転の有無に基づく点で差異が生じている。また，IFRS第15号では，当該評価は支配に基づき判断すべきであり，本人当事者の指標はその判断に役立てるものに過ぎないことが明確化されている。これらは，本人当事者又は代理人の評価に影響を及ぼす可能性がある。

・IFRS第15号の本人当事者であることを示唆する3つの指標は，支配とは関連性のない信用リスクに対するエクスポージャー及び本人当事者の指標に該当しない手数料の形態による対価が除外された点を除き，IAS第18号の指標に類似している。そのため，いずれの基準においても同様の結論に至る可能性が高いと考えられる。しかし，IFRS第15号の指標は，履行義務の識別及び財又はサービスの支配の移転の概念に基づいたものである点で異なっている。

▍日本基準との差異 ▍

・日本基準では，ソフトウェア取引実務対応報告を除き，企業が契約において本人当事者又は代理人のいずれとして行動しているのか，またその結果として収益を総額又は純額のいずれで表示すべきかに関して，全般的なガイダンスを定めた規定は存在しない。当該判断を行うことが明示的に求められていないため，実質的に代理人であっても，収益を総額表示する実務が行われている場合がある。

・ソフトウェア取引実務対応報告では，一連の営業過程における仕入れ及び販売に関して通常負担すべきさまざまなリスク（瑕疵担保，在庫リスクや信用リスク）を負っていない場合には，収益の総額表示は適切ではないとされている。

・一方，IFRSでは，顧客に移転する前に，企業が他の当事者の財又はサービスを支配しているか否かに基づき，企業の履行義務の性質を判断することが求められており，それにより本人当事者として総額で収益を認識すべきなのか，又は代理人として純額で収益を認識すべきなのかが決まる。

▌設例7−1−1▐ 本人当事者か代理人かの検討

　旅行代理店であるA社は，B航空会社と交渉して，100枚の航空券を一般価格よりも安い価格で購入する契約を締結した。

　A社は，たとえ顧客に転売できなくとも，当該航空券の代金を支払わなければならない。

　顧客への航空券の販売価格については，A社が決定する。

　日本基準上，A社は，総額で収益を認識しているものとする。

第7章　個別論点　185

解説

・当該取引には，Ａ社，Ｂ航空会社及び顧客の複数の当事者が関与している
　ため，Ａ社は，当該取引において本人当事者と代理人のいずれとして行動
　しているのかを判断する必要がある。そのため，顧客に提供すべき特定の
　財又はサービスを識別して，顧客に移転される前に当該財又はサービスを
　支配しているか否かを評価する。

・旅行客に旅客輸送サービスを提供するのはＢ航空会社の履行義務であり，
　Ａ社が顧客に提供することを約定したのは旅客輸送サービスそのものでは
　なく，航空券に表象される当該フライトに搭乗する権利（特定された財又
　はサービス）である。

・Ａ社は，顧客に移転する前に，当該フライトに搭乗する権利を支配してい
　ると判断する。なぜなら，Ａ社が顧客と契約を締結し，顧客が当該フライ
　トに搭乗する権利を取得する前から，Ａ社は当該権利を保有しており，よっ
　てＡ社は，顧客との契約を履行するために航空券を使用し，収益を獲得す
　るか，使用する場合にはどの契約に使用するか，あるいは自ら航空券を使
　用するかを決定することによって，当該権利の使用を指図して，当該権利
　から生じる便益の実質的にすべてを獲得する能力を有しているからであ
　る。さらに，Ａ社は顧客に移転する前に航空券を購入しており，顧客への
　航空券の販売価格を自ら決定することから，航空券に関して在庫リスク及
　び価格設定に関する決定権を有していると言える。これらは，Ａ社が顧客
　に提供される前にフライトに対する権利を支配していることに関して，追
　加的な証拠を提供している。

・したがって，Ａ社は，当該取引において本人当事者として行動しており，
　航空券の移転と交換に受け取る権利を有すると見込む対価の総額で収益を
　認識する。

実務で生じうる影響

・この設例のケースでは，Ａ社は，日本基準上，総額で収益を認識している
　ことから，結果的にはいずれの基準においても同様の会計処理が行われる。

▌TRGで取り上げられた論点及び合意内容の概要▐

■顧客に請求される送料，支払経費の補填及び税金などは，収益に含めるべきか又はコストの減額とすべきか

取引価格は，顧客への財又はサービスの移転と交換に企業が権利を得ると見込む対価の金額であり，第三者のために回収する金額（たとえば，一部の売上税）を除くとされている。そのため，履行義務を充足するにあたり，企業が当該費用を負担しなければならないのであれば，当該金額は取引価格に含まれ，収益として認識される。

したがって，消費税，タバコ税，酒税及びガソリン税などの税金が企業と顧客のいずれに課せられるのかを判断するために，営業活動を行うすべての国・地域で徴収される税金を評価することを求められる。税金が税務当局の代わりに回収されるものであるのかどうかが明確ではない場合には，本人当事者か代理人かの検討に関するガイダンスを適用することになる。この点については，「第5章①1．取引価格とは」も参照されたい。

▌検討を要する取引の形態及び業界の例▐

中間業者が関与するさまざまな販売契約が検討対象となるが，たとえば，以下のような契約や取引において，企業が本人当事者又は代理人のいずれであるかが論点となりうる。

- ・卸売業界における仕切取引（自らが売買の当事者となる取引）や代行取引（他者間の売買について仲介，事務代行等を行う取引）
- ・小売業界におけるいわゆる消化仕入（顧客への販売と同時に商品を仕入れる取引），返品条件付買取仕入契約，委託販売契約
- ・電子商取引，オンラインゲームやアプリの販売，広告の販売契約
- ・著作物の再販制度
- ・他の当事者（外注先や下請業者）が履行義務の一部又は全部を履行する契約

▌実務適用上のポイント▐

☑本人当事者か代理人かの指標と支配の指標との関係

本人当事者か代理人かの指標は，顧客に移転する前に，企業が他の当事者が提供する特定された財又はサービスを支配しているか否かを判断するためのものである。一方，「第6章4．一時点で充足される履行義務」で説明した支配の指標は，顧客への支配の移転時期を評価するための指標であり，それぞれの指標が設けられている目的が異なる点に留意が必要である。

2　追加の財又はサービスに関する顧客の選択権

重要ポイント

- 販売契約に，次回の購入に使用できる割引券などの，顧客が将来に追加の財又はサービスを値引価格で取得できる選択権が付されている場合，当該選択権を独立した履行義務として取り扱わなければならない場合がある。
- ポイント制度に係る負債は，提供された財又はサービスに関連する費用（原価に基づく引当金）ではなく，将来の無償又は値引価格での財又はサービスの提供に対する前払い（売価に基づく繰延収益）である。
- 契約に更新条項が含まれる場合，更新期間にわたる値引価格での追加の財又はサービスの提供，あるいは新規契約時にのみ要求される初期手数料の存在により，独立した履行義務として取り扱われる契約更新権が含まれている可能性がある。

　契約に，追加の財又はサービスを購入する選択権を顧客に与える条項が含まれる場合がある。そうした追加の財又はサービスは，値引価格又は場合によっては無償で提供されることもある。顧客が無償又は値引価格で追加の財又はサービスを取得できる選択権は，さまざまな形態で提供されるが，たとえば，以下のような項目が挙げられる（IFRS15.B39）。

- 将来の財又はサービスの購入時に使用できる割引券などの販売インセンティブ
- カスタマー・ロイヤルティ・プログラム（ポイント制度）
- 更新期間における値引価格での追加の財又はサービスの提供，あるいは契約を更新する際の特定の費用の免除（契約更新権）
- 将来の財又はサービスに対するその他の値引き

　以下では，そうした追加の財又はサービスを購入できる顧客の選択権の会計

処理，特にどのような場合に当該選択権を独立した履行義務として取り扱うべきかについて説明する。

(1) 重要な権利を表す顧客の選択権と販売の提案

IFRS第15号は，追加の財又はサービスを購入する顧客の選択権を以下の2つに分類することを求めている。

・重要な権利を表す顧客の選択権
・販売の提案

売手企業が契約の一環として顧客に追加の財又はサービスを値引価格で取得できる選択権を与える場合，それが契約を締結しなければ得ることができない重要な権利を顧客に与えている場合に限り，当該選択権を独立した履行義務として取り扱うことが求められる。IFRS第15号では，顧客が契約を締結しなければ得ることができない値引き，たとえば，ある地域や市場においてその種類の顧客に通常提供されるその財又はサービスに関する値引きを上回る値引きを受けられる場合，当該選択権は重要であるとされている（IFRS15.B40）。

追加の財又はサービスに関する顧客の選択権が独立した履行義務に該当する場合，実質的に顧客は，当初販売された財又はサービスに対する支払いに加え，将来の追加の財又はサービスに対して前払いをしている。そのため，当該前払金は将来に追加の財又はサービスが提供された時点又は当該選択権が消滅した時点で収益認識されることになる（IFRS15.B40）。

対照的に，顧客の選択権に基づき提供される追加の財又はサービスに関する価格が，他の顧客に当該財又はサービスを個別に販売する場合の価格（すなわち，独立販売価格，「第5章②1．独立販売価格の見積りと取引価格の配分」を参照）を反映する場合，売手企業は顧客に重要な権利を与えておらず，単に顧客に販売の提案をしているに過ぎないとみなされる。これは，顧客の選択権が，顧客が原契約を締結した場合に限り行使可能であるとしても当てはまる。そのため，当初販売時に契約対価の全額を収益認識し，当該選択権は，それが行使された時点ではじめて，別個の契約としてIFRS第15号に従って会計処理されることになる（IFRS15.B41）。

第7章 個別論点 189

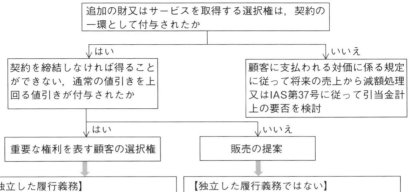

図表7－2－1 重要な権利を表す顧客の選択権と販売の提案の区別

TRGで取り上げられた論点及び合意内容の概要

■追加の財又はサービスを購入する顧客の選択権が重要な権利を表すか否かの評価は，定量的な評価のみで行うべきか，それとも定性的な要因についても考慮すべきか

当該評価は，たとえば，以下のような定量的及び定性的要因の両方から実施すべきである。
・新規顧客が当該財又はサービスに対して支払う金額
・同業他社が提供する類似の財又はサービスの有無及びその価格
・値引価格が当初の契約期間終了後も引き続き顧客でいるためのインセンティブを提供していることが，平均的な顧客年数から示唆されるか
・たとえば，カスタマー・ロイヤルティ・プログラムのように，権利が累積するか

現行IFRSとの差異

・現行IFRSでは，顧客に重要な権利を与える選択権と販売の提案をどのように区別すべきかに関するガイダンスを設けていない。また，IFRIC第13号を除き，顧客に重要な権利を与える選択権をどのように会計処理すべきかについても定めていない。よって，IFRIC第13号に従って会計処理されるカスタマー・ロイヤルティ・プ

ログラムを除き，実務上，顧客に重要な権利を与える選択権であっても，販売の提案として会計処理されている場合もあると思われる。そのため，IFRS第15号の下で顧客に重要な権利を与える選択権に該当する場合には，契約対価の一部の収益が，顧客により権利が行使され，追加の財又はサービスが提供されるまで繰り延べられる可能性がある。

▋日本基準との差異▋

- ・日本基準では，販売契約に追加の財又はサービスを取得する顧客の選択権が含まれている場合の会計処理について一般的に定めた規定は存在せず，そうした選択権が将来の財又はサービスの提供に対する前払いを表すのか，又は単に顧客に販売の提案を行ったに過ぎないのかの判断は求められていない。
- ・我が国の実務においては，そうした選択権が契約を締結しなければ得ることができない重要な権利を顧客に与えるものであっても，クーポン等の割引券を付与する場合のように，将来の追加の財又はサービスから生じる収益が原価を上回る限り，通常当初販売時点では当該選択権に関して特段の会計処理は行われず，将来に追加の財又はサービスが販売された時点で，値引後の価格で収益認識している場合が多いと考えられる。一方，カスタマー・ロイヤルティ・プログラム（ポイント制度）のように，追加の財又はサービスに係る原価が関連する収益を上回ることが予想される場合には，当初販売時点で当該超過額を引当計上している実務がある。したがって，IFRS第15号の適用により，値引価格で追加の財又はサービスを取得する顧客の選択権を独立した履行義務として識別し，個別に会計処理せざるをえなくなる可能性がある。

実務適用上のポイント

☑数量リベートや値引きの取扱い

　　数量リベートや値引きは，変動対価として処理すべき場合もあれば，追加の財又はサービスを値引価格で取得する顧客の選択権として会計処理すべき場合もある。これは，数量リベート等が遡及適用されるのか，あるいは将来に向かって適用されるのかにより異なる。

　　一般的に，数量リベート等が将来に向かって適用される場合，当該数量リベート等は，変動対価ではなく，値引価格で追加の財又はサービスを取得する顧客の選択権として会計処理されることになる。なぜなら，原契約の下ですでに提供された財又はサービスの対価は，将来の財又はサービスの購入の有無に左右されることがなく，当該数量リベート等は，将来購入される財又はサービスの価格のみに影響を及ぼすからである。

　　対照的に，遡及適用される数量リベート等は，変動対価として会計処理されることになる。これは，原契約の下で販売される各財又はサービスの最終的な価格

第7章　個別論点　191

が，将来の顧客による購入数量，すなわち，将来事象の発生の有無に左右される
からである（「第5章①2．変動対価」を参照）。

☑ 販売契約の一環として付与されたものでない顧客の選択権

　　販売契約の一環として付与される，割引券やポイントなどによる追加の財又は
サービスを値引価格で取得する顧客の選択権は独立した履行義務として会計処理
される一方，そうした選択権が販売契約の一環として付与されたものでなければ
（たとえば，不特定多数に配布されるクーポン，入会又は来店ポイント等），「第
5章①5．顧客に支払われる対価」に従って売上からの減額処理，又はIAS第37
号「引当金，偶発負債及び偶発資産」に従って引当金計上の要否を検討すること
になる点に留意されたい。

(2)　重要な権利を表す顧客の選択権への取引価格の配分（測定）

　追加の財又はサービスを値引価格で取得する選択権が顧客に重要な権利を与
えるため，独立した履行義務に該当すると判断される場合，取引価格を相対的
な独立販売価格に基づき当初販売した財又はサービスと当該選択権に配分しな
ければならない。したがって，追加の財又はサービスを取得する顧客の選択権
についても独立販売価格を算定する必要がある。

　しかし，こうした選択権が個別に販売されることは少なく，十分に説得力の
ある客観的な独立販売価格が存在する状況は限定的と想定される。客観的な独
立販売価格が存在しない場合には，選択権を行使することにより受けられる値
引きについて，以下の項目を調整することにより，当該選択権の独立販売価格
を見積らなければならない（IFRS15.B42）。

・顧客が選択権を行使しなくとも受けることのできる，他の顧客にも提示
　されている通常の値引き
・顧客が選択権を行使する可能性

設例7-2-1　顧客に重要な値引きを与える選択権（割引券）

　A社はX1年6月末に，園芸用品を100,000円で顧客に販売する。当該販売
契約の一環として，A社は，7月末までの100,000円を上限とする購入に使
用できる25%の割引券を顧客に付与する。

A社は，サマーセールとして，X1年7月末まではすべての販売に対して10％の値引きを行う予定である。なお，10％の値引きを25％の割引券と併せて使用することはできない。

A社は，これまでに類似する割引券を配布したことはないものの，さまざまな値引セール等における販売の実績に基づき顧客が割引券を利用する可能性は80％で，平均して50,000円の商品を購入すると見積る。

X1年7月に，顧客は予想通り37,500円の商品を購入し，割引券を使用して30,000円（＝50,000円×（1－25％））を支払った。

なお，A社は，日本基準上，園芸用品の販売時に100,000円全額を売上計上し，顧客が割引券を用いて追加商品を購入した場合には，その時点で値引き後の価格で売上を計上しているものとする。

解説
・割引券の使用可能期間と同時期に実施されるサマーセールにより，すべての顧客が10％の値引きを受けることができる（すなわち，顧客が選択権を行使しなくとも受けることのできる値引き）ため，当該顧客が当初の販売契約を締結しなければ得ることができない値引きは，割引券による25％の値引きからすべての顧客に付与される10％の値引きを控除した15％の値引きである。A社は，当該追加の15％の値引きを与える割引券は顧客に重要な権利を与えるものであると判断し，当該15％の値引きを提供する約定を園芸用品の販売契約における独立した履行義務として会計処理する。
・A社は，割引券の独立販売価格をそれが行使される可能性を勘案し，6,000円（平均購入金額50,000円×追加値引き15％×選択権が行使される可能性80％）と見積った。
・園芸用品と割引券の独立販売価格，及び取引価格100,000円の各履行義務への配分金額は以下のとおりである。

履行義務	独立販売価格	取引価格の配分金額
園芸用品	100,000円	94,340円＝（100,000円×100,000円÷106,000円）
割引券	6,000円	5,660円＝（100,000円×6,000円÷106,000円）
合計	106,000円	100,000円

第7章　個別論点　193

・A社は園芸用品に94,340円を配分し，当該商品の支配が顧客に移転した販売時点で収益を認識する。またA社は，割引券に5,660円を配分し，顧客が将来に追加の財又はサービスの購入にあたり割引券を使用する時点，又はその期限が切れる7月末時点で収益を認識する。

実務で生じうる影響

・日本基準では，園芸用品の販売時に100,000円全額が売上計上され，事後的な追加商品の販売時には値引き後の価格である37,500円で売上が計上されている。一方，IFRS第15号では，追加商品を値引価格で取得する選択権が顧客に重要な権利を与えており，よって当初販売された園芸用品とは別個の履行義務が存在すると判断されていることから，園芸用品の販売時には94,340円の収益が認識され，当該選択権に配分された5,660円の収益認識が繰り延べられる。追加の財又はサービスが引き渡されるX1年7月時点で，25％値引き後の購入価格37,500円に当該配分額5,660円を加えた金額である43,160円で収益が認識されることになる。

検討を要する取引の種類及び業界の例

・小売業における，たとえば以下のようなさまざまな形態の販売インセンティブ
  - 販売契約の一環として付与される，将来の購入に使用できる割引券，クーポン，バウチャー
  - 年間販売金額に基づく翌年度の販売に適用される店頭価格からの値引制度

実務適用上のポイント

☑顧客の選択権に関する独立販売価格の見積り
　　顧客に重要な権利を与える追加の財又はサービスを購入する選択権の独立販売価格の見積りに際し，当該選択権を行使しなくとも提供される通常の値引き及び当該選択権が行使されない可能性について調整する必要がある。そのため，そうした選択権の独立販売価格の見積プロセスの構築にあたり，原契約を締結していない顧客にも与えられる値引きに関する情報及び当該選択権の残高，行使実績や失効期限を評価するため，顧客情報を適切に管理，分析する必要があるだろう。状況によっては，これらに対処するためのシステム変更，社内管理体制の整備などが必要になる場合もありうる。

TRGで取り上げられた論点及び合意内容の概要

■どのような状況であれば，顧客の選択権の対象である財又はサービスは履行義務として捉えられるのか

顧客が追加の財又はサービスを取得する選択権を行使することがほぼ確実であったとしても，契約に解約条項や最低数量に満たない購入に対する違約金に係る条項がない場合には，顧客の選択権の対象である追加の財又はサービスを現在の契約の下で提供される財又はサービス，すなわち履行義務として識別してはならない。したがって，選択権により任意で取得できる財又はサービスと交換に受領される対価は，原契約の取引価格には含まれない。

その場合，顧客の選択権は，顧客に重要な権利を与えるかどうか，よって追加の財又はサービスを値引価格で取得する顧客の選択権という履行義務に該当するか否かを判断するためだけに評価される。

なお，契約の強制可能性の判定に際し検討すべき解約条項については，「第3章1.契約」を参照されたい。

設例7-2-2 契約に違約金の定めがない場合の，追加の財又はサービスを取得する顧客の選択権

A社は装置と消耗品を販売する契約を顧客と締結した。

装置と消耗品の独立販売価格はそれぞれ1,000,000円と10,000円であり，原価はそれぞれ800,000円と6,000円である。

A社は当該装置を600,000円（独立販売価格の40％引き）で販売するが，契約には顧客が各消耗品を10,000円（独立販売価格と同額）で購入できる選択権が付されている。

契約には消耗品の最低購入数量は定められていないものの，A社は，顧客が今後2年間にわたり消耗品を200個購入すると見積る。

当該契約は，顧客が契約期間にわたり他の企業から消耗品を購入することが禁止される独占供給契約である。

解説

・この設例では，顧客の選択権の対象である消耗品が契約の一部を構成することはない。なぜなら，契約には解約違約金が存在しないことから，当該契約の下では顧客には消耗品を購入する義務がないからである。これは，消耗品がなければ装置は機能しないため，顧客が消耗品を購入する選択権を行使せざるをえない場合，あるいは契約に顧客が消耗品をA社からのみ取得することを要求する独占条項が含まれている場合であっても同じである。したがって，取引価格は600,000円となり，そのすべてが装置に配分

第7章 個別論点 195

されることになる。結果として，装置の支配が顧客に移転される時点で，売上が600,000円で計上されるのに対し，原価は800,000円で計上されるため，200,000円の損失が認識される。

・この場合，A社は当該選択権が顧客に重要な権利を与えるのか，よって当該権利を独立した履行義務として会計処理すべきか否かを評価する必要がある。この点，当該選択権の下での消耗品の販売価格は消耗品の独立販売価格と同額であるため，当該選択権が重要な権利（すなわち，履行義務）を表すことはない。

■追加の財又はサービスを購入する顧客の選択権と，契約対価が購入数量に基づき決定される変動対価をどのように区別すべきか

契約に追加の財又はサービスを購入する顧客の選択権が含まれるのか，又は変動対価が含まれるのかを判断する際の最初のステップは，財又はサービスを顧客に提供する際の企業の約定の性質及び各当事者の権利及び義務を評価することである。顧客の選択権に関しては，顧客が当該選択権を行使するまで，売手企業に追加の財又はサービスを提供する義務が生じることはない。一方，変動対価を定める契約については，売手企業には契約期間を通じて顧客が要求する財又はサービスを移転する義務が存在する。

移転される財又はサービスの数量が変動することによって変動対価が生じる契約では，企業の約定の性質は，包括的なサービスを顧客に移転することである。契約により，契約の開始時点で，売手企業は，当該契約の下で提供される財又はサービスのすべてを顧客に移転する現在の義務を有するとともに，顧客は，それらの財又はサービスに対して支払いを行う義務を負っている。当該包括的なサービスの提供において，顧客が実際にサービスを利用することにより，個々の作業又は活動が実施される。当該サービスを実際に利用するという顧客の事後的な行動は，売手企業に新たな義務を生じさせることはなく，変動対価という形で収益の測定に影響を及ぼす。

一方，顧客の選択権の場合，企業の約定の性質は，契約に定められる数量の財又はサービスを提供することである。顧客が選択権を行使するまで，売手企業が追加の財又はサービスを提供する義務を負うことはなく，また対価を受領する権利も有しない。他方，顧客は，追加数量の財又はサービスを購入する権利を有するが，それら追加の財又はサービスを購入するという決定を別途行わなければならない。

顧客が選択権を行使するまでは，企業に追加の財又はサービスを提供する義務はない	契約期間を通じて，企業は顧客が要求する財又はサービスを提供する義務を負っている
↓	↓
顧客の選択権	変動対価

設例7-2-3　顧客の選択権と変動対価の区別－変動対価を伴う契約

　A社は1年間にわたり取引処理サービスを提供する契約を顧客と締結する。契約に従って，A社は，各取引処理に対して支払われる手数料と引き換えに，顧客のすべての取引を処理する。処理される取引の数は変動し，最終的な数は不明である。

解説
- ・A社の約定の性質は，顧客が提出した取引が処理されるように，契約期間にわたり顧客に取引処理を行うためのプラットフォームへの継続的なアクセスを提供することである。
- ・顧客による支払対価は，A社が取引処理プラットフォームへの継続的なアクセスを提供するというサービスを移転後又は移転するにつれて発生する事象，すなわち，顧客がA社に処理されるべき取引を提出し，実際に取引が処理されることにより発生する。
- ・A社は契約の開始時点ですでに顧客から提出されたすべての取引を処理する義務を負っており，顧客がサービスを利用して個々の取引を処理してもらうという追加の決定を行わなくとも，契約期間を通じて取引処理サービスを利用可能にする義務を有している。そのため，処理されるべき取引を提出するという顧客の行動により，A社に新たに財又はサービスを提供する義務が生じることはない。

設例7-2-4　顧客の選択権と変動対価の区別－顧客の選択権を含む契約

　B社は1個当たり1,000円で100個の製品を販売する契約を顧客と締結する。契約上，顧客は1個当たり800円で追加の製品を購入する権利を有する。

第7章 個別論点 197

当該製品の独立販売価格は1,000円である。

|解説|

・当該契約の取引価格は100,000円（100個×1個当たり1,000円）の固定価格である。すなわち，取引価格には，契約に定められる製品100個分の対価のみが含まれる。A社は将来，追加の製品を提供しなければならなくなるかもしれないが，顧客が当該選択権を行使するまでは，B社に追加の製品を提供する義務が生じることはない。顧客が選択権を行使してはじめて，追加の製品に関する契約が創出されることになる。

・選択権が行使された場合の販売価格が独立販売価格よりも低いことから，当該選択権は顧客に重要な権利を与えるものであり，履行義務に該当する。したがって，B社は，当該選択権に取引価格100,000円の一部を配分する。

■**重要な権利を表す顧客の選択権が行使された場合，これを既存契約の継続，契約の変更又は変動対価のいずれとして会計処理すべきか**

顧客による重要な権利を表す選択権の行使は，契約の変更又は既存契約の継続のいずれかとして会計処理すべきであり，変動対価として取り扱うべきではない。

TRGメンバーの中には，契約変更の定義（すなわち，契約の範囲又は価格，あるいはその両方の変更）に着目し，顧客により重要な権利を表す選択権が行使された場合には，契約の変更に係る規定を適用することが合理的であると考える者もいた。しかし，多くのTRGメンバーは，追加の財又はサービスを購入する選択権が，事後的に行われた個別交渉の一環としてではなく，原契約に定められていることから，顧客による当該選択権の行使は，契約の変更ではなく既存契約の継続として取り扱うアプローチが望ましいと考えた。顧客による重要な権利を表す選択権の行使の会計処理を決定するにあたり，関連するすべての事実と状況に照らして，いずれのアプローチがより適切であるのかを評価し，選択したアプローチを類似する契約に対して一貫して適用する必要がある。

契約の変更として取り扱う場合には，契約の変更に係る規定に従って会計処理することになる（「第3章4．契約の変更」を参照）。

一方，既存契約の継続として取り扱うのであれば，顧客が重要な権利を表す選択権を行使した場合，取引価格の変動に関する規定に従って会計処理することになる（第5章②1．を参照）。したがって，顧客による選択権の行使の結果として企業が権利を得ると見込む対価を含めるように取引価格の見直しを行い，取引価格の変動は，当初の配分と同じ基礎で各履行義務に配分される。しかし，変動対価が，以下の2つの要件（IFRS第15号第85項）をいずれも満たす場合，取引価格の変動のすべてを，特定の履行義務に配分することが求められる（「第5章②2．(2) 変動対価に係る例

外規定」を参照）。

・ある履行義務を充足するための企業の努力に明確に関連している
・変動対価のすべてを当該履行義務に配分することがIFRS第15号の配分目的に合致している

　顧客による選択権の行使に対して受領する追加の対価は，特定の履行義務，すなわち当該選択権の行使により移転される財又はサービスのみに取引価格を配分するための要件を満たす可能性が高い。

　追加の財又はサービスに係る収益は，各財又はサービスの支配が顧客に移転された時点で又は移転されるに応じて認識される。

設例７−２−５　顧客による重要な権利を表す選択権の行使−既存契約の継続として処理する場合

　A社は，１年間の広告掲載サービスを10,000,000円で提供する契約を顧客と締結する。この契約には，１年間にわたり広告に掲載した製品の市場調査を実施するサービスを30,000,000円で購入する顧客の選択権が含まれている。

　契約締結時点で，顧客は10,000,000円を支払い，A社は広告掲載サービスの提供を開始する。

　広告掲載サービスと市場調査サービスの独立販売価格は，それぞれ10,000,000円と40,000,000円である。

　A社は，値引価格で市場調査サービスを購入できる選択権は顧客に重要な権利を与えるものであり，履行義務に該当すると判断する。また，類似するサービスに対する他の値引きや顧客による権利行使の可能性を考慮の上，当該選択権の独立販売価格は3,300,000円と見積る。

　A社は，10,000,000円の取引価格を各履行義務に次のように配分する。

単位：円

	独立販売価格	％	配分金額
広告掲載サービス	10,000,000	75％	7,500,000　（＝10,000,000× 10,000,000／13,300,000）
市場調査サービスを購入する選択権	3,300,000	25％	2,500,000　（＝10,000,000× 3,300,000／13,300,000）
合計	13,300,000	100％	10,000,000

　広告掲載サービスに配分される7,500,000円に係る収益は，１年間のサービス提供期間にわたり認識される。一方，顧客の選択権に配分された2,500,000

円に係る収益は，選択権が行使され，市場調査サービスが顧客に提供されるまで，あるいは当該選択権が失効するまで繰り延べられる。

契約開始から6カ月後，顧客は，1年間にわたり提供される市場調査サービスを30,000,000円で購入する選択権を行使する。

A社は，顧客が選択権を行使した場合には，既存契約の継続として会計処理することを会計方針として選択している。

| 解説 |

・A社は，顧客による選択権の行使に際し受領した追加の対価を市場調査サービスのみに配分することができる。というのは，当該対価が，当該履行義務を充足するための企業の努力に明確に対応し，そのように配分することがIFRS第15号の配分目的と合致しているからである。そのため，市場調査サービスに対して支払われる30,000,000円は，当該サービスを購入する顧客の選択権に配分された2,500,000円と合算され，市場調査サービスに対する対価合計は32,500,000円となる。当該市場調査サービスに係る収益は，当該サービスが提供されるに応じて，1年間にわたって認識される。

■重要な権利を与える顧客の選択権に重要な金融要素が含まれるかどうかを評価する必要はあるか

重要な権利を表す顧客の選択権についても，他の履行義務を評価するのと同様の方法で，すべての関連する事実及び状況を勘案し，重要な金融要素が含まれるか否かを評価する必要がある。しかし，IFRS第15号では，顧客が財又はサービスに対して前払いを行っているものの，顧客がその財又はサービスの移転時期を選択できる場合には，重要な金融要素は存在しないとされている点に留意が必要である（IFRS第15号第62項(a)，「第5章①3.(2)　金融要素の評価」を参照）。したがって，顧客が選択権の行使時期を選択できる場合には，重要な金融要素は存在しない可能性が高い。

(3) カスタマー・ロイヤルティ・プログラム

　カスタマー・ロイヤルティ・プログラムは，航空業界，小売業界，通信業界から金融業界に至るまで今や幅広いビジネスで顧客囲い込みや販売促進戦略として不可欠な要素となっている。

　カスタマー・ロイヤルティ・プログラムでは，売手企業が販売取引の一環として購入実績に応じて顧客にポイントを付与し，顧客は一定の要件を満たした場合に，獲得したポイントと交換に無償又は値引価格で財又はサービスの提供を受けることができる。カスタマー・ロイヤルティ・プログラムは多種多様な方法で運営されており，提供される特典は，自社の商品及びサービス，他の企業の商品及びサービス，ならびに他社ポイントや電子マネーとの交換から選択できる場合もある。

　カスタマー・ロイヤルティ・プログラムについては，販売契約を締結しない限り得ることができない，将来に無償又は値引価格で追加の財又はサービスと交換できるポイントが顧客に付与されており，通常は顧客に重要な権利を与えるものに該当し，独立した履行義務として会計処理されるものと考えられる。したがって，上記(2)で説明したように，顧客が選択権を行使しなくとも受けることのできる値引き及び選択権の行使可能性を考慮して独立販売価格を見積った上で，原則として相対的な独立販売価格に基づき，契約価格の一部をポイントに配分することが求められる。

▌現行IFRSとの差異▐ ....

・IFRIC第13号では，カスタマー・ロイヤルティ・ポイントは，当初販売時に引き渡された財又はサービスに直接関連する費用ではなく，将来に引き渡される別個の財又はサービスであると捉えられており，IFRS第15号とIFRIC第13号の基本的な考え方に相違はないものと考えられる。

　ただし，IFRIC第13号では，当初販売した財又はサービスとポイントへの取引価格の配分方法について，相対的な公正価値に基づく方法と，取引価格から一方の公正価値を控除した残額を他方に配分する残余法の2つの方法の適用が容認されており，一定の要件を満たした場合にしか残余法の適用を認めていない（第5章②1.を参照）。IFRS第15号との間に差異が生じている。

▌日本基準との差異▐ ....

・現行の日本の実務では，ポイントの発行企業がこれを販売インセンティブと捉え，当初販売時に顧客から受け取った対価の全額で収益を認識するとともに，企業会

計原則における引当金計上の要件を満たしていることから，将来のポイントの交換に必要と見込まれる費用を引当計上する会計処理が広く行われている。また，将来の販売時にポイントを支払いに充当できるような場合には，販売価格を基礎とする金額で引当計上している実務も見受けられる。一方，IFRSでは，契約を締結しなければ得ることができない重要な権利を顧客にもたらすポイントは，当初販売時に引き渡された財又はサービスに関連する費用ではなく，将来に引き渡される別個の財又はサービスであると捉えられているため，これに対応する収益を繰り延べる必要がある。

・日本基準では，ポイント引当金はポイントと将来の財又はサービスの引換えに関連して発生すると見込まれる費用（原価）に基づき計上されることが多いのに対し，IFRSでは，契約負債（繰延収益）はポイントの独立販売価格（売価）を基礎として計上される点に留意されたい。そのため，多くの未消化ポイントを有する企業，特にポイントと交換される財又はサービスの利益率が高い企業に大きな影響が及ぶ可能性がある。

---

①　ポイントを付与した企業が顧客に財又はサービスを提供する場合

　顧客がポイントと交換にポイントを付与した企業から追加の財又はサービスの提供を受ける権利を有する場合，当該企業は，顧客に移転される前にポイントと追加の財又はサービスの両方を支配している。すなわち，企業は本人当事者として活動していると考えられる。その場合，当該ポイントに係る企業の約定は，追加の財又はサービスを提供することであり，収益は，追加の財又はサービスが提供され，当該履行義務が充足された時点，又は当該ポイントが失効した時点で認識される。

設例7-2-6　カスタマー・ロイヤルティ・プログラム―ポイントを付与した企業が顧客に財又はサービスを提供する場合

　家電量販店を展開するA社はポイント制度を運営している。A社は，顧客の100円の購入につき1ポイントを付与する。顧客は，1ポイントを当該家電量販店グループの1円の商品と交換することができる。ポイントは最終購入日から1年間有効である。

　X1年度にA社は顧客に100,000円の商品を販売し，1,000ポイントを付与した。

　A社は当該ポイントのうち80%が引き換えられると予測した。

A社は，通常店頭価格から平均して5％引きで商品を販売している。なお，A社の商品の原価率は平均して50％である。

A社は，日本基準上，商品の販売時点で，対価の全額を収益計上するとともに，ポイントの交換に要すると予想される費用を販売管理費及び引当金として計上しているものとする。

解説
・A社は，販売契約を締結しなければ得ることができない，将来に無償又は値引価格で追加の財又はサービスと交換できるポイントを付与していることから，当該ポイントは重要な顧客の権利を表し，独立した履行義務に該当すると判断する。
・1ポイントは1円の自社商品と交換できるが，A社は，平均して店頭価格から5％引きで商品を販売していること，及びポイントが使用される可能性は80％と予想していることを加味して，1ポイントの公正価値を0.76円（1円×（100％−5％）×80％）と見積った。
・以下の表は，商品とポイントの独立販売価格，及び相対的な独立販売価格に基づく取引価格の各履行義務への配分金額をまとめたものである。

履行義務	独立販売価格	配分金額
商品	100,000円	99,250円 （100,000円×100,000円／100,760円）
ポイント	760円 （＝0.76円×1,000ポイント）	750円 （100,000円×760円／100,760円）
合計	100,760円	100,000円

・A社は，商品の販売時点でポイントに配分された750円に係る収益を繰り延べ，将来に追加の商品と交換された時点で，又はポイントが失効した時点で認識する。

実務で生じうる影響
・この設例のケースでは，日本基準上は，商品の販売時に収益が100,000円で全額認識されるとともに，将来のポイントの交換に要する費用が引当計上されている。一方，IFRS第15号では，ポイントは独立した履行義務として取り扱われることから，契約対価のうち750円がポイントに配分され，

その収益の認識が繰り延べられる。また，商品の販売時点で，販売管理費が認識されることはなく，負債計上される金額も原価ベースではなく，売価ベースとなる点で差異が生じている。

② 他の企業が顧客に財又はサービスを提供する場合

顧客がポイントと交換にポイントを付与した企業とは別の企業から無償又は値引価格で追加の財又はサービスの提供を受ける権利を有する場合，他の企業が財又はサービスの提供に関与しているため，ポイントを付与した企業は当該財又はサービスの提供において，本人当事者又は代理人のいずれとして行動しているのかを，本人当事者か代理人かの検討に関する規定（「本章１　本人当事者か代理人かの検討」を参照）に従って判断しなくてはならない。

ポイントを付与する企業の約定が，顧客が企業から財又はサービスを購入する際に，顧客に他の企業の財又はサービスと交換できるポイント（すなわち，特定の財又はサービス）を付与することであり，企業が顧客に移転される前に当該ポイントの支配を獲得していない場合には，企業は他の企業のポイントを付与するという約定において代理人として行動している。すなわち，企業の約定は他の企業が顧客にポイントを付与するのを手配することである。その場合，当該履行義務は，ポイントが顧客に付与され，その支配が顧客に移転された時点で充足されると考えられる。したがって，収益は，顧客が本人当事者たる他の企業から将来に財又はサービスを受け取る前の，ポイントの付与時点で，代理人として受け取る手数料である純額で認識されることになる。

一方，企業の約定が，他の企業の財又はサービスと交換できるポイントを付与することであり，企業が顧客に移転される前に当該ポイントの支配を獲得している場合には，企業はポイントの付与において本人当事者として行動していると考えられる。その場合，ポイントの支配が顧客に移転された時点で，収益が総額で認識されることになる。

| 設例 7-2-7 | カスタマー・ロイヤルティ・プログラム―他の企業が顧客に財又はサービスを提供する場合 |

小売企業Ａ社は航空会社Ｂ社のマイレージ・プログラムに加盟している。当該プログラムでは，顧客がＡ社を含めたプログラム加盟企業の商品又はサービスを購入した際に，Ｂ社の航空券に交換可能なＢ社のマイレージ・ポ

イントが付与される。

A社は，当該ポイントは無償又は値引価格でB社の航空券と交換可能であり，顧客に重要な権利を与え，独立した履行義務に該当すると判断する。

A社は，顧客への移転前にB社のポイントを支配していないことから，自らは当該ポイントの付与において代理人であると判断する。

ポイントの公正価値は1円と評価された。

A社は，顧客にポイントを付与する都度，B社に1ポイントあたり0.8円を支払う。

X1年4月にA社は，顧客が50,000円の商品を購入した際に500ポイント付与した。

なお，A社は，日本基準に準拠した財務諸表上で，商品の販売時に50,000円で収益を計上するとともに，B社へのポイントに係る支払額400円（＝0.8円×500ポイント）を販売管理費及び未払金として計上しているものとする。

解説

- 以下の表は，商品とB社ポイントの独立販売価格，及び相対的な独立販売価格に基づく取引価格の各履行義務への配分金額をまとめたものである。

（単位：円）

履行義務	独立販売価格	配分金額
商品	50,000	49,505（＝50,000×50,000／50,500）
B社ポイント	500（＝1×500ポイント）	495（＝50,000×500／50,500）
合計	50,500	50,000

- B社ポイントの付与に係るA社の約定は，顧客が商品を購入した際に，顧客にB社の航空券と交換できるB社ポイントを付与することであるが，A社は，ポイントを付与する前に当該ポイントを支配していないことから，

代理人であると判断している。したがって，A社が顧客にB社ポイントを付与した時点で，顧客にB社のポイントを付与するのを手配するという履行義務は充足されたと考えられる。そのためA社は，B社ポイントの付与時点（＝商品の販売時点）で，代理人として受け取る手数料である純額，すなわち95円（＝495円－B社への支払額400円）で収益を認識する。

・結果として，A社は，商品の販売時点で，合計49,600円（商品49,505円＋ポイントに係る代理人手数料95円）の収益を認識することになる。

Dr.)	現金預金	50,000	Cr.)	売上（商品販売）	49,505
				売上（代理人手数料）	95
				B社に対する未払金	400

実務で生じうる影響

・このケースでは，日本基準では，商品の販売時に契約対価50,000円全額を収益計上するとともに，B社へのポイントに係る支払額500円を販売管理費として処理している。一方，IFRS第15号では，商品の販売時に商品の販売及びポイントの付与に係る代理人手数料のいずれについても収益が認識されるものの，ポイントに係る収益の金額は，ポイントに配分された金額495円から本人当事者たるB社への支払額400円（費用ではない）を控除した代理人としての手数料95円に限定されることから，日本基準に比べ，当該契約から生じる収益の合計金額が減少することになる。

③ 顧客が財又はサービスの提供をポイントを付与した企業又は他の企業のいずれから受け取るかを選択できる場合

顧客がポイントと交換にポイントを付与した企業又は他の企業のいずれから追加の財又はサービスの提供を受けるかを選択する権利を有している場合，ポイントを付与した企業は自らの履行義務の性質を考慮する必要がある。すなわち，事後的に顧客が受け取る財又はサービスを選択し，企業又は他の企業のいずれが当該財又はサービスを提供すべきなのかが判明するまで，企業には将来に財又はサービスを引き渡すために待機する義務がある。したがって，企業が財又はサービスを引き渡すか，あるいは顧客が他の企業の財又はサービスを選択し待機する義務がなくなるまでは，その履行義務が充足されることはないと

考えられる。そのため、収益はそれらいずれかの時点、あるいはポイントが失効する時点で認識されることになる。

なお、顧客が他の企業から財又はサービスの提供を受けることを選択する場合には、上記②で説明したように、企業は当該財又はサービスの提供において、本人当事者又は代理人のいずれとして行動しているのかを判断しなくてはならない。

(4) 契約更新権

契約更新権は、原契約で提供されるのと同じ種類の財又はサービスを追加で取得する権利を顧客に与えるものである。契約更新権には、契約期間を延長できるものだけでなく、たとえば、3年契約であるが、各年度末に解約することを認めるような、解約オプションも含まれる。

契約に、契約を更新した場合に、更新期間中は他の顧客よりも安く財又はサービスの提供を受けることができる条項が含まれることがある。また、入会金などの初期手数料が新規契約時にのみ要求され、契約更新時には要求されない場合、当該初期手数料の存在及び契約更新時の当該手数料の支払免除により、更新期間にわたり他の顧客よりも値引価格で追加の財又はサービスを取得する権利が顧客に与えられていることが示唆される。

顧客が原契約の契約期間後に追加の財又はサービスを値引価格で取得できる契約更新権が、契約を締結しなければ得ることができない重要な権利を顧客に与えている場合、原契約の締結時点で、契約価格又は初期手数料の一部を当該更新権に配分し、権利行使された場合には更新期間において財又はサービスが提供されるに応じて、あるいは権利行使されなかった場合には失効した時点で収益が認識されることになる。

┃TRGで取り上げられた論点及び合意内容の概要┃......................

■返還不能な前払手数料が財又はサービスの移転に対するものではない場合、どの期間にわたり当該手数料を収益として認識すべきか

たとえば、スポーツクラブの入会金、電話やインターネットの接続手数料、サービス業におけるセットアップ手数料などの契約締結時に支払われる返還不能な前払手数料が、契約開始時点で売手企業が実施する活動により財又はサービスが移転されないことから、将来の財又はサービスに対するものであると判断される場合(「第4章1.(1) 契約を履行するために企業が実施する活動及び関連する前払手数料」を

第7章　個別論点　207

参照），当該返還不能な前払手数料を収益として認識する期間は，当該手数料が顧客に将来の契約更新に関する重要な権利を与えるかどうかにより変わる。この点について，以下の設例で説明する。

設例 7 − 2 − 8 　返還不能な前払手数料の収益認識時期

　　A社は，顧客と 1 年間のサービス契約を締結し，月額利用料100,000円の支払いに加え，サービスの提供に先立ち実施されるセットアップ活動に係るコストを補填するために，契約締結時点で120,000円の返還不能な初期手数料を請求する。

　　契約は毎年原契約と同一条件で更新できるが，契約更新の際には，初期手数料は再度請求されない。

　　A社は，当該セットアップ活動は契約を履行するために必要な活動であるものの，当該活動により顧客に財又はサービスは移転されないと判断した。

解説

・当該セットアップ活動は契約を履行するために必要な活動であるものの，それにより顧客に財又はサービスは移転されないため，この前払手数料は，将来に移転されるサービスに対する前払いである。

・A社が，この初期手数料が顧客に重要な権利を与えるものであると結論付ける場合，当該初期手数料120,000円の一部は，独立した履行義務である契約更新権に配分され，予想される顧客のサービス利用期間にわたって認識されることになる。これは，その期間がこの手数料に係る便益が及ぶ期間を表すからである。反対に，A社がこの初期手数料は顧客に重要な権利を与えるものではないと結論付ける場合，この初期手数料は原契約の契約期間，すなわち 1 年間にわたり認識される。

現行IFRSとの差異

　　現行IFRSには，契約更新権の会計処理を取り扱ったガイダンスは存在しない。IFRS第15号が適用されると，重要な権利を表す契約更新権は独立した履行義務として取り扱われ，契約対価の一部を配分することが求められることにより，現行実務が変更される可能性が高い。

▎日本基準との差異 ▎

・原契約に，顧客が契約を更新するならば，更新期間にわたり他の顧客よりも値引価格で追加の財又はサービスを提供する条項が含まれている場合，日本基準における実務では，原契約の締結時点で特段の会計処理は行われず，単に更新期間において当該値引価格で収益認識しているものと思われる。

・また，新規契約時にのみ支払いが要求され，契約更新時には支払いが求められない入会金などの初期手数料については，返還義務のない場合には契約締結時又は現金受領時に一括して収益認識しているケースが多いものの，月次のサービス料などの継続手数料に比して多額の初期手数料が支払われる場合には，契約期間にわたり収益認識している実務も見受けられる。

① 契約更新権への取引価格の配分（測定）

重要な権利を表す契約更新権への取引価格の配分に関して，相対的な独立販売価格に基づく方法に加え，顧客の選択権の行使を前提として配分する実務上の便法が認められている。

(ア) 相対的な独立販売価格に基づく配分方法

契約更新権が顧客に重要な権利を与え，よって独立した履行義務に該当すると判断される場合，当該契約更新権の独立販売価格を算定する必要がある。通常そうした契約更新権が個別に販売されることはなく，客観的な独立販売価格が存在しないことが想定される。その場合，上記(2)で説明したように，当該選択権を行使せずとも顧客が受けられる値引き，及び顧客が当該選択権を行使しない可能性を斟酌し，契約更新権そのものの独立販売価格を見積る。その上で，取引価格を相対的な独立販売価格に基づき，原契約に基づき提供される財又はサービスと契約更新権に配分する。

(イ) 実務上の便法

IFRS第15号では，追加の財又はサービスを取得する顧客の選択権に客観的な独立販売価格が存在しない場合，当該販売権の独立販売価格の見積りを行わずに，当該選択権の行使を前提として，取引価格を選択権へ配分する代替的な方法が示されている。

この代替的な配分方法は，以下の要件を満たす限り，すべての種類の追加の財又はサービスを取得する顧客の選択権に適用できる。しかし，当該実務上の

便法は，契約更新権の独立販売価格の見積りの複雑性や困難さ（たとえば，契約更新権の行使回数や，各更新期間における財又はサービスの独立販売価格の見積りなど）に鑑み，実務に配慮して設けられたものであり，一般的には以下の要件は契約更新権に関して満たされることになる。

この代替的な配分方法の下では，追加の財又はサービスを取得する顧客の選択権自体を評価するのではなく，当該選択権の行使を前提として，あたかも予想される更新期間を含む見込契約期間にわたる契約であるかのように取り扱うことになる。

適用要件	取引価格の契約更新権への配分方法
顧客が選択権を行使した場合に提供される財又はサービスが，以下の要件をいずれも満たす場合にのみ適用される。 ・原契約における財又はサービスに類似している。 ・原契約の条件に従って提供される。	①履行義務に選択権が行使された場合に提供される追加の財又はサービスを含める。 ②取引価格に当該追加の財又はサービスに関する対価を含める。 ③取引価格の一部を当該選択権に配分する。

▌現行IFRSとの差異▌

追加の財又はサービスを取得する顧客の選択権の行使を前提とする，取引価格の選択権への配分方法については，現行IFRSに相当するガイダンスが存在しない。

以下の設例7-2-9では，実務上の便法を用いた契約更新権への取引価格の配分を含め，顧客に重要な権利を与える契約更新権の会計処理について説明している。なお，契約更新権が行使された場合の会計処理については，上記のTRGで取り上げられた論点及び合意内容の概要を参照されたい。

設例7-2-9 顧客に重要な権利を与える契約更新権

A社は機械の保守サービスを年間750,000円で販売している。

当該保守サービスは通常値引販売されることはないが，年に一度の新規顧客に対する販売促進として，A社はX1年4月の1カ月間に限り，原契約の契約期間終了後2年間にわたり当該サービス契約を年間600,000円の値引価格で更新できる選択権を付与することを提案する。

A社は，当該販売促進策により100件の新規顧客から契約を獲得し，契約締結時点で契約価格全額の支払いを受けた。

A社は，150,000円の値引きによる影響を勘案した上で，毎年の契約更新率を約50％と予想する。また，A社は，当該更新率によれば，大幅な収益の戻入れが生じない可能性が非常に高いと判断する。

当該契約更新権は個別に販売されていないため，客観的な独立販売価格は存在しない。また，各契約期間における保守サービスの独立販売価格は同一と見積られている。

なお，当該設例では，貨幣の時間的価値の影響は無視する。

A社は，日本基準上，値引価格で契約を更新する顧客の権利について特段の会計処理は行っておらず，X1年度の保守サービスに関しては年間750,000円の収益を認識し，契約が更新された場合には更新期間について年間600,000円の収益を認識しているものとする。

解説

・当該顧客は，原契約を締結することにより，更新期間にわたり他の顧客が得ることができない年間150,000円の値引きを受けているため，A社は，この契約の更新権は顧客に重要な権利を与えると判断する。したがって，この契約には，1年間の保守サービスと値引価格で契約を更新する権利の2つの履行義務が存在する。

・顧客が契約更新権を行使した場合に提供される保守サービスは，原契約における保守サービスと同じであり，かつ原契約に定められた条件（X2年度及びX3年度の対価は600,000円の値引価格）に従って提供されるため，取引価格の契約更新権への配分に関して，実務上の便法の適用を選択することができる。

・当該代替的な方法を選択する場合，A社は，契約更新権の行使を前提として，更新期間にわたり受領することになる対価を取引価格に含めるとともに，延長される保守サービス期間を履行義務に反映させる。

・A社は，毎年の更新率を50％と見積っており，当該新規契約のポートフォリオに関する各年度の年間保守サービスの契約件数及びその対価を以下のように見積る。

第7章　個別論点　211

契約年度	保守契約数	契約対価
X1年度	100件	75,000,000円（100件×750,000円）
X2年度	50件（＝100件×更新率50%）	30,000,000円（50件×600,000円）
X3年度	25件（＝50件×更新率50%）	15,000,000円（25件×600,000円）
合計	175件	120,000,000円

・各年度の保守サービスの独立販売価格は同額と見積られているため，A社は，各年間保守サービスに685,710円（＝120,000,000円／175件）を配分する。そのため，X1年度の保守サービス及び契約更新権にそれぞれ68,571,000円（100件×685,571円）及び6,429,000円（受領した現金75,000,000円－X1年度の保守サービス68,571,000円）が配分される。

・A社は，保守サービスを提供するにつれて，収益を認識する。よって，X1年度末時点で，X1年度の保守サービスに関して68,571,000円の収益を認識し，契約更新権について6,429,000円の収益を繰り延べる。

・2年目と3年目の更新実績が予想と異なる場合には，A社は見積りを見直さなければならない。

実務で生じうる影響

・この設例のケースでは，日本基準上，原契約の保守サービスについては契約価格の750,000円で収益が認識され，契約更新時には年間の保守サービスについて値引価格の600,000円で収益が認識される。一方，IFRS第15号では，原契約の契約価格の一部は契約更新権に配分され，収益認識が繰り延べられることになる。

検討を要する取引の種類及び業界の例

・サービス契約や製品供給契約をはじめとする，更新条項を伴う契約全般
・原契約の契約価格よりも割安で，あるいは需給が逼迫又は資材価格が高騰した場合にも原契約と同額で契約を更新できる条項を伴う契約
・サービス業全般におけるセットアップ活動に関連する当初手数料や接続手数料，各種メンバー・クラブにおける入会金や加入手数料など，初回契約時にのみ要求される初期手数料が存在する契約

3 製品保証

☞ **重要ポイント**

- ・製品保証は，品質保証型とサービス型の２種類に分類されるが，いずれに分類されるかにより，その会計処理が大きく異なることになる。
- ・品質保証型の製品保証は，IAS第37号に従って保証の提供に要すると見込まれる費用を引当金として計上する。
- ・サービス型の製品保証は，製品の販売とは区別して，独立した履行義務として会計処理される。

(1) 製品保証の種類

　製品保証は，財又はサービスの販売契約に含まれることが一般的で，法律の要求により明示的に定められている場合もあれば，商慣行により黙示的に含まれている場合もある。また，製品保証の価格は，製品の購入価格に織り込まれている場合もあれば，オプション商品として個別に価格設定されている場合もある。製品保証の内容は業種や契約ごとに大きく異なる可能性があるが，IFRS第15号では，製品保証は以下の２種類に分類される。

- ・製品が契約に定められた仕様を満たしているという保証（品質保証型の製品保証）
- ・品質保証型の製品保証に加え，顧客にサービスを提供する保証（サービス型の製品保証）

---

(2) 製品保証が品質保証型か又はサービス型かの決定

　顧客が製品保証を別個に購入するオプションを有している場合，又は製品保証が，製品は契約に定められた仕様を満たしているという保証に加えて，サービスを提供する場合，当該保証はサービス型の製品保証である（IFRS15.B29）。

第7章　個別論点　213

一方，製品保証が，製品は契約で合意された仕様に合致しているという保証を顧客に提供する場合には，品質保証型の製品保証に該当する。

　典型的には，製品引渡時にすでに存在していた欠陥を補修することを約する標準保証は，製品保証型の製品保証に該当し，初期不良に限らず広く一般的に，引渡後の一定期間に生じた故障を修理する延長保証は，サービス型の製品保証に該当する。製品保証が品質保証型とサービス型のいずれであるかの評価が難しい場合もあるため，IFRS第15号では，当該評価の際に考慮すべき要因として，以下が示されている（IFRS15.B31）。

検討要因	履行義務か否かの評価
製品保証が法律で要求されているか	法律で製品保証の提供が要求される場合，そのような法律の存在は，製品保証が履行義務でないことを示している。これは，そうした要求は，通常，欠陥製品を購入するリスクから顧客を保護するために存在するからである。
保証対象期間の長さ	対象期間が長ければ長いほど，製品保証が履行義務である可能性が高い。というのは，保証期間が長い方が，製品が合意された仕様に従っているという保証に加えて，サービスを提供している可能性が高いからである。
実施する作業の内容	製品が契約に定められた仕様に合致しているという保証を提供するために一定の作業（たとえば，欠陥製品を返品する際の運送サービス）を行う必要がある場合，その作業は履行義務とはならない可能性が高い。

　上記はいずれも，製品保証が引渡時にすでに存在した欠陥に対応するものなのか，あるいは引渡後に新たに生じた故障等に対応するものなのかを基礎として，製品保証の性質を評価することを求めている。

(3)　サービス型の製品保証

　サービス型の製品保証は，顧客に追加的なサービスを提供するものであり，独立した履行義務として会計処理される（IFRS15.B29）。したがって，企業は製品保証の独立販売価格を見積り，相対的な独立販売価格に基づき取引価格の一部をサービス型の製品保証に配分する（「第5章②　取引価格の各履行義務への配分（ステップ4）」を参照）。サービス型の製品保証に配分された収益は，その後保証サービスが提供される期間にわたり認識される。これは，企業が保

証サービスを履行するにつれて，顧客が当該サービスからの便益を受け取ると同時に消費するためであり，製品保証サービスに係る履行義務は，一定期間にわたり充足される履行義務に該当する（「第6章2．一定期間にわたり充足される履行義務」を参照）。

サービス型の製品保証の収益認識パターンを決定するには，判断が求められる。たとえば，製品保証サービスは保証期間にわたり継続的に提供される（すなわち，履行義務は保証期間にわたりいつでも保証サービスが提供できるように待機する義務である）と判断されることがある。この場合，企業は保証期間にわたり収益を定額法で認識する可能性が高い。

また，保証サービスが提供される時期に関して，過去の実績に基づく十分なデータがあるのであれば，別の収益認識パターンが適切であると判断されることもある。たとえば，3年間のサービス型の製品保証に関して，過去のデータに基づけば，製品保証サービスが通常，保証期間の2年目又は3年目のみに提供されている場合，1年目にはほとんど又はまったく収益を認識しないことも考えられる。「第6章3．(1) 一定期間にわたり充足される履行義務の進捗度の測定」では，適切な収益認識パターンを決定する際に考慮すべき事項が説明されている。

(4) 品質保証型の製品保証

品質保証型の製品保証は，顧客に追加の財又はサービスを提供するものではないため，独立した履行義務ではない（IFRS15.BC375）。売手企業は，こうした製品保証を提供することにより，実質的に製品の品質を保証している。そのため，当該製品保証は保証債務としてIAS第37号に従って会計処理され，当該保証債務の充足に要する見積コストを引当計上する（IFRS15.B30）。当該負債は，当初認識後は継続的に再評価される。

(5) 品質保証型とサービス型の製品保証の両方を含む契約

契約によっては，品質保証型とサービス型の両方の製品保証が含まれている場合がある。両者を区分して会計処理できる場合，下記設例7－3－1で説明するように，品質保証型の製品保証に関しては，製品の販売時点で将来の保証に係る見積コストを引当計上し，サービス型の製品保証については，収益を繰り延べる。しかし，両者を合理的に区分して会計処理することができない場合，

第7章 個別論点 215

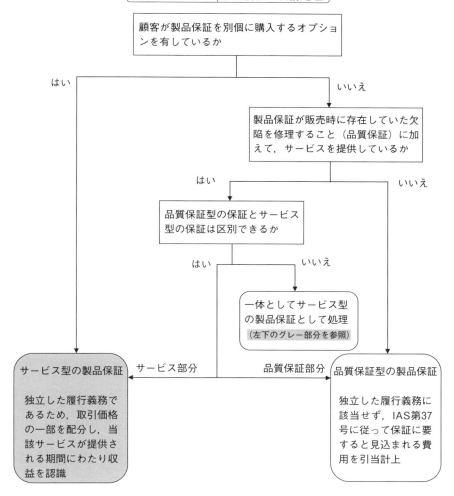

これらの製品保証は単一の履行義務として会計処理される。すなわち、収益は一体としてサービス型の製品保証に配分され、製品保証サービスが提供される期間にわたり認識される（IFRS15.B32）。

図表7－3－1は、製品保証の会計処理をまとめたものである。

▌現行IFRSとの差異 ▌ ....

・現行IFRSでも，欠陥製品を交換又は修理するための標準保証は，IAS第37号に従って会計処理されており，実質的にIFRS第15号と同様の取扱いがなされている。しかし，そうした製品保証に，品質保証型の製品保証に加えて，サービス型の製品保証が含まれているか否かの検討が行われていない場合もあると思われ，契約対価の一部の収益認識が繰り延べられる可能性がある。

・現行IFRSは，個別に販売されている延長保証オプションについて，当該保証に対応する金額を繰り延べる点でIFRS第15号と同様であるが（IAS18.19），現行実務では，契約に記載される製品保証の価格と同額を繰り延べていることが多いと考えられる。一方，IFRS第15号では，相対的な独立販売価格に基づく配分額を繰り延べることが要求されており，サービス型の製品保証に係る履行義務に配分される取引価格の金額が，現行実務から変更される可能性がある。

▌日本基準との差異 ▌ ....

・日本基準では，引当金に関する企業会計原則注解18において，製品保証引当金が例示されている。実務上，延長保証オプションが個別に販売されている場合を除き，製品の販売時に収益を全額計上するとともに，製品保証に要すると見込まれるコストを引当計上していることが多く，IFRSのように，製品保証が品質保証なのか又はサービスなのかという性質に基づく区分は，通常行われていないと考えられる。

・現行実務では，延長保証オプションを個別に販売している場合であっても，当該オプションに配分される金額は通常契約書上の価格になっていると考えられ，これは必ずしも，IFRS第15号で求められる相対的な独立販売価格に基づく配分額と同じではない点に留意が必要である。

....

設例 7-3-1　サービス型と品質保証型の製品保証

　A社は，販売した製品に欠陥があった場合に，正常品と交換する又は修理することを約する90日間の標準保証が付いたパソコンを製造,販売している。

　また，A社は，オプションで延長保証を提供しており，延長保証を付けると標準保証の終了から3年間はあらゆる故障の修理が行われる。

　A社は，当月に限り，新製品のパソコンBを購入した顧客に3年間の延長保証オプションを無料で提供する販売促進キャンペーンを実施している。

　パソコンBの販売価格及び原価はそれぞれ120,000円及び65,000円である。

　A社はパソコンBと延長保証の独立販売価格は120,000円と30,000円であると評価する。

　また，A社は，過去の経験に基づき，標準保証に基づく90日間の保証対象

第7章　個別論点　217

期間中に生じる欠陥を修理するために10,000円のコストが生じると見積っている。

　なおA社は，日本基準上，製品の販売時に収益を全額計上するとともに，製品保証に要すると見込まれるコストを引当計上しているものとする。

解説
・A社は，90日間の標準保証は，製品販売時に存在した欠陥を補修するものであり，品質保証型の製品保証に該当すると判断する。
・またA社は，顧客は3年間の延長保証を個別に購入するオプションを有しているため，延長保証はサービス型の製品保証であると判断する。
・そのため，A社は下記の会計処理を行う。

（収益及び延長保証サービスに係る契約負債を計上）　　　　　（単位：円）

借	現預金	120,000	貸	収益	96,000*1
				契約負債（サービス型の製品保証）　24,000*2	

＊1　96,000 ＝ 120,000 ×（120,000 ／ 150,000）
＊2　24,000 ＝ 120,000 ×（30,000 ／ 150,000）

（棚卸資産の認識を中止し，売上原価を計上するとともに，品質保証型の製品保証に係る見積コストを計上）

借	売上原価	65,000	棚卸資産	65,000
	製品保証に係るコスト　10,000		製品保証引当金（品質保証型の製品保証）　10,000	

・A社は，顧客によるパソコンの受領後最初の90日間は，品質保証型の製品保証に係るコストが発生するに従い，製品保証引当金を取り崩す。
・またA社は，延長保証期間にわたり保証サービスが提供されるに応じて，契約負債を収益として認識するとともに，当該保証サービスの提供に係るコストを発生時に計上する。
・したがって，A社は，保証請求が行われ，修理費が発生した場合には，すでに計上されている製品保証引当金を取り崩すのか，又は保証サービスに係るコストとして発生時に費用処理するのかを判断しなければならない。

実務で生じうる影響

・この設例のケースで，A社は，日本基準上，製品の販売時に収益を全額認識するとともに，製品保証が品質保証型なのか又はサービス型なのかを区別をすることなしに，製品保証に要すると見込まれるコスト（品質保証型10,000円＋サービス型に要する見積コスト）をすべて引当計上している。一方，IFRSの下では，製品の販売時にサービス型の製品保証に係る金額24,000円は契約負債として繰り延べ，これを控除した残額96,000円を収益認識する。また，製品保証引当金は品質保証型の製品保証に要すると見込まれるコストである10,000円のみを計上する。

検討を要する取引の形態及び業界の例

製造業や小売業などの製品・商品を販売する企業だけでなく，サービスを提供する企業を含む，さまざまな業種における保証付き契約。特に，たとえば，建設業や個別受注産業における工事契約のように，保証対象が複雑なものになればなるほど，保証内容も複雑かつ多岐にわたることがあるため，留意が必要である。

実務適用上のポイント

☑品質保証型かサービス型かを判断する際の考慮事項

製品保証が品質保証型又はサービス型のいずれに該当するかを判断するにあたり，製品の性質に加え，企業及び業界における製品保証実務などの要因も考慮する必要がある。

たとえば，標準品に比して高級品により長い保証期間が付されている場合，これは，高級品に使われている原材料の品質が高く，潜在的な欠陥が発生するまでにより長い期間を要するからなのか，あるいは高級品の販売価格が品質保証に加え，より幅広い追加的なサービスも含んだ価格設定となっているのか等を考慮することが考えられる。また，競合他社が提供する製品保証と比較するとより長い又は短い保証期間を伴う製品保証の場合は，その事実により追加の保証サービスの提供又は品質保証型のみの提供を含むことが示唆される場合もあろう。

☑顧客に対する現金の支払い

財又はサービスに欠陥がある場合に，修理又は正常品と交換するのではなく，顧客に現金を支払うことがある。また契約で合意した仕様や性能を満たさない場合に，ペナルティとして顧客に現金を支払うことがある。それらは製品保証に係る支払いに類似するかもしれないが，品質保証型の製品保証は，欠陥製品を交換又は修理する義務であるとされている。したがって，以下のような顧客への支払

いは，通常は品質保証型の製品保証に該当しないと考えられる。

顧客への支払い	通常想定される会計処理
欠陥製品の返品と引き換えに現金を支払う	返品権として会計処理（「本章④　返品権付販売」を参照）
契約に定められた仕様や性能を完全には満たさない場合，これを補償するために，損害賠償やペナルティを支払う	顧客に支払われる対価（第5章①5.を参照）及び変動対価（第5章①2.を参照）として会計処理 IFRS第15号では，変動対価の例としてペナルティが挙げられている。契約対価が，製品が一定の性能を達成するというような将来の事象の発生又は不発生により変動する場合，当該性能を達成できなかったことにより生じるペナルティ等の支払いは，変動対価に該当する。

　しかし，上記のいずれのケースにおいても，顧客に対する現金の支払いが，企業が品質保証型の製品保証に係る義務を履行するために発生したものであれば，品質保証型の製品保証として会計処理することになる。たとえば，顧客が欠陥製品を修理するために負担した第三者の費用を補塡するために，企業が顧客に現金を支払う場合が，これに該当する可能性がある。いずれとして会計処理すべきかについては，事実と状況に基づく判断が必要となる。

4 返品権付販売

重要ポイント

・返品権は変動対価の一種である。したがって，将来の返品を見積り，収益認識累計額に係る制限の要否を検討した上で，取引価格に反映させる必要がある。
・返品権付販売については，返品権の行使が見込まれる範囲で，収益を認識してはならず，顧客に返金する義務に係る負債を認識しなければならない。

　顧客が購入した製品を返品する権利は，契約上で定められている場合もあれば，企業の商慣行による黙示的な場合もあり，さらにそれら両方の組合せ（たとえば，返品期間を定めているものの，実際にはそれよりも長い期間にわたり返品を受け入れている）の場合もある（IFRS15.B20）。

　顧客に返品権を付与している場合，製品を販売した企業は返品を受け入れる準備を整えておかなければならないという待機義務を負っている（IFRS15.BC363）。しかしIFRS第15号ではこのような義務は履行義務に当たらないとされており（IFRS15.B22），返品権付販売は，不確実な数量の販売を行っていることになる（IFRS15.BC364）。したがって返品権付販売については，返品権の行使の結果として不成立になると予想される販売について，収益を認識してはならず，顧客に返金する義務に係る負債を認識しなければならない（IFRS15.55）。

　売手は返品した製品と引き換えに現金又は同種の製品を引き渡す。ただし，後者，すなわち，ある製品を同じ種類，品質，状態及び価格の（たとえば色や大きさが異なる）別の製品と交換することは，IFRS第15号では，返品とはみなされない（IFRS15.B26）。また，顧客が欠陥製品を返品し，正常に機能する製品と交換できることを定めた契約条項は，製品保証に関する規定に従って評価すべきである（IFRS15.B27）。製品保証については，「本章③　製品保証」を参照されたい。

(1) 取引価格（収益認識額）の算定

　返品権付販売では，不確実な数量の販売を行っているため，当該契約には変動対価が含まれることになる。そのため，受け取る権利を有すると見込む金額（すなわち取引価格）を算定するために，企業は変動対価たる返品権を見積った上で，収益認識累計額の制限に関する規定を適用する必要がある（上記第5章①2．を参照）。

　よって，取引価格を算定する際に，期待値法又は最頻値法のいずれかより適切な方法を用いて予想される返品を見積った上で，事後的に返品が行われた際に収益の大幅な戻入れが生じない可能性が非常に高い範囲でのみ収益が認識されるように，当該返品見込額を調整すべきか否かを検討する（すなわち，取引価格から収益認識累計額に係る制限考慮後の返品見込額を除外する）。企業は，予想返金額を，顧客に対価を返金する義務を表す返金負債として認識する。

　取引価格は，その後各報告期間の末日時点で更新される。この再測定には，返品予想に関する仮定の変更が反映される。見積りが変更される場合，充足済みの履行義務に関して収益計上された金額が修正される。たとえば，当初の見積りよりも返品数が少なくなると予想する場合，収益認識額を増額するとともに，返金負債を減額しなければならない。取引価格に含めることが制限され，よって返金負債として認識されている未認識の収益は，制限が課されなくなった時点で収益認識されるが，これは返品期間の終了時点となる場合もある。

(2) 返品される製品に関する資産

　最終的に顧客が返品権を行使した場合，企業は返品された製品を販売又は修繕可能な状態で受け取る場合がある。当初販売時点（すなわち，返品が予想されるために収益の認識が繰り延べられる時点）で，企業は，顧客から返品される製品を回収する権利について，返品資産を認識するとともに，対応する売上原価を調整する。返品資産は，棚卸資産の従前の帳簿価額から，返品される製品の潜在的な価値の低下を含む当該製品を回収するための予想コストを控除した金額で当初測定される。企業は，各報告期間の末日時点で，返金負債の再測定と同様に，予想返品水準の見直し及び返品される製品のさらなる価値の低下について当該資産を再測定する。

　IFRS第15号では，返品資産は棚卸資産とは区別して減損テストを実施する

とともに，別個に表示することが求められる。また返品資産と返金負債は区別して，すなわち純額ではなく総額ベースで表示しなければならない（IFRS15.B25）。

返品権付製品の販売の会計処理をまとめると，以下のようになる（IFRS15.B21）。

(a) 契約対価から収益認識累計額に係る制限を考慮後の返品見込額を控除した金額で収益を認識する。

(b) 返品見込額を返金負債として認識する。

(c) 返金負債の決済時に顧客から製品を回収する権利について返品資産を認識するとともに，対応する売上原価を修正する。

▌現行IFRSとの差異▐

・IAS第18号においても，返品権付販売取引に関して，類似する規定が存在する。すなわち，売手が将来の返品について信頼性をもって見積ることができる場合，販売時に，収益は返品見込額を控除した金額で認識するとともに，返品に対する負債を認識するものとされている（IAS18.17）。したがってIFRS第15号の適用により，現行のIAS第18号における会計処理が大きく変わることはない。

・ただしIAS第18号では，返金負債に対応する借方科目の表示について定めがなかったため，IFRS第15号で要求されているように，返品される可能性がある棚卸資産に係る返品資産を認識していないことがある。また，IFRS第15号では，返品資産の帳簿価額は，手許棚卸資産とは区別して表示し，個別に減損テストの対象となることが明記されている。さらに，IFRS第15号では，返金負債を返品資産とは区別して，すなわち純額ではなく総額で表示することが明確化されている。

▌日本基準との差異▐

・日本基準では，返品権付製品の販売を取り扱った一般的な規定はないものの，引当金に関する企業会計原則注解18において，返品調整引当金が例示されており，引当金の一種として会計処理するものと考えられている。また返品については，実務上，販売時点で全額を売上計上した上で，過去の実績等に基づく将来の返品見込に対応する売上総利益相当額を返品調整引当金として計上していることが多い。

・これに対しIFRS第15号では，返品権は変動対価の一種として，取引価格を見積る際に考慮される。売上は返品見込額を控除した金額で認識されるため，日本基準に比べ，売上高が減少することになる。また，IFRS第15号では，顧客から返品を回収する権利を表す返品資産を，返金負債とは別途認識する必要があるため，日

第7章　個別論点　223

本基準における純額である売上総利益相当額で返品調整引当金を計上する処理は
認められなくなる。

....

設例7-4-1　返品権付販売

　電子部品メーカーであるA社は産業用機械メーカーB社と100個の製品（部品）を1個100千円で販売する（100個の製品×100千円＝対価総額10,000千円）契約を締結する。

　商慣行上，顧客は30日以内であれば未使用の製品を返品し，全額の返金を受けることができる。

　A社は，当該製品及び類似する顧客に関する返品を見積るために十分な経験を有している。変動対価を見積る際，A社は，期待値法（第5章①2.を参照）の方が権利を得ることになる対価の金額をより適切に予測できると判断し，当該方法に基づき5個の製品が返品されるだろうと見積った。

　製品の原価は60千円である。製品の回収コストに重要性はなく，返品された製品は利益を乗せて再販売できると見込まれている。

　なおA社は，日本基準上，全額を売上計上した上で，将来の返品見込に対応する売上総利益相当額を返品調整引当金として計上しているものとする。

解説

・商慣行により，顧客に製品の返品が認められていることから，顧客から受領する対価は変動する。そのため，A社は，より適切に予測できると判断された期待値法を用いて変動対価（返品権）を見積り，これを反映した見積取引価格9,500千円（100千円×返品されないと予想される95個の製品）を取引価格に含めても，事後的に大幅な収益の戻入れが生じない可能性が非常に高いか否かを検討する。

・この評価にあたり，A社は，返品が行われるか否かは顧客の判断によるためA社の影響が及ばないものの，当該製品及び類似する顧客に関する返品を見積るための十分な実績及びデータを有しており，また不確実性は短期間（すなわち，30日の返品期間）で解消される点を考慮した。そのため，A社は，見積った9,500千円を取引価格に含め，収益を認識したとしても，事後的に大幅な戻入れが生じない可能性が非常に高いと判定する。

・以上より，Ａ社は，製品100個の支配の移転時に以下を認識する。

(a) 9,500千円の収益（100千円×返品されないと見込む製品95個）

(b) 500千円の返金負債（100千円×返品されると見込む製品5個）

(c) 300千円の返品資産（返品時に顧客から製品を回収する権利について，60千円×製品5個）

仕訳例を示すと，以下のとおりである。

（単位：千円）

	借方			貸方	
(a)(b)	売上債権	10,000	(a)	収益	9,500
			(b)	返金負債	500
(c)	売上原価	5,700	(c)	棚卸資産	6,000
(c)	返品資産	300			

実務で生じうる影響

・このケースでは，Ａ社は，日本基準上，10,000千円全額を売上計上した上で，将来の返品見込に対応する売上総利益相当額（500千円－300千円＝200千円）を返品調整引当金として計上している。一方，IFRSの下では，売上は全額認識されず，返品見込額500千円を控除した残額9,500千円で認識されるため，日本基準に比べ，売上が500千円減少することになる。また，この返品見込額は返金負債として計上される一方，返品時に顧客から製品を回収する権利300千円について返品資産を認識しなければならないため，日本基準における返品調整引当金を純額で計上する処理は認められなくなる。

検討を要する取引の形態及び業界の例

・製造業や小売業をはじめとする製品及び商品を販売するあらゆる業種における，黙示的なものを含む返品権付販売契約

第7章 個別論点 225

実務適用上のポイント

☑収益認識額への影響の検討

現行実務において将来の返品を見積って引当計上している場合，IFRS第15号を適用しても，純損益に影響が及ばない場合もあろう。しかし，返品権は変動対価の一種であることから，現行実務における将来の返品の見積方法が，期待値法又は最頻値法のうちいずれかより適切な方法を用いて将来の返品を見積った上で，収益認識累計額に係る制限の要否を検討することを求めるIFRS第15号の変動対価の規定に照らしても適切であるといえるのかについて，検討が必要であると考えられる。

☑返金負債の性質

返金負債は，財又はサービスを移転する義務ではなく，受領した又は受領する権利を有する対価を返金する義務であるため，契約負債に該当しない。この点については，「第8章 表示及び開示」を参照されたい。

5 買戻契約

🖝 重要ポイント

・買戻契約は先渡契約，コール・オプション，又はプット・オプションのいずれ
　かに分類される。

・先渡契約及びコール・オプションに該当する場合には，支配が顧客に移転して
　いないものと捉えられるため売上は認識されない。この場合，当初販売価格と
　買戻価格の関係に応じてリース，もしくは金融取引として処理される。

・顧客がプット・オプションを有する場合，権利行使する経済的インセンティブ
　も加味して，当初販売時点で資産に対する支配が顧客に移転しているか否かを
　判断する。支配が移転していない場合には，当初販売価格と買戻価格の関係に
　応じてリース，もしくは金融取引として処理される。支配が移転している場合
　には返品権付販売として会計処理される。

買戻契約は，IFRS第15号で以下のように定義されている（IFRS15.B64）。

買戻契約	企業が資産を販売するとともに，（同一の契約又は別個の契約のいずれかで）当該資産を買い戻すことを約定するか又は買い戻すオプションを有する契約

なお，買い戻される資産は，当初販売した資産である場合，当該資産と実質的に同じ資産である場合，または当初販売した資産が一部を構成する資産である場合がある。

買戻契約は以下の3つに分類される（IFRS15.B65）。

① 企業が買い戻す義務を負っている（先渡契約）
② 企業が買い戻す権利を有する（コール・オプション）
③ 企業が顧客の要求に応じて買い戻す義務を負っている（プット・オプション）

買戻価格と当初販売価格との関係などに応じて、図表7－5－1のように異なる会計処理が求められる。

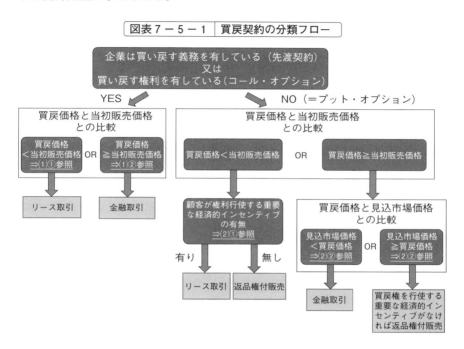

(1) 先渡契約及びコール・オプション

企業が資産を買い戻す義務（先渡契約）又は権利（コール・オプション）を有している場合、顧客が当該資産を物理的に占有していたとしても、顧客は当該資産の使用を指図する能力や、当該資産からの残りの便益の実質的にすべてを獲得する能力が制限されると捉えられる。そのため、先渡契約又はコール・オプションを含む販売契約については、顧客に支配が移転しているとは捉えられず、企業は販売時点で収益を認識することが認められない。このとき、こうしたオプションの行使確率は加味しないこととされているが、実質的ではないコール・オプションについては無視され、顧客がいつ資産に対する支配を獲得したかの判断に影響を及ぼさない（IFRS15.BC427）。

先渡契約又はコール・オプションを含む販売契約については、当初販売価格と買戻価格との関係に応じて、以下のように会計処理される（IFRS15.B66-

B67)。なお，当初販売価格と買戻価格を比較する際には，貨幣の時間的価値も加味する（IFRS15.B67）。

① 買戻価格＜当初販売価格の場合

買戻価格が当初販売価格よりも小さい場合，純額でみると企業は顧客から使用権に係る対価を受け取っているものと捉えられるため，リースとして会計処理する（ただし，セール・アンド・リースバック取引の一部を構成する場合には金融取引として会計処理する）。

売手である企業は買手に対して支配を移転するのではなく，資産を使用する権利を付与していることになるので，IAS第17号（又はIFRS第16号）の貸手の会計処理に従って，当該取引をファイナンス・リース又はオペレーティング・リースに分類する。

② 買戻価格≧当初販売価格の場合

買戻価格が当初販売価格以上の場合，売手は当初販売時に調達した資金に金利を上乗せして買戻価格を支払っているものと捉え，金融取引として会計処理する。

売手は資産を認識し続けるとともに，買手から受領した対価を金融負債として認識する。顧客から受領した対価と，資産を買い戻す時点で事後的に顧客に支払われる対価との差額は金利と捉えられるため，金融取引に係る期間にわたって金利費用として認識される。

なお，オプションが行使されずに失効する場合には，企業は失効時点で負債の認識を中止し，収益を計上する（IFRS15.B68-B69）。

(2) 顧客が保有するプット・オプション

(1)ではオプション行使の意思決定が売手である企業に委ねられていたのに対し，顧客がプット・オプションを保有する場合は，オプション行使の意思決定は買手である顧客に委ねられる。そのため，経済環境やそれが顧客の意思決定に及ぼす影響によっては，資産に対する支配が顧客に移転していると判断されるケースもある（＝当初販売時点で収益計上される可能性がある）。なお，顧客がプット・オプションを有する場合においても，まずは買戻価格と当初販売価格を比較する点，及びその際に貨幣の時間的価値も加味する点は(1)と同様で

ある（IFRS15.B75）。

①　買戻価格＜当初販売価格の場合

　(1)①では，買戻価格が当初販売価格よりも小さい場合，（オプションが実質的ではない場合を除き）リース取引に該当した。一方，顧客がプット・オプションを有する場合には，顧客がプット・オプションを行使しなければ資産に対する支配は顧客に移転することになる（＝当初販売時点で収益計上される）。そこで，契約の開始時点で，顧客に当該プット・オプションを行使する重要な経済的インセンティブがあるか否かを検討することが求められる。

　顧客が買戻しを要求する重要な経済的インセンティブを有する場合，最終的に顧客は当該資産を返品することが見込まれるため，当初販売時点で資産に対する支配は顧客に移転していないと考えられる。よって，(1)①と同様にリース取引として会計処理する（IFRS15.B70）。

　一方，顧客が買戻しを要求する重要な経済的インセンティブを有さない場合には，当初販売時点で資産の支配は顧客に移転していると考えられるため，企業は収益を認識する。ただし，顧客により買戻しを要求され，企業が資産を買い取らなければならない可能性は依然として残るため，返品権付販売として会計処理することとなる（IFRS15.B72）（本章④を参照）。

　このように，買手がオプションを行使する重要な経済的インセンティブを有するか否かで会計処理が大きく異なるため，この判断が重要となる。売手である企業が，顧客にとって当該権利を行使する重要な経済的インセンティブがあるかどうかを判断するにあたっては，以下を含むすべての事実及び状況を考慮する（IFRS15.B71）。

> ・買戻価格と，買戻時点における資産の見込市場価格との関係
> ・権利が失効するまでの期間

　顧客がオプションを行使する重要な経済的インセンティブを有するかどうかは非常に判断を要するが，たとえば，買戻価格が買戻時点の市場価格よりも大幅に高いことが予想される場合には，顧客はオプションを行使する経済的インセンティブを有することが示唆されるだろう。逆に，買戻価格が市場価格よりも低いことが予想される場合には，オプションを行使せずに市場で販売した方

が顧客にとって利益となるため，オプションを行使する重要な経済的インセンティブを有する可能性は低いと考えられる。また，権利が失効するまでの期間が長いほど，オプションを行使する蓋然性が高くなり，オプションを行使する重要な経済的インセンティブを有する可能性も高くなると考えられる。

② 買戻価格≧当初販売価格の場合

顧客がプット・オプションを行使する際の買戻価格が当初販売価格と同額又はそれを上回る場合には，原則として当該取引は金融取引として会計処理する（IFRS15.B73）。金融取引としての会計処理については，上述(1)②と同様である。

これは，買戻価格が当初販売価格以上であることから，買手はプット・オプションを行使すれば当初に支払った以上の金額を得られるため，プット・オプションが行使されることを前提としている。そのため，企業にとっては，当初販売価格で資金調達し，当該価格に金利を上乗せした価格（＝買戻価格）で買い取ることとなる。

しかし，買戻価格が見込市場価格と同額又はそれを下回る場合には，プット・オプションを行使するよりも市場で再販する方が買手にとって利益をもたらす可能性がある。そのため，このようなケースでは，まず顧客がプット・オプションを行使する重要な経済的インセンティブがあるか否かを確認し，インセンティブがない場合には返品権付販売として会計処理することとなる（すなわち，買戻しが前提とはならず，顧客に資産の支配が移転したものと捉えられることとなる）（IFRS15.B73-74）。経済的インセンティブの有無を検討する際の留意点については上述(2)①のとおりである。

▌現行IFRSとの差異▐ ....

・現行のIFRSにおいても一連の取引を全体として考慮しなければ契約の実質が理解できないような場合，当初販売契約と買戻契約とを一体として検討する必要がある。この考え方はIFRS第15号でも同様である。
・IAS第18号においても契約条件を分析して，売手は実質的に所有に伴うリスクと経済価値を買手に移転したか否かを判断する必要があると定められている。しかし，IAS第18号には，上述したような買戻価格と当初販売価格との比較や，買手がプット・オプションを行使する経済的インセンティブを有するか否かといった具体的なガイダンスは定められていない。また，IAS第18号では所有に伴うリスクと経済価値が移転していない買戻条件付販売契約について，金融取引として会計処理することが定められているが，リース取引の会計処理を適用するケースについては

第7章 個別論点 231

言及がない点もIFRS第15号と異なる。また，IAS第18号は，金融取引に該当する
買戻契約に関して，そのような契約は収益を創出しないと述べている点を除き，
当該契約をどのように会計処理すべきかについて定めていない。以上より，IFRS
第15号で具体的な規定が設けられたことにより，実務に変更が生じる企業もある
だろう。

┃日本基準との差異┃..

・日本基準には，買戻契約を一般的に取り扱っている規定は存在しない。また，別々
 の契約であっても当初販売契約と買戻契約を一体として捉え，その実態に応じて
 会計処理することは明示的に求められていない。そのため，実務上は契約の法的
 形態に基づき，売上と仕入をそれぞれ認識している場合もあるだろう。たとえば，
 有償支給取引について，作業を委託するメーカー側では，有償支給時に収益を認
 識していない実務が多い一方で，外注先では収益を加工費のみの純額で認識して
 いる場合も，総額で認識している場合も見受けられる。

・IFRSでは，まず買戻契約を3つの種類に区分した上で，当初販売価格と買戻価格
 との関係や買手が権利行使する重要な経済的インセンティブの有無などに基づき，
 これらの契約を返品権付販売取引，リース取引，又は金融取引のいずれかに分類し，
 各々に応じた会計処理を行うことが明示的に求められている。

....

┃設例7-5-1┃ 買戻契約（先渡契約） 金融取引に該当するケース

　完成品メーカーのA社は，部品加工会社のB社に部品（帳簿価額100百万円）
を供給する契約を締結し，その対価は100百万円である。

　当該契約にはA社が加工品を150百万円で買い戻す旨が定められており，
加工品の対価150百万円のうち部品の価格は100百万円である。

　設例の便宜上，貨幣の時間的価値については無視するものとする。

　日本基準では以下の会計処理をしているものとする。

B社への供給時	未収入金	100	/	棚卸資産	100
支給先からの入金時	現預金	100		未収入金	100
加工品の買戻時	棚卸資産	150	/	買掛金	150
支給先への支払時	買掛金	150	/	現預金	150

解説

・当該契約は売手であるＡ社が買戻義務を負っているため先渡契約に該当する。

・買戻価格は当初販売価格と同額なので，当該契約は金融取引として会計処理する。

IFRSでは以下の仕訳となる。

Ｂ社への供給時	未収入金	100	/	金融負債	100
支給先からの入金時	現預金	100	/	未収入金	100
加工品の買戻時	棚卸資産	50	/	買掛金	50
支給先への支払時	金融負債	100	/	現預金	150
	買掛金	50			

実務で生じうる影響

・日本基準では部品を供給した時点で棚卸資産の認識を中止しているが，IFRSでは金融取引として処理することとなるため，部品を供給しても棚卸資産は認識し続けることとなる。

設例７-５-２　買戻契約（プット・オプション）　リース取引に該当するケース

金融子会社を有する自動車メーカーのＡ社グループは，最終顧客に対して3,840千円で完成車を販売している。顧客は毎月40千円ずつ8年間にわたって支払う。なお，顧客は5年経過した後に1,440千円でＡ社グループの金融子会社に対して車の買取りを請求することができる。

5年後の買戻時点での市場価格は買戻価格を下回ることが予想されており，顧客にプット・オプションを行使する重要な経済的インセンティブがあるため，5年後にオプションを行使する可能性が高いものと仮定する。

設例の便宜上，貨幣の時間的価値については無視するものとする。

日本基準では，当初販売時に3,840千円で売上を計上し，買取請求される確率も加味した上で回収車両の買戻価格と市場価格の差額に対して残価保証引当金が計上されているものとする。

第7章　個別論点　233

解説

・企業は買い戻す義務や権利を有しておらず，顧客が製品の買戻しを要求するプット・オプションを有している。
・買戻価格は当初販売価格よりも低く，かつ顧客がオプションを行使する重要な経済的インセンティブを有しているため，当該取引はリース取引として会計処理される。
・仮に当該リース取引がオペレーティング・リースに該当したとすると，企業はリースの貸手として，毎月40千円のリース料収入を5年間にわたって認識する。

実務で生じうる影響

・日本基準ではリース取引として会計処理されていないため，IFRSへの移行にあたっては当初計上した売上高3,840千円を戻し入れるとともに残価保証引当金を全額取り崩し，月額40千円のリース料収入を毎月計上することとなる。

検討を要する取引の種類及び業界の例

・製造業において，完成品メーカーが外注先に部品を供給し，外注先での加工後に買い戻す契約
・自動車メーカーが買取請求権を付して消費者に販売する取引
・素材産業で鉄鉱石や原油などの原料を供給し，加工・精製後の原料を買い戻す契約

実務適用上のポイント

☑有償支給取引
　有償支給取引については，作業を委託するメーカー側が買戻義務を負っている，又は買い戻す権利を有している場合には，収益を認識できない。その場合，当初販売価格と買戻価格を比較する必要があるが，この際，加工費及びマージンを考慮対象外とすると，通常，有償支給材料の買戻価格は当初販売価格と同額であることが多いと想定される。そのような有償支給取引は，金融取引として会計処理されることになると考えられる。
　なお，有償支給取引については，当該ガイダンスだけでなく，契約の結合，本人当事者か代理人かの判断，及び現金以外の対価に関するガイダンスも参照する必要がある。

(3) 残価保証が含まれる販売

　製品を製造販売する企業が，顧客が当該製品を処分する際に最低限の再販価格を受け取れるように保証することがある（すなわち残価保証）。こうした取引は，IFRS第15号の規定が適用されるか否かで会計処理が変わる。

　契約にプット・オプションが含まれており，当該オプションの行使による買戻しを通じて，顧客が受け取る金額が保証されるケースがある（たとえば，顧客が購入日の2年後に当初販売価格の85％で設備の買戻しを要求する権利を有するケース）。このような場合には，上記(2)①に該当するため，顧客が権利行使する重要な経済的インセンティブを有していればリース取引，有していなければ返品権付販売として会計処理されることとなる。

　一方，契約に売手に買戻させる権利が含まれていないものの，顧客が当該資産を売却する際の売却価格に関して一定金額を保証するケースもある（たとえば，顧客が将来資産を外部に売却し，売却価格が当初販売価格の85％以下となった場合，85％を下回った部分について売手が負担するケース）。こうした契約では，企業は資産を買い戻すわけではないため，IFRS第15号の買戻契約に関するガイダンスは適用されないだろう。

　このような残価保証を含む販売契約にIFRS第15号を適用した場合，残価保証は顧客への支配の移転に影響を及ぼさない可能性が高いため，売上取引として会計処理できるものと考えられるが，残価保証で支払う金額が取引価格に影響を与えるかどうかを検討しなければならない。

6 請求済未出荷契約

 重要ポイント

- 請求済未出荷契約の収益は，支配が移転したかどうかの評価に関する一般規定に加えて，特定の追加的な4つの要件が充足されたときに認識される。
- 請求済未出荷の製品の販売に係る収益を認識する場合には，保管サービス等の残存する履行義務があるかどうかを検討しなければならない。

一部の販売取引では，企業が製品の製造を完了し，当該製品に関する請求を顧客にするにもかかわらず，その製品が後日まで出荷されないことがある。このような請求済未出荷取引は，顧客側の理由，たとえば，製品の保管スペースの問題や生産スケジュールの遅延などにより，顧客の要請によることが通常である。なお，IFRSでは，請求済未出荷契約を以下のように定義している（IFRS15.B79）。

| 請求済未出荷契約 | 企業が製品について顧客に請求するが，当該製品の物理的占有は将来のある時点で顧客に移転するまで企業が保持する契約 |

このような請求済未出荷契約においては，企業が製品を物理的に占有したままであっても，顧客が当該製品の使用を指図し，当該製品からの残りの便益の実質的にすべてを享受する能力を有している，すなわち，支配を獲得している場合がある。その場合，企業はもはや当該製品を支配しておらず，代わりに，顧客に当該製品の保管サービスを提供していることになる（IFRS15.B80）。

こうした請求済未出荷契約において，顧客が製品の支配を獲得したというためには，支配が移転したかどうかの評価に関する一般規定（第6章4.を参照）に加え，次の要件のすべてを満たす必要がある（IFRS15.B81）。

- 請求済未出荷契約の理由が実質的なものである（たとえば，顧客が当該契約を要請した）。
- 当該製品が顧客に属するものとして区分して識別されている。

236

・当該製品は現時点で顧客への物理的な移転の準備ができている。

・企業には当該製品を使用する又は別の顧客に振り向ける能力がない。

　上記の請求済未出荷契約に係る収益認識要件を満たし，企業が請求済未出荷製品の販売による収益を認識する場合には，保管サービス等の残存する履行義務があるかどうかの検討も求められる（IFRS15.B82）。その結果，別個の履行義務として識別された保管サービス等の残存する履行義務があれば，取引価格の一部を当該履行義務に対して配分する必要がある（第4章及び第5章②を参照）。

設例7－6－1　請求済未出荷契約

　繊維メーカーであるA社はアパレルメーカーB社から織物100反を10,000千円でX1年4月末に納入する契約を受注した。

　A社は，当該契約に従って，B社が指定した色に染色した織物100反をX1年4月末にB社の縫製工場に出荷する準備を完了した。

　しかし，縫製スケジュールの遅れを理由とするB社からの要請で，当該契約を請求済未出荷契約とし，出荷指示があるまでA社は当該織物をB社の所有物として区分保管することとなった。

　A社は，当該履行義務はX1年4月末時点でIFRS第15号第38項の支配の移転に関する一般規定を満たしていると判断する。

　なお，A社は，日本基準上，当該請求済未出荷契約が買手であるB社の経済合理的な要請に基づくものであり，また，財貨の移転の完了と対価の成立という実現主義の下での収益認識要件を満たすとして，X1年4月末に売上10,000千円を計上しているものとする。

解説

・この契約は，請求済未出荷契約に該当し，顧客が製品の支配を獲得したというためには，支配が移転したかどうかの一般規定に加え，請求済未出荷契約に係る収益認識の4要件を満たす必要がある。当該請求済未出荷契約は，IFRS第15号第38項の一般規定を満たすとともに，請求済未出荷契約に係る収益認識の4要件を以下の理由からすべて満たすため，X1年4月末時点で収益を認識する。

第7章　個別論点　237

　a　B社が，自身の都合により，請求済未出荷による取引を要請しており，請求済未出荷契約の理由が実質的なものである。

　b　当該織物は，B社の所有物として区分保管されている。

　c　X1年4月末時点で，当該織物をB社に直ちに引き渡すことができる状態にある。

　d　B社の出荷指示があればA社は当該織物を即時に引き渡さなくてはならず，また，当該織物はB社の指定した色に染色されたものであるため，A社は別の顧客に販売する能力を有していない。

・また，A社は，X1年4月末以降の保管サービスを別個の履行義務として識別するべきか検討する必要がある。そして，別個の履行義務として識別された場合，取引価格10,000千円の一部を当該保管サービスに配分することが求められる。仮に，各履行義務の見積独立販売価格が，織物10,000千円，保管サービス500千円であった場合には，X1年4月末に織物の販売に係る収益を9,524千円（＝10,000千円×（10,000千円／10,500千円））認識し，保管サービスに係る収益476千円（＝10,000千円×（500千円／10,500千円））を保管期間にわたって認識することとなる。

実務で生じうる影響

・このケースでは，上述のように，日本基準ではX1年4月末に契約金額全額の売上10,000千円を計上するのに対し，IFRSでは保管サービスを製品の販売と区別して会計処理すべき別個の履行義務として識別するため，X1年4月末時点では織物の販売に係る収益9,524千円のみを認識し，保管サービスに係る収益は保管期間にわたって認識する。

■現行IFRSとの差異■ ．．．

　IAS第18号においても，請求済未出荷契約についての収益認識要件が定められている（IAS18.IE1）。当該収益認識要件は，IFRS第15号の要件と類似しており，現行のIFRSに従って収益認識している請求済未出荷契約の多くは，IFRS第15号の下でも収益を認識することができると考えられる。しかし，保管サービスに関する別個の履行義務についての検討は，IAS第18号では取り扱われていないため，IFRS第15号で識別されうる保管サービス部分については，収益認識のタイミング等に差異が生じる可能性がある。

日本基準との差異

・日本基準には，請求済未出荷契約について一般的に定めた規定は存在しない。実務上，IFRS第15号における請求済未出荷契約の収益認識要件を満たすような契約であれば，製品の物理的な占有を維持したままであっても，収益を認識している場合が多いと考えられる。ただし，こうした契約において，保管サービスを製品の販売と区別して会計処理すべき別個のサービスと捉えているケースはほとんどないと思われる。

・一方，IFRSでは，支配の移転時期に関する一般規定に加え，請求済未出荷契約に関して収益を認識するために満たすべき要件が具体的に定められており，さらに，こうした契約に保管サービスなどの別個の履行義務が含まれているか否かを検討することが要求されている。

検討を要する取引の種類及び業界の例

・請求済未出荷とするオプションを顧客に付与した年間販売契約を締結する商慣行のある非鉄製錬業界や石油業界
・顧客の生産・販売スケジュールの都合で請求済未出荷となっている取引
・保管スペースの関係で，顧客の要請により請求済未出荷となっている取引

7　委託販売

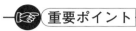

- 委託販売取引において，販売業者が引渡時点で製品の支配を獲得していないのであれば，企業は当該引渡時点で収益を認識してはならない。

　企業は，販路拡大のため，販売業者又は代理店などと委託販売契約を締結することがある。IFRS第15号の下では，このような販売業者等との委託販売においては，履行義務の性質（すなわち履行義務は販売業者等に製品を移転することか，それとも最終顧客に製品を移転することなのか）を判断しなければならない。この判断は，納品時点で製品の支配が販売業者等に移転するかどうかに基づきなされる。すなわち，企業が製品を最終消費者への販売のために販売業者等に引き渡す際に，当該販売業者等がその時点で製品の支配を獲得したかどうかを評価する必要がある。販売業者等が製品に対する支配を獲得していない場合には，当該製品は，委託販売契約において保有されていると考えられる。その場合，販売業者等への製品の引渡し時に収益を認識してはならない（IFRS15.B77）。

　IFRS第15号では，契約が委託販売契約であることを示す指標として，以下が例示されている（IFRS15.B78）。

> (a) 所定の事象（販売業者等による最終消費者への製品の販売など）が生じるまで，又は所定の期間が満了するまで，企業が製品を支配している。
> (b) 企業が製品の返還を要求するか又は第三者（別の販売業者等など）に製品を移転することができる。
> (c) 販売業者等が，製品に対して支払う無条件の義務を有していない（ただし，預け金の支払いが要求される場合がある）。

　なお，企業が販売業者等に製品を引き渡した時点で，販売業者等が当該製品の支配を獲得しているかどうかの評価については，本章①も参照されたい。

▌現行IFRSとの差異▐ ....

　IAS第18号でも，委託者は，委託販売契約に係る収益を受託者が第三者にその製品を販売した時点で認識するとされており，IFRS第15号における取扱いと整合している。しかし，IFRS第15号では，納品時点で製品の支配が販売業者等に移転しているかどうかに基づき，委託販売契約における履行義務の性質及び収益認識時点を判断すべきことが明確にされている点で差異が生じている。

▌日本基準との差異▐ ....

　日本基準では，販売業者等が委託品を販売した日をもって売上収益の実現の日とするとされている。ただし，仕切精算書が販売の都度送付されている場合には，当該仕切精算書が到達した日をもって売上収益の実現の日とみなすことができる（企業会計原則注解６）。日本基準では，簡便法としてこのような仕切計算書到達基準が容認されているが，IFRSでは，このような簡便的な処理は認められていない。

....

8 知的財産のライセンス

  重要ポイント

- 契約に知的財産のライセンスに加え，他の財又はサービスが含まれている場合には，ライセンスが区別できるか否かの判断により，適用されるガイダンスが異なり，結果として会計処理に差異が生じる可能性がある。
- 区別できる知的財産のライセンスについては，それがアクセス権なのか又は使用権なのかを判断することが求められる。
- アクセス権は一定期間にわたり収益認識される一方，使用権は一時点で収益認識されるため，いずれに該当するかの評価は非常に重要である。
- 知的財産のライセンスに関する売上高又は使用量ベースのロイヤルティに係る収益は，事後的に顧客の売上又は使用が生じるまで認識されることはない。

　IFRS第15号では，知的財産のライセンスは明確に定義されていないものの，企業の知的財産に対する顧客の権利を設定するものと述べられている。知的財産のライセンスとしては，たとえば，ソフトウェアや技術，映画や音楽などのメディア・エンターテイメント，フランチャイズ，及び特許権や商標権といった項目が挙げられる（IFRS15.B52）。知的財産のライセンスの特性や経済的特徴は，業種，企業及び契約によってさまざまであり，その会計処理を決定するにあたっては，個々のライセンス契約ごとに，契約条件及び関連する事実や状況に基づく慎重な評価が必要となる。

　IFRS第15号には，知的財産のライセンスから生じる収益の認識に関して，個別の適用ガイダンスが設けられているが，これは，「第6章　認識（ステップ5：履行義務の充足）」で説明した収益認識時点の決定に係る一般規定（IFRS第15号第31項から第38項）とは異なるものとなっている。当該ガイダンスでは，ライセンスを供与するという約定の性質が使用権なのか又はアクセス権なのかを評価し，それに基づき顧客がライセンスに対する支配を一時点で獲得するのか，又は一定期間にわたり獲得するのか，すなわち，収益認識時点が

決定される。そのため，当該評価は非常に重要となる。

また，知的財産のライセンスに係る売上高又は使用量ベースのロイヤルティについて，ライセンスがアクセス権又は使用権のいずれと判断されるかにかかわらず，その収益の認識について別途規定が設けられている。

(1) ライセンス契約における履行義務の識別

以下(2)〜(3)で説明する知的財産のライセンスに関する適用ガイダンスは，区別できる知的財産のライセンスにのみ適用される。一方，知的財産のライセンスが他の財又はサービスから区別できず，それらと結合される場合，当該結合された履行義務は，ライセンスに関する個別ガイダンスではなく，第6章で説明した収益認識時点の決定に係る一般規定に従って，一定期間にわたり又は一時点で充足される履行義務のいずれに該当するかを判定することになる（IFRS15.B55）。すなわち，知的財産のライセンスが区別できるか否かにより，いずれのガイダンスの適用対象になるかが決定され，結果として会計処理が変わりうるため，慎重な評価が必要となる。

知的財産のライセンス契約には，たとえば，ソフトウェアのライセンス契約であれば，ソフトウェアのライセンスに加え，ハードウェア，インストール・サービス，販売後サポート，ソフトウェアのアップデートなど，契約上明示されているものだけでなく，黙示的なものも含め，他の財又はサービスが含まれる場合がある（IFRS15.B53）。他の複数要素契約の場合と同様に，契約に知的財産のライセンスと他の財又はサービスが含まれる場合，まずは知的財産のライセンスが他の財又はサービスから区別できるかどうかを，第4章2.で解説した，個別に会計処理される履行義務が満たすべき要件に従って判断することが求められる（IFRS15.B54）。

たとえば，以下のライセンスのように，知的財産のライセンス契約では，他の財又はサービスと組み合わせた場合にしか，顧客が当該ライセンスから便益を得ることができないことがある。そうした状況では，知的財産のライセンスは他の財又はサービスから区別できないため，それらと結合されることになる。

第7章　個別論点　243

他の財又はサービスと区別できず，結合されるライセンス	具体例
有形資産に組み込まれており，その資産が機能するのに不可欠・不可分な知的財産のライセンス	・産業用ロボットに組み込まれたソフトウェアのライセンス
関連するサービスとの組合せでのみ，顧客が便益を得ることができる知的財産のライセンス	・オンライン・サービスを利用する場合にのみ，アクセス可能なコンテンツのライセンス ・クラウド・サービスを利用する場合にのみ，使用可能なソフトウェアのライセンス ・特殊な技術，ノウハウや製法を用いるため，ライセンスを供与する企業のみが提供できる研究開発サービス，及び原薬又は製品の供給サービスと一緒の場合にのみ，顧客が便益を得ることができる新薬候補の化合物のライセンス

　ただし，知的財産のライセンスが他の財又はサービスから区別できず，結合された履行義務の一部を構成する場合であっても，ライセンスがそれらを結合した単一の履行義務において主要又は支配的な構成要素である場合には，ライセンスに関するガイダンスが適用される点には留意が必要である（IFRS15. BC407）。ライセンスが主要又は支配的な構成要素である結合された履行義務に，ライセンスに関するガイダンスをどのように適用するかについては，以下「(4)　結合された履行義務においてライセンスが主要又は支配的な構成要素である場合」で説明している。

■現行IFRSとの差異■
　第4章を参照されたい。
■日本基準との差異■
　第4章を参照されたい。

設例7-8-1　ライセンスが区別できるか否かの判断①

　製薬会社A社は，フェーズ3にある新薬候補の化合物の研究開発及び販売に関するライセンスを供与する契約をB社と締結する。同時に，両社はライ

センス期間を通じて原薬を供給する契約も結ぶ。

　原薬はA社のみが有する特殊な製法を用いて製造されるため，製造受託機関（CMO）に製造を委託することはできない。

解説
・A社は，当該契約には新薬候補のライセンスと原薬の製造サービスという2つの財又はサービスが含まれると評価した。
・個別に会計処理される履行義務が満たすべき要件（第4章2.を参照）に照らして検討した結果，顧客は原薬なくしてライセンスから便益を得ることができないが，当該原薬は特殊な製法を用いて製造されており，A社しか製造できないことから，A社は，当該ライセンスはその性質に基づけば区別できない（IFRS第15号第27項(a)の要件が満たされない）と判断する。したがって，当該ライセンスは原薬製造サービスと結合された単一の履行義務を構成することになる。
・そのため，当該結合された履行義務の収益認識時点については，収益認識時点の決定に関する一般規定（第6章を参照）に従って，一時点又は一定期間にわたり履行義務が充足されるのかを判断することになる。
・ただし，当該ライセンスが結合された履行義務において主要又は支配的な要素と考えられる場合には，収益認識時点の判断を行うに際し，知的財産のライセンスに関する個別ガイダンスを適用し，当該ライセンスがアクセス権と使用権のいずれに該当するのかを評価する必要がある。この点については，以下の設例7-8-4を参照されたい。

検討を要する取引の形態及び業界の例

・ソフトウェア及びテクノロジー業界における，以下の契約
　　－ソフトウェアのライセンス，ハードウェア，カスタマイズサービス及び保守サービスを含む契約
　　－受注製作のソフトウェアやシステム構築を行う契約
　　－ソフトウェアのライセンスとクラウド・サービスを含む契約
・メディア・エンターテイメント業界における，映像又は音楽コンテンツのライセンスと広告宣伝サービスを含む契約
・コンビニエンスストアや外食産業をはじめとするさまざまな業界における，フランチャイズのライセンス，設備・機器や商品の販売，従業員教育・研修サービス，

継続的なサポートの提供を含む契約
・製薬業界における，医薬化合物の研究開発及び販売に係るライセンスの供与，事後的な研究開発サービス，及び原薬又は製品の供給サービスを含む契約

実務適用上のポイント

☑知的財産のライセンス契約の変更

知的財産のライセンス契約が変更される場合，追加又は変更された知的財産のライセンスは，当初のライセンスとは別個のライセンスであると考えられる。なぜなら，新たに供与された又は変更後の権利は，常に当初のライセンスにより移転される権利とは異なるためである。

契約の変更により区別できるライセンスが追加される場合，変更による対価が追加されたライセンスの独立販売価格を表しているか否かにより，別個の契約，又は当初契約の解約と新たな契約の創出のいずれかとして将来に向かって会計処理されることになる。この点については，第3章4.を参照されたい。

---

① 期間，地域又は用途に関する契約上の制限

以下(2)②で説明しているように，知的財産のライセンス契約における時期，地域又は用途の制限は，ライセンスを供与するという約定が一定期間にわたり充足されるのか，又は一時点で充足されるのかを判定する際に影響を及ぼすことはない。しかし，当該契約上の制限は，契約における履行義務の識別に影響を及ぼす可能性がある。

たとえば，A国ではX1年からX3年まで，B国ではX2年からX4年まで商標権を使用する権利を供与するというように，ライセンス契約に，複数の異なる地域で，異なる期間にわたる知的財産のライセンスが含まれることがある。その場合，他の契約と同様に，第4章2.で説明した個別に会計処理される履行義務が満たすべき要件（IFRS第15号第27項から第30項）に照らして，契約に含まれる財又はサービスを評価し，適切に履行義務を識別する必要がある。すなわち，契約には複数の国を網羅する1つの知的財産のライセンスが含まれるのか，あるいは各国ごとの複数の別個のライセンスが存在するのかを判断しなければならない。この判断にあたり，すべての契約条件を考慮の上，期間，地域又は用途に関する契約上の制限が，複数の区別できる知的財産のライセンス（複数の履行義務）を生じさせるものなのか，あるいはライセンスを使用できる時期，場所及び方法を設定する契約条項に過ぎず，複数の属性を伴う単一の

知的財産のライセンス（1つの履行義務）であるのかを区別するために，相当な判断が求められる場合も考えられる。

検討を要する取引の形態及び業界の例

・製薬業界における新薬候補の研究開発及び販売に係るライセンスの供与

実務適用上のポイント

☑契約上の制限の評価に際しての検討事項

　契約上の時期，地域又は用途に係る制限の評価に関して，将来当該制限が解除された場合に，企業がその時点で契約に従って履行するために顧客に追加の権利を供与する必要があるかどうかを検討することが重要であると考えられる。顧客に追加の権利を供与する必要があるということは，個別に会計処理すべき複数の独立したライセンス（履行義務）が存在している可能性がある。

　たとえば，上記のケースでは，X1年の途中に，B国での商標権を使用する権利について，X2年からX4年までという使用期間の制限が解除される場合，ライセンスを供与する企業は，その時点からB国で商標権を使用する権利を与えるために，顧客に追加の権利を供与しなければならないと考えられ，この契約には2つの知的財産のライセンス（履行義務）が含まれている可能性が高い。

(2)　ライセンスを供与するという約定の性質

　区別できる知的財産のライセンス，及び他の財又はサービスと結合された単一の履行義務において主要又は支配的な構成要素であると判定された知的財産のライセンスに関して，顧客にライセンスを供与するという約定の性質が以下のいずれに該当するかを評価することが求められる（IFRS15.B56）。

・知的財産への変更を含め，ライセンス期間にわたり存在する企業の知的財産にアクセスする権利（アクセス権）
・ライセンスが供与された時点で存在する企業の知的財産を使用する権利（使用権）

① アクセス権なのか又は使用権なのかの評価

知的財産のライセンスがアクセス権であるのか又は使用権であるのかの判断は，知的財産がライセンス期間にわたって変化するか否かに焦点を当てて実施される。ライセンスを供与する企業が，顧客が権利を有する知的財産への関与を継続し，当該知的財産に著しい影響を及ぼす活動を行う場合には，当該知的財産は変化する（IFRS15.BC414D）。

顧客が権利を有する知的財産がライセンス期間にわたり変化する場合，顧客はライセンスが供与された時点で，ライセンスの使用を指図して，当該ライセンスから残りの便益の実質的にすべてを獲得することはできない。そうした場合，ライセンスは顧客に知的財産に対するアクセス権を供与していることになる（IFRS15.BC414D）。

一方，顧客が権利を有する知的財産が変化しない場合，顧客はライセンスが供与された時点で，その時点で存在する形態及び機能性を有する知的財産のライセンスの使用を指図して，当該ライセンスから残りの便益の実質的にすべてを獲得することができる。そのため，この場合，ライセンスは顧客に知的財産の使用権を供与していることになる（IFRS15.BC414D）。

知的財産のライセンスを供与するという約定の性質がアクセス権なのか又は使用権なのかを判断するために，アクセス権を表す知的財産のライセンスに係る要件が設けられている。当該要件を満たす場合，企業の約定の性質はアクセス権を供与するものである一方，満たさない場合には使用権を供与するものとなる。

以下の要件のすべてを満たす場合，ライセンスを供与するという企業の約定の性質は，知的財産に対するアクセス権を供与することである（IFRS15.B58）。

(a) 顧客が権利を有する知的財産に著しい影響を及ぼす活動を企業が実施することが，契約に基づき要求される又は顧客が合理的に期待している。

(b) 顧客が，ライセンスの下で供与された権利により，(a)で識別された企業の活動からの正又は負の影響に直接さらされる。

(c) 当該活動が実施されるにつれて，顧客に財又はサービスが移転されることがない。

以下で，当該要件を満たすか否かの判断にあたり，検討を要する事項につい

て説明する。

(a) 企業が実施する活動

知的財産のライセンスがアクセス権であると結論付けるためには，ライセンスを供与する企業の実施する活動が知的財産に著しい影響を及ぼす必要がある。

当該評価で考慮する企業が実施する活動には，上記要件(a)で示されているように，契約上明示されている活動のみでなく，企業の商慣行，公表した方針又は具体的な声明により，企業が実施することを顧客が合理的に期待している活動も含まれる。すなわち，企業の活動は，顧客との契約の結果，企業が特別に実施する活動である必要はなく，ライセンス契約の有無とは関係なく，企業が通常かつ継続的な事業の過程で行う活動，及び商慣行でもよい。そのため，当該評価にあたり，たとえば，以下のような企業が実施する活動も考慮される。

企　　業	活　　動
フランチャイザー	最終消費者のニーズの分析，新商品の開発や既存商品の改善，サービス・マニュアルの改善，価格戦略，広告宣伝，店舗運営の効率化を実施し，ブランド力を維持及び向上する
プロ野球チーム	日々試合を行うとともに，強い人気チームであり続ける
アニメ制作会社	アニメ番組を継続的に制作・放映し，人気キャラクターの追加，変更等を行う

なお，決定的な要因ではないものの，顧客が権利を有する知的財産に関して企業と顧客との間に経済的利益を分け合う仕組みが存在する場合，企業が自身の利益を最大化するために知的財産に著しい影響を及ぼす活動を実施することを顧客が合理的に期待していることが示唆される（IFRS15.B59）。たとえば，対価が売上高ベースのロイヤルティであるなど，ライセンスと交換に受領する対価の一部が顧客の業績に左右される場合には，企業と顧客が経済的利益を分け合う仕組みが存在する。

また，上記(c)の要件に示されるように，企業が実施する活動が知的財産に著しい影響を与えるか否かを評価するにあたり，顧客に財又はサービスを移転しない企業の活動のみを考慮する。そのため，当該評価にあたり，契約における知的財産のライセンス以外の財又はサービスを移転するという別の履行義務の影響を除外しなければならない点に留意すべきである。たとえば，企業がソフ

トウェアのライセンスを供与するとともに，ライセンス期間中に行われる将来のアップデートも提供する契約を締結する場合，ソフトウェアはアップデートが行われることにより事後的に変化する。しかし，当該ライセンス契約の会計処理を決定するに当たり，上記(1)で述べたように，まずは当該ライセンスと将来にアップデートを提供するという約定がそれぞれ独立した履行義務であるかどうかを判断することが求められる。それらがそれぞれ独立した履行義務に該当する場合，企業がライセンス期間中にソフトウェアを変更する活動を実施する義務が存在するかどうかを評価する際に，将来のアップデートに係る履行義務に関する活動及びそれによるソフトウェアへの変更を除外することが必要となる。したがって，この例では，ソフトウェアのライセンスはライセンス期間にわたり変化しないと判断されるであろう。

(b) 企業の活動が知的財産に著しい影響を与えるか否か

知的財産のライセンスがアクセス権に該当するか否かを評価するために企業が実施する活動を識別した後，そうした活動が，顧客が権利を有する知的財産に著しい影響を与えるかどうかを判断しなければならない。IFRS第15号では，企業の活動は，次のいずれかに該当する場合，顧客が権利を有する知的財産に著しい影響を与えるとされている。

・当該活動が，知的財産の形態（たとえば，デザイン又はコンテンツ）あるいは機能性（たとえば，機能又はタスクを行う能力）を著しく変化させる。
・当該活動が，顧客が知的財産から便益を得る能力に影響を与える。たとえば，ブランドからの便益は，知的財産の価値を補強又は維持する企業の継続的活動から得られるか又は当該活動に依存している。

IFRS第15号では，知的財産が重大な独立した機能性を有している場合，顧客は当該知的財産からの便益の相当部分を当該機能性から得ることになると明確にしている。したがって，顧客がそうした知的財産から便益を得る能力は，企業の活動がライセンス期間を通じて当該知的財産の形態や機能性を著しく変化させない限り，企業の活動から著しい影響を受けないと考えられる。そのため，知的財産が重大な独立した機能性を有している場合，通常当該ライセンス

は使用権に該当することになる。IFRS第15号では，独立した重大な機能性を有する可能性がある知的財産の例として，ソフトウェア，生物学的化合物，医薬品の製法，及び完成した映像や音楽などのメディア・コンテンツなどが挙げられている。

たとえば，映画の上映権のライセンス契約に関して，映画の製作会社が当該映画の広告宣伝活動を行う場合であっても，当該広告宣伝活動は，（映画の興行成績に影響を及ぼす可能性はあるものの）映画のコンテンツそのもの（形態や機能性）に影響を及ぼすことはない。このように，映画のコンテンツがライセンスが供与された時点から変化していない場合，顧客がその内容の映画を再生・上映する能力，及びそれにより興行収入を獲得する能力そのものに著しい影響を与えないであろう。そのため，広告宣伝活動は，当該映画のライセンスに著しい影響を及ぼす活動に該当しないと考えられる。よって，この評価を行うにあたり，広告宣伝活動を考慮する必要はない。

一方，たとえば，ブランドのような象徴的な知的財産には，それ自体に何かを実行する能力や機能等（重大な独立した機能性）が備わっておらず，その場合には顧客はそうした知的財産からの便益の大半を，知的財産（ブランド）の価値及びそうした価値を維持又は補強する企業の活動から得ることになると考えられる。その場合，当該ライセンスはアクセス権に該当する。

しかし，IFRS第15号では，重要な独立した機能性という用語が定義されていないことから，顧客が権利を有する知的財産に重大な独立した機能性が備わっているか否かを決定するには，判断が必要となる場合も考えられる。

(c) 顧客が企業の活動からの影響に晒されるか

企業の活動により知的財産の形態や機能性又は価値が変化し，顧客が最新の状態にある知的財産を使用することが求められる場合には，上記(b)の要件に示されるように，顧客は企業の活動からの正又は負の影響に直接さらされることになる。

第7章　個別論点　251

> **IFRS第15号の明確化における主要ポイント**
>
> ・2016年4月に公表されたIFRS第15号の改訂において，どのような場合に企業の実施する活動が顧客が権利を有する知的財産に著しい影響を及ぼすのかが明確化された。これは，知的財産のライセンスがアクセス権なのか，あるいは使用権なのか，よって収益を一定期間にわたり認識するのか，あるいは一時点で認識するかの決定要因であるため，非常に重要である。
> ・この明確化により，企業の活動が，顧客が権利を有する知的財産の形態又は機能性を変化させる場合のみでなく，知的財産から便益を享受する顧客の能力に影響を与える場合にも，当該活動が知的財産に著しい影響を及ぼすと判断されることになる。

②　ライセンスを供与するという約定の性質の評価に際し，考慮されない事項

ライセンスを供与するという約定の性質がアクセス権と使用権のいずれなのかを判断するに際し，以下の要因を考慮してはならない（IFRS15.B62）。

期間，地域又は用途に関する制限	ライセンスが使用できる期間，地域及び用途に関する契約上の制限は，ライセンスの属性，すなわち顧客が当該知的財産に関して保有する権利の範囲を定めるものである。したがって，こうした制限は，ライセンスを供与するという約定の性質がアクセス権なのか又は使用権なのかを決定付けるものではない（ただし，履行義務の識別に影響を及ぼす可能性がある（「(1)①期間，地域又は用途に関する契約上の制限」を参照））。
知的財産について有効な特許権を保有していること及び無認可の使用から当該特許権を保護することに関する企業による保証	特許権を保護し知的財産の価値を維持すること，及び移転されたライセンスが契約に定められたライセンスの条件を満たしていることに関して，顧客に保証を与えるものであり，履行義務に該当しない。そのため，当該評価において考慮されることはない。

(3)　知的財産のライセンスに対する支配の移転時点

ライセンスを供与するという約定の性質がアクセス権なのか又は使用権なのかにより，顧客へのライセンスの支配の移転時点，すなわち収益認識時点が決定される。アクセス権の場合には，収益は一定期間にわたり認識される一方，使用権の場合には収益は一時点で認識されることになる。

① アクセス権

知的財産へのアクセス権を供与するライセンスについては，ライセンス対象の知的財産が継続的に変化するため，顧客はライセンスが供与された時点で，ライセンスの使用を指図して，当該ライセンスから残りの便益の実質的にすべてを獲得することはできない。その場合，契約上要求されている又は顧客により合理的に期待されている企業が実施する活動を含め，企業が履行するに応じて，企業の履行による便益を，顧客が受け取ると同時に消費するため，当該履行義務は一定期間にわたり充足される（IFRS15.B60，BC414）。したがって，収益は，当該履行義務における企業の履行を最も適切に描写する進捗度の測定方法を用いて，ライセンス期間にわたり認識される。適切な進捗度の測定方法については，第6章3.(1)を参照されたい。

② 使用権

知的財産のライセンスがその供与時点で存在する形態及び機能性の知的財産を使用する権利を与える場合，顧客はライセンスが供与された時点で，当該ライセンスの使用を指図して，当該ライセンスから残りの便益の実質的にすべてを獲得することができる。したがって，収益は一時点で認識される。

使用権である知的財産のライセンスの支配の顧客への移転時点については，第6章4.で説明した支配の概念及び指標に照らして決定されるが，その時点は，顧客がライセンスを使用して，便益を得ることができる期間の開始前となることはない。顧客は，当該ライセンスの支配を，知的財産を使用する権利を取得し，実際に使用可能となった期間の開始時点で獲得する（IFRS15.B61）。つまり知的財産の使用権の支配の移転時点の評価は，企業の観点（すなわち，企業がライセンスを移転する時点）からではなく，顧客の観点（すなわち，顧客がライセンスされた知的財産を使用して便益を得ることが可能となる時点）から実施されるべきである。たとえば，顧客にソフトウェアの使用権が供与されるものの，ソフトウェアを使用可能にするために必要となるコードが契約期間の開始後1週間後まで引き渡されない場合のように，ライセンスが供与される時点と，顧客が支配を獲得する時点（すなわち収益認識時点）とが異なる場合がある。

図表7－8－1は，知的財産のライセンスの会計処理をまとめたものである。

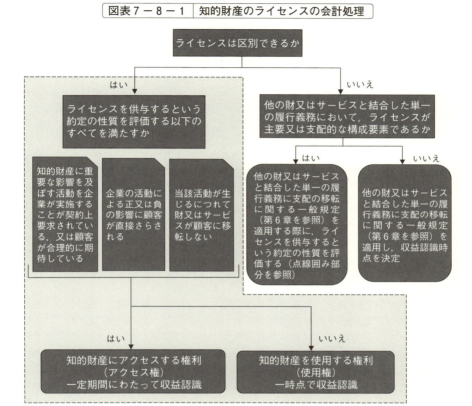

図表7-8-1 知的財産のライセンスの会計処理

現行IFRSとの差異

・IAS第18号では，知的財産の利用の対価であるライセンス料及びロイヤルティは，契約の実質に従い収益認識するとされているのみで，その会計処理について詳細なガイダンスは定められていない。一方，IFRS第15号では，知的財産のライセンスが区別できるか否かで異なるガイダンスが適用される。ライセンスが区別できる場合，ライセンス対象となる知的財産がライセンス期間を通じて変化するかどうかに基づき，使用権として一時点で収益認識するのか，又はアクセス権として一定期間にわたり収益認識するのかが決定される。こうしたライセンスの性質に着目して収益認識時点を決定するという考え方はIAS第18号では採られていないた

め，ライセンスに関する会計処理は両基準間で重要な差異が生じうる領域の1つであるといえよう。

- IAS第18号では，実務上，ライセンスを供与された企業がある技術を一定期間にわたり利用する権利を有する場合には，契約期間にわたり定額法で収益認識する旨のガイダンスが設けられており，この点，ライセンスに係る収益を一時点で又は一定期間にわたり認識するのかの判断にあたり，契約期間に係る制限を考慮しないことを求めるIFRS第15号の下での取扱いとの間に差異が生じる可能性がある。

- IAS第18号では，ライセンスではなく，実質的に知的財産の販売（ライセンスを供与された企業がその権利を自由に活用することができ，ライセンスを供与した企業に履行すべき義務が残っていない解約不能契約において，固定使用料又は返還不能な保証金と交換に権利を与えることは実質的には販売である）に該当する場合に関するガイダンスが設けられており，その場合には，収益は販売時点で認識される。実質的な販売取引に該当しうる例として，ライセンスを供与した企業が引渡後，義務をもたないソフトウェアのライセンス契約や，企業が映画の上映権を供与するが，ライセンスを供与される企業を管理せず，かつ興行収入から何らの収益も期待していない契約が挙げられている。一方，IFRS第15号では，知的財産のライセンスに関する適用ガイダンスは，ライセンスのみに適用され，知的財産そのものの販売取引には適用されない。知的財産の販売取引については，収益認識時点の決定に関する一般規定（第6章）に従って，収益を一時点で又は一定期間にわたり認識すべきかが決定される。したがって，知的財産のライセンス契約がライセンスなのか又は実質的な販売なのかについて，契約条件及び関連する事実と状況に基づき慎重に判断することが必要である。IAS第18号の下で実質的な販売取引として処理されている取引であれば，IFRS第15号の下でも一時点で収益認識される可能性が高いと思われるが，いずれの規定が適用されるのか，またその規定に照らして判断した場合に，現行の取扱いとは異なる結果となる可能性がある。

■日本基準との差異■

- 日本基準には，知的財産のライセンスの会計処理全般を取り扱っている規定はない。そのため，さまざまな実務が見受けられる。たとえば，知的財産のライセンス契約に追加の財又はサービスの提供やその他の活動を行う義務が含まれていれば，そうした義務の充足期間にわたり収益を認識する又は完了時点まで収益の認識を繰り延べる一方，そうした義務がなければ契約開始時点で全額を収益認識している場合がある。また，ライセンス期間の定めがある場合には，当該期間にわたり定額で収益認識している実務や，契約開始時点で返還不要の契約一時金を受け取る場合には，返還不要であることを理由として当該時点で全額を一括で収益認識している実務も見受けられる。一方，IFRS第15号では，知的財産のライセンスが区別できるか否かや，ライセンスがアクセス権又は使用権のいずれであるのかの判断に基づき収益認識時点を決定することを求める詳細なガイダンスが定められ

ていることから，ライセンスに関する会計処理は，日本基準における現行実務から大きな変更が求められる可能性がある領域といえる。

・IFRSではライセンス期間はライセンスの属性を定めるものであって，ライセンスがアクセス権なのか又は使用権なのかの判断に影響を及ぼさないため，現行の処理としてライセンス期間に定めがある点に着目して当該期間にわたり収益認識している場合には，収益認識時点及び金額が変更される可能性がある。

設例 7−8−2　ライセンスを供与するという約定の性質－アクセス権か使用権か①

　コーヒーショップを運営するA社は，その商標を使用し，確立されたサービス・マニュアルに従ってその商品を10年間販売する権利を加盟店に与えるフランチャイズのライセンス契約を締結する。

　契約には，ライセンスに加えて，店舗のオープン前にコーヒーショップを運営するために必要な設備を提供することも定められている。

　契約上，A社はそれらの財又はサービスを移転する以外に何らの義務も有していない。

　A社は，ライセンスの対価として毎月加盟店売上の5％のロイヤルティ（売上高ベースのロイヤルティ，以下(5)を参照）を，また設備の対価として設備の引渡時点で15,000,000円を受け取る。

　フランチャイズ本部として機能するA社は，その通常のビジネスの一環として，最終消費者のニーズの分析，新商品の開発や既存商品の改善，サービス・マニュアルの改善，価格戦略，広告宣伝，店舗運営の効率化などの活動を実施し，ブランド力の維持及び向上につなげている。

　A社は，この契約には，フランチャイズに係るライセンスの供与及び設備の提供という2つの履行義務が存在すると判断している。

解説

・A社は，以下のように，アクセス権に分類されるための要件に照らして，フランチャイズのライセンスを供与するという約定の性質がアクセス権なのか又は使用権なのかを評価する。

	要　　件	評　　価	判定
a）	顧客が権利を有する知的財産に著しい影響を及ぼす活動を企業が実施することが、契約により要求されている、又は顧客が合理的に期待している	・加盟店が当該フランチャイズ権から便益を得る能力は、実質的に以下のA社が実施すると加盟店が期待している活動から得られるか又は当該活動に依存している。 ・加盟店は、A社が通常のビジネスの過程で、最終消費者のニーズの分析、新商品の開発や既存商品の改善、サービス・マニュアルの改善、価格戦略、広告宣伝、店舗運営の効率化などの活動を実施し、ブランド力の維持及び向上につなげてきた実績から、同様の活動が行われることを期待している。 ・対価が加盟店の業績に左右される売上高ベースのロイヤルティであり、A社と加盟店との間で経済的利益が共有されていることから、A社が利益を最大化するためにライセンスに著しい影響を与える活動を実施することを、加盟店が合理的に期待していることが示唆される。	○
b）	顧客が、ライセンスの下で供与された権利により、a）で識別された企業の活動からの正又は負の影響に直接さらされる	・上記のA社の活動によりライセンス対象の知的財産に変更が生じているが、加盟店は、ライセンス契約により当該変更を実行することを要求されるため、それらの活動から正又は負の影響にさらされる。	○
c）	a）で識別された活動が実施されるにつれて、顧客に財又はサービスが移転されることがない	・加盟店は、ライセンスの下で供与された権利を通じてA社の活動からの便益を受ける可能性はあるものの、それらの活動により、その実施に応じて加盟店に財又はサービスが移転されることはない。	○

・上記のようにアクセス権といえるための要件がすべて満たされているため、A社は、その約定の性質はライセンス期間にわたりその時点の最新の状態にある知的財産へのアクセスを提供するものであり、一定期間にわたり充足される履行義務に該当すると判断する。
・A社は、当該履行義務に関する自社の履行を最も適切に描写する進捗度の

第7章　個別論点　257

測定方法を用いて，収益を一定期間にわたり認識する。

設例7-8-3　ライセンスを供与するという約定の性質－アクセス権か使用権か②

　ソフトウェアの開発を行うA社は，分析及び計算処理を行うソフトウェアのライセンスを供与するとともに，そのインストール・サービスを行い，不特定のソフトウェア・アップデートを提供する契約を顧客と締結する。

　契約によれば，A社には，それらの財又はサービスを移転する以外に何らの義務も存在しない。

　A社は，区別可能性に基づく履行義務の要件に照らして，当該契約には，ソフトウェア・ライセンス，インストール・サービス及び不特定のソフトウェア・アップデートという3つの履行義務が存在すると判断している。

解説

・A社は，以下のように，アクセス権に分類されるための要件に照らして，ソフトウェア・ライセンスを供与するという約定の性質がアクセス権なのか又は使用権なのかを評価する。

	要　件	評　価	判定
a)	顧客が権利を有する知的財産に著しい影響を及ぼす活動を企業が実施することが，契約により要求されているか，又は顧客が合理的に期待している	・当該ソフトウェアは分析及び計算処理を行う機能を持っており，顧客が当該ソフトウェアから便益を得る能力の大部分は，当該機能性から生じる。 ・A社には，ソフトウェア・アップデートを除き，ライセンス期間中にソフトウェアの機能性を変化させることになる活動を行う契約上の義務はない。なお，当該評価に際し，顧客にサービスを移転することになる，ソフトウェア・アップデートを提供するという独立した履行義務に関する活動及びそれによるソフトウェアへの変更は無視する。 ・当該ソフトウェアは独立した機能性を有することから，顧客はA社がソフトウェアに著しい影響を及ぼす活動を実施することを期待していない。	×

b)	顧客が，ライセンスの下で供与された権利により，a) で識別された企業の活動からの正又は負の影響に直接さらされる	・上記a) 参照	×
c)	a) で識別された活動が実施されるにつれて，顧客に財又はサービスが移転されることがない	・上記a) 参照	×

・上記のように当該ライセンスはアクセス権といえるための要件を満たしておらず，A社は，その約定の性質はライセンスの供与時点で存在するA社の知的財産を使用する権利を提供することであると結論付ける。したがって，当該ライセンスを一時点で充足される履行義務として会計処理する。

検討を要する取引の形態及び業界の例

個々のライセンス契約の条件，及び関連する事実と状況を慎重に検討する必要があるものの，以下に一般的にアクセス権又は使用権に該当しうる知的財産のライセンスの種類を挙げている。

アクセス権	使用権
・商標権 ・フランチャイズ権 ・チーム名やロゴに対する権利	・ソフトウェア（ただし，ウイルス対策ソフトウェア等は，アクセス権に該当する可能性がある） ・生物学的化合物 ・薬剤化合物 ・映画，音楽などのメディア・コンテンツ ・特許権

実務適用上のポイント

☑ライセンスの支配の移転時点と支払条件

　　知的財産のライセンスを供与する約定の性質の評価により収益認識が一時点又は一定期間にわたり認識されるかが決定されるが，収益が一時点で認識される一

第7章 個別論点 259

方，支払いはライセンス期間にわたり均等に行われる場合や，その反対に収益は一定期間にわたり認識される一方，支払いが契約締結時に一括して行われる場合のように，収益認識時点と支払時点が異なる場合には，契約に重要な金融要素が含まれているかどうかを検討する必要がある（「第5章①3．重要な金融要素」を参照）。

☑アクセス権に該当する知的財産のライセンスに変動対価がある場合

　知的財産にアクセスする権利を供与するライセンスの多くが，ほぼ同一で，顧客への移転パターンが同じである一連の区別できる財又はサービス（たとえば，月次のアクセスなど，知的財産にアクセスする期間）に該当する可能性がある。知的財産のアクセス権を供与するライセンスが一連の区別できる財又はサービスの要件（「第4章3．実質的に同一で，顧客への移転パターンが同じである，一連の区別できる財又はサービス（一連の区別できる財又はサービス）」を参照）を満たし，かつ契約に売上高又は使用量ベースのロイヤルティ（以下「(5)　知的財産のライセンスに関する売上高又は使用量ベースのロイヤルティ」を参照）などの変動対価が含まれている場合，変動対価の配分に係る例外規定（第5章②2．(2)を参照）における要件が満たされるか，よって，変動対価を特定の区別できるアクセス期間に配分する必要があるかどうかを検討する必要がある。

☑アクセス権に該当する知的財産のライセンスに係るロイヤルティの収益認識

　IFRS第15号では，アクセス権に該当する知的財産のライセンスの進捗度の測定方法について，特段の規定は設けられていない。そのため，そうしたライセンスに関して，企業の履行を描写する適切な進捗度の測定方法を決定し，顧客による事後的な売上又は使用が発生した時点でロイヤルティに係る収益を認識した場合に，当該履行義務が充足される前に収益が認識されてしまう結果にならないか判断する必要がある（以下(5)を参照）。

　進捗度を測定する際にアウトプット法を用いる場合，実務上の簡便法（「第6章3.(1)①　アウトプット法」を参照）が設けられており，現在までに完了した企業の履行の顧客にとっての価値に直接対応する金額で顧客から対価を受け取る権利を有している場合には，請求する権利を有する金額で収益を認識することが認められている。売上高又は使用量ベースのロイヤルティを受け取る権利は，企業が現在までに完了した履行の顧客にとっての価値に直接対応していることが多い。そのため，当該実務上の便法を適用した場合のアウトプット法による進捗度の測定値が，適切となる可能性がある。

　その場合，ロイヤルティに係る例外規定の適用により，顧客による売上又は使用が発生する時点で又は発生するにつれて，売上高又は使用量ベースのロイヤルティから生じる収益を認識することになる可能性が高い。

⑷ 結合された履行義務においてライセンスが主要又は支配的な構成要素である場合

　知的財産のライセンスと他の財又はサービスとが結合された単一の履行義務においてライセンスが主要又は支配的な構成要素である場合，第6章で説明した収益認識時点の決定に関する一般規定（IFRS第15号第31項から第45項）に従って当該結合された履行義務の収益認識時点を決定するにあたり，ライセンスに関する適用ガイダンスを考慮する必要がある。つまり，顧客に対する履行義務を充足した時に又は充足するにつれて収益を認識するという一般原則を適切に適用するために，単一の履行義務に含まれるライセンスを供与するという約定の性質を評価することが求められる。ライセンスが顧客に知的財産を使用する権利を供与しているのか，あるいは知的財産にアクセスする権利を供与しているのかについての結論は，結合された単一の履行義務の収益認識時期に重要な影響を及ぼす可能性がある。

　結合された単一の履行義務においてライセンスが主要又は支配的な構成要素である場合，収益認識時点に関する以下の事項を決定するにあたり，ライセンスに関する適用ガイダンスを適用し，結合された履行義務に含まれるライセンスを供与するという約定の性質を考慮しなければならない。

> ・当該履行義務が一定期間にわたり充足されるのか，又は一時点で充足されるのか。
> ・当該履行義務が一定期間にわたり充足されると判断された場合，当該履行義務の完全な充足に向けての進捗度の測定方法。

　なお，IFRS第15号では，どのような場合にライセンスが主要又は支配的な構成要素であるのかを判断するための明確なガイダンスは提供されてはいない。そのため，当該評価に際して，ライセンスを含む結合された単一の履行義務に係る定性的及び定量的要因の双方を考慮の上，相当な判断を求められる場合も考えられる。

　以下の設例7−8−4では，ライセンスが主要又は支配的な構成要素である結合された履行義務について，収益認識時点，及び一定期間にわたり充足される履行義務の場合に完全に充足に向けての進捗度の測定方法を決定する際に，ど

第7章　個別論点　261

のようにライセンスに関するガイダンスが適用されるのかを示している。

設例 7 − 8 − 4　結合された履行義務の主要又は支配的な構成要素がライセンスである場合

　　A社は，10年間にわたり知的財産のライセンスを供与すると同時に，最初の5年間にわたり関連する製造サービスを提供する契約を顧客と締結する。

解説

・当該知的財産のライセンスと製造サービスが区別できず，かつライセンスが当該結合された履行義務において支配的な構成要素であると判断される場合，顧客に対する履行義務を充足した時点で又は充足するにつれて収益を認識するという一般原則を適切に適用するために，当該結合された履行義務に含まれるライセンスを供与するという約定の性質を評価する必要がある。すなわち，ライセンスに係る適用ガイダンスに従って，当該結合された履行義務に含まれるライセンスがアクセス権なのか使用権なのかを評価し，その結果，当該ライセンスがアクセス権である場合には，その進捗度を測定するために適切な方法を選択しなければならない。

・仮に当該ライセンスが結合された単一の履行義務の一部ではなく，それ単独で区別できる履行義務であったならば，当該ライセンスがアクセス権を表すのであれば，10年間のライセンス期間にわたって当該履行義務は充足される一方，使用権であれば，ライセンスを使用して便益を得ることが可能となった期間の開始時点で，当該履行義務は充足されると判断されることになる。

・そのため，結合された履行義務の一部を構成する当該ライセンスが知的財産にアクセスする権利を供与していると結論付けられる場合，当該結合された履行義務は，10年間のライセンス期間が終了するまで完全に充足されることはないと考えられる。したがって，当該結合された履行義務が，ライセンス期間である10年間ではなく，製造サービスの提供期間である最初の5年間にわたり充足されると結論付けることは不適切となる。

・対照的に，当該ライセンスが，知的財産を使用する権利を供与している場合，当該結合された履行義務は，ライセンスが供与された契約の開始時点ではなく，製造サービスが完了する5年目の終了時点で初めて完全に充足される可能性が高いと考えられる。

(5) 知的財産のライセンスに関する売上高又は使用量ベースのロイヤルティ

知的財産のライセンス契約の対価として，当該ライセンスを用いた製品等の売上高又は使用量に基づき，事後的にロイヤルティが支払われることがある。こうした売上高又は使用量ベースのロイヤルティは変動対価に該当する。第5章①2.で解説したように，契約に変動対価が含まれる場合，当該変動対価を見積り，事後的に不確実性が解消された時点で大幅な収益の戻入れが生じない可能性が非常に高い範囲で当該見積額を取引価格に含め，関連する履行義務が充足された時点で収益が認識されることになる。

しかし，知的財産のライセンス契約に係る売上高又は使用量ベースのロイヤルティは長期間にわたり支払われることが多く，そうした期間にわたり企業の履行とは無関係の状況の変化により収益認識累計額に多額の修正が行われることは財務諸表利用者に目的適合性のある情報をもたらさないと考えられることから（IFRS15.BC415），IFRS第15号には，知的財産のライセンスと交換に支払われる売上高又は使用量ベースのロイヤルティの収益認識時期に関して，以下のような変動対価の測定原則に対する例外規定が設けられている（IFRS15.58）。

知的財産のライセンスに係る売上高又は使用量ベースのロイヤルティは，以下のいずれか遅い時点で収益を認識する（IFRS15.B63）。

> ・事後的な売上又は使用が生じた時点
> ・当該ロイヤルティの一部又は全部が配分されている履行義務が（部分的に）充足された時点

この例外規定により，知的財産のライセンスに係る売上高又は使用量ベースのロイヤルティは，不確実性が解消されるまで，すなわち実際に顧客による事後的な売上又は使用が生じるまで，収益が認識されることはない。ただし，収益は履行義務が充足された時点で又は充足されるに応じて認識するという原則に従い，ロイヤルティに係る収益が関連する履行義務が充足される前に認識されることはない。

なお，当該例外規定は，売上高又は使用量ベースのロイヤルティが知的財産

第7章　個別論点　263

のライセンスのみに関係している場合だけでなく，ロイヤルティが関係する支配的な項目が知的財産のライセンスである場合にも適用される（IFRS15.B63A，B63B）。すなわち，この例外規定は，ロイヤルティが関係する知的財産のライセンスが独立した履行義務に該当するか否か，またロイヤルティが知的財産のライセンスに加え別の履行義務にも関連するか否かに関係なく，すべての知的財産のライセンスに適用される。

　また，ロイヤルティが関係する唯一又は支配的な項目が知的財産のライセンスであるため当該例外規定が適用される場合，ロイヤルティ全体を当該例外規定に従って会計処理することが求められる。つまり，単一のロイヤルティを分割して，知的財産のライセンスに係る部分に当該例外規定を適用し，残りの部分に変動対価に係る一般規定を適用することは認められない。

　なお，知的財産のライセンスが売上高又は使用量ベースのロイヤルティが関連する支配的な項目であるか否かの判定にあたっては，顧客がロイヤルティが関連する他の財又はサービスよりもライセンスに著しく大きな価値を置いているかどうかなどを考慮することが考えられるが，相当な判断が必要となる場合もあろう。

　図表7−8−2は，売上高又は使用量ベースのロイヤルティの会計処理をまとめたものである。

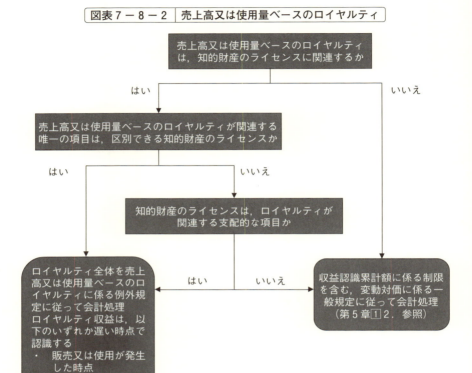

図表7－8－2　売上高又は使用量ベースのロイヤルティ

IFRS第15号の明確化における主要ポイント

- 2016年4月の改訂において，知的財産のライセンス契約においてライセンスが唯一の約定ではなく，他の財又はサービスが含まれる場合に，知的財産のライセンスに関連する売上高又は使用量ベースのロイヤルティに係る例外規定が，どのような範囲で適用されるのかが明確化された。この改訂により，ロイヤルティが関連する唯一又は支配的な項目が知的財産のライセンスである場合，ロイヤルティに係る例外規定は，ロイヤルティ全体に適用されることになる。
- さらに，売上高又は使用量ベースのロイヤルティについては，その全体に当該例外規定又は変動対価に係る一般規定のいずれか一方を適用することが要求され，ロイヤルティを分割して，各要素に異なる規定を適用することは認められないことが明確化されている。

第7章　個別論点　265

設例7-8-5　知的財産のライセンスに関する売上高又は使用量ベースのロイヤルティ

映画の配給会社であるA社は，映画館を経営する顧客にある映画を6週間上映する権利を与えるライセンスを供与する。

また，契約により，A社は，映画公開の1カ月前から6週間の公開期間が終了するまでの間，TV，新聞及び雑誌に当該映画の広告宣伝を行うとともに，上映初日プレミアには主演俳優を呼ぶことが要求されている。

ライセンスの対価として，顧客はA社にこの映画の興行収入の25％を支払う。公開初月の当該映画の興行収入は，40億円であった。

A社は，映画のライセンスと広告宣伝サービスのそれぞれが独立した履行義務に該当すると判断する。

映画のライセンスと広告宣伝サービスの独立販売価格は，18億円と2億円と見積られた。

日本基準では，広告宣伝サービスについては特段の会計処理はなされておらず，興行収入が生じた時点で収益を計上しているものとする。

解説

・この契約には，映画のライセンス及び広告宣伝サービスが含まれているが，唯一の対価が売上高ベースのロイヤルティであるため，当該ロイヤルティは映画のライセンスと広告宣伝サービスの両方に関係する。

・A社は，映画のライセンスが，売上高ベースのロイヤルティが関連する支配的な項目であると結論付ける。これはA社が，顧客が広告宣伝サービスよりもライセンスに大きな価値を見出していると考えているためである。

・したがって，知的財産のロイヤルティに係る例外規定をロイヤルティ全体に適用し，A社は売上高ベースのロイヤルティからの収益を，事後的に顧客の売上が生じた時点，もしくは履行義務が充足された時点のいずれか遅い時点で認識する。

・A社は，映画のライセンスと広告宣伝サービスはそれぞれ独立した履行義務に該当すると判断しているため，当該売上高ベースのロイヤルティは各履行義務に配分される。

・A社は，公開初月のロイヤルティ収入10億円（＝40億円×25％）を相対的な独立販売価格に基づき各履行義務に以下のように配分する。

（単位：百万円）

履行義務	独立販売価格	%	配分金額
映画のライセンス	1,800	90%	900
広告宣伝サービス	200	10%	100
合計	2,000	100%	1,000

- A社は，映画のライセンスがアクセス権と使用権のいずれに該当するのか
を評価する。映画のコンテンツには，その内容の映画を繰り返し再生，上
映する能力（機能性）が備わっており，顧客は当該映画コンテンツを再生・
上映することにより，当該映画からの便益の大部分を得ることになる。そ
のため，当該ライセンス契約では，独立した履行義務である広告宣伝サー
ビスを除き，A社は何らの活動を実施することを要求されておらず，また
顧客も期待していない。したがって，A社は，当該ライセンスはアクセス
権として会計処理するための要件を満たさず，ライセンスを供与した時点
で存在する形態及び機能性の映画の使用権に該当すると判断する。なお，
A社の活動が映画に著しい影響を及ぼすか否かを評価する際には，別個の
履行義務であり，顧客にサービスを移転することになる広告宣伝サービス
に関して企業が実施する活動は無視する。
- 映画のライセンスは，映画が公開された一時点でその支配が顧客に移転す
る使用権であることから，当該履行義務に配分された売上高ベースのロイ
ヤルティ9億円は興行収入が生じた時点で直ちに収益認識される。
- 一方，広告宣伝サービスに配分された1億円については，当該履行義務に
おける企業の履行を最も適切に描写する進捗度の測定値（充足済みの履行
義務）を算定し，当該測定値を超過しない範囲で，収益が認識されること
になる。

実務で生じうる影響

- このケースでは，日本基準上，興行収入が発生した時点でロイヤルティ全
額について収益を認識しているが，IFRS第15号の下でも，使用権に該当
する知的財産のライセンスについては，映画の公開時点ですでに履行義務
が充足されていることから，興行収入の発生時点でロイヤルティ収益が認
識されると考えられ，両基準間の取扱いはおおむね整合していると考えら
れる。しかし，IFRS第15号の下では，映画のライセンスと広告宣伝サー
ビスがそれぞれ独立した履行義務に該当し，よって変動対価の一部を配分

第7章 個別論点 267

すべきか，また各履行義務がいつ充足されるのかの判断により，収益認識
の金額と時期に影響が及ぶ可能性がある。

■現行IFRSとの差異■

IAS第18号では，使用許諾料又はロイヤルティの受領が将来の事象の発生に依存す
るならば，収益はそれらを受け取る可能性が高い場合にのみ認識されるが，通常は
それは当該事象が発生した時点であるとされている（IAS18.IE20）。そのため，売上
高又は使用量ベースのロイヤルティについては，IFRS第15号と同様に，IAS第18号
の下でも事後的に売上又は使用が生じた時点で収益を認識しているケースが多いも
のと考えられる。

■日本基準との差異■

日本基準では，知的財産のライセンスに係る売上高又は使用量ベースのロイヤル
ティに関して明確な定めはない。一般的には，関連する売上又は使用が生じた時点
で収益認識している実務が多いため，IFRS第15号の規定と整合した取扱いを行って
いる企業が多いと思われる。

■検討を要する取引の形態及び業界の例

・特許権や商標権などの知的財産のライセンスの対価として，当該ライセンスを使
　用した製品の売上高に応じた販売ロイヤルティ，又は売上目標を達成した場合の
　販売マイルストーンを受け取る契約
・製薬業界における，医薬品化合物の研究開発及び販売に係るライセンスの対価と
　して，契約一時金に加え，事後的な医薬品の売上に基づくロイヤルティやマイル
　ストーン・ペイメントを受け取る契約
・メディア・エンターテイメント業界において，映画等の映像コンテンツ又は音楽
　コンテンツについて，映画の興行収入，それらコンテンツを収めたDVD等の売上，
　放映やダウンロード回数に応じたロイヤルティを受け取る契約
・小売業界において，コンビニエンスストアや飲食店等のフランチャイズ契約を締
　結している場合に，加盟店の売上に応じてロイヤルティを受け取る契約
・ソフトウェア業界における，ソフトウェア・ライセンスの対価を使用量に基づき
　受け取る契約

■実務適用上のポイント

☑売上高又は使用量ベースのロイヤルティに係る規定の適用範囲
　　売上高又は使用量ベースのロイヤルティに係る例外規定は，知的財産のライセ
ンスのみに適用することを意図して設けられたものである。そのため，契約対価

が売上高又は使用量ベースのロイヤルティの形態をとっていたとしても，知的財産のライセンス以外の財又はサービスの提供契約（たとえば，クリック数に応じた従量課金制の広告収入）や，ライセンスではなく知的財産の販売契約には当該例外規定は類推適用できず，変動対価の見積り及びその制限に係る一般規定を適用することが求められる。

☑売上高又は使用量ベースのロイヤルティの範囲

　　ロイヤルティに係る例外規定は，必ずしも契約対価がロイヤルティの形態をとるものに限定して適用されるわけではないと考えられる。たとえば，知的財産のライセンス契約に，売上目標を達成した場合に支払われる販売マイルストーンが定められていることがあるが，これは顧客が事後的に売上目標を達成するか否かにより支払われるかどうかが不確実な対価であり，変動対価に該当する。

　　ライセンス契約の条件及び関連する事実や状況に基づき慎重に判断する必要があるものの，こうした顧客の事後的な売上高又は使用量に基づく閾値を参照して算定される固定金額の変動対価にも，当該例外規定が適用されるものと考えられる。

　　そのため，たとえば，顧客が売上高50億円を達成すれば，販売目標達成によるマイルストーン支払いとして追加で２億円が支払われる契約条件が存在する場合，当該例外規定に従って，顧客が当該売上目標を達成した時点で（関連する履行義務は充足済みとの前提），当該販売マイルストーン２億円の収益を認識することになる。

☑顧客の売上高又は使用量のデータが適時に入手できない場合の取扱い

　　売上高又は使用量ベースのロイヤルティについては，すでに関連する履行義務が充足されている場合，顧客による事後的な売上又は使用が生じた時点で収益が認識されるが，顧客による実際の売上高又は使用量のデータが報告期間の末日時点で迅速に入手できない場合も想定される。

　　その場合，「第５章①　取引価格の決定（ステップ３）」で説明した，変動対価を含む取引価格の決定に係る一般規定に従い，顧客による売上高又は使用量及びそれらに基づくロイヤルティを見積った上で，当該見積額に収益認識累計額に係る制限をかけるべきか否かを検討する必要があると考えられる。

　　そのため，これまで顧客から売上高又は使用量に関する報告書を受領するまでロイヤルティから生じる収益の認識を遅延していた企業にとっては，顧客による売上又は使用が発生した時点で，上記の取引価格の決定に係る一般規定に従い算定された見積取引価格で収益を認識するプロセスを構築する必要があろう。

☑売上高又は使用量ベースのロイヤルティの履行義務への配分

　　売上高又は使用量ベースのロイヤルティについては，その全体がロイヤルティに係る例外規定又は変動対価に係る一般規定のいずれかに基づいて収益認識されることになるが，契約に含まれるライセンスと他の財及びサービスがそれぞれ独立した履行義務である場合には，いずれの規定が適用されるかに関係なく，当該ロイヤルティを各履行義務に配分する必要がある点に留意されたい（上記設例７－８－５を参照）。

9 顧客による将来に財又はサービスを受け取る権利の不行使

 重要ポイント

・商品券など，将来の財又はサービスに対して返金不能な前払いを受領するものの，その一部が使用されないと見込まれる場合には，過去の実績等に基づき高い確度で当該未使用部分の金額を見積れるか否かにより，当該未使用部分に係る収益の認識時点に影響が及ぶ。

たとえば，商品券，プリペイドカード，航空券などのように，将来に提供される財又はサービスに対して顧客から返金不能の前払いを受けることがある。返金不能な前払いは，将来に財又はサービスを受け取る権利を顧客に与える。そうした取引では，顧客から前払いを受領した時点で，当該前払金額を契約負債として認識し，企業が顧客に財又はサービスを移転することで，その履行義務を充足した時点で，当該契約負債の認識が中止され，収益が認識される。

しかし，顧客が最終的に財又はサービスを受け取る権利の一部を行使しないことがある。そうした状況では，企業が顧客による権利行使がされないと見込まれる未使用部分の金額に対する権利を得るか否かによって，以下の時点で収益が認識される（IFRS15.B46）。

未使用部分の金額に対する権利を得ると見込む場合	未使用部分の金額に対する権利を得ると見込めない場合
顧客による権利行使がされないと見込まれる未使用部分の金額は，顧客による権利行使のパターンに比例して，すなわち，権利行使が見込まれる部分合計（見積使用部分合計）に対するすでに行使された部分（使用部分合計）の割合で，収益として認識される。	未使用部分の金額は，顧客がその権利を行使する可能性がほとんどなくなった時点で，収益として認識される。

企業が，顧客による権利行使がされないと見積られた未使用部分の金額に対する権利を得ると見込むか否かの判断にあたっては，変動対価に係る制限を考慮する必要がある（IFRS15.B46）。すなわち，権利行使がされないと見積られ

た未使用部分について収益を認識すると，事後的に重大な収益の戻入れが発生する可能性が高い場合，企業は権利行使がされないと見込まれる未使用部分の金額に対する権利を得ると見込むことはできず，よって，戻入れの可能性が非常に低くなるまで，当該金額を収益として認識することはできない。

なお，顧客による権利行使がされなかった未使用部分に関する法律により，政府機関などの第三者に当該未使用部分に関する対価を送金することが要求される場合には，当該金額に関して負債を認識しなければならない（IFRS15.B47）。

▌現行IFRSとの差異▌ ....

現行IFRSには，顧客が将来に財又はサービスを受け取る権利を行使しない場合の取扱いを定めたガイダンスは存在しない。しかし，実務上は，権利行使がされないと見込まれる未使用部分を合理的に見積れる場合には，当該未使用部分に係る金額は財又はサービスが移転されるに応じて比例的に，又は合理的に見積れない場合には，権利行使される可能性がほとんどなくなった時点で収益認識されていると考えられる。

▌日本基準との差異▌ ....

・日本基準には，顧客が将来に財又はサービスを受け取る権利を行使しなかった場合の取扱いについて，一般的に定めた規定はない。権利行使がされないと見込まれる未使用部分に係る収益は，権利が消滅した時点又は行使される可能性が低くなった時点で認識している実務が多い。
・商品券については，税法の取扱いに合わせ，発行年度の翌期首から3年経過した日の属する事業年度の終了時点で，未使用部分に係る負債を全額収益として認識し，同時に将来使用が見込まれる部分を引当計上する実務がある。
・一方，IFRSでは，企業が顧客による権利行使がされないと見込む未使用部分の金額に対する権利を得ると見込む場合，当該金額は顧客による権利行使のパターンに応じて収益として認識されることになるため，両基準間で収益認識時点に差異が生じる可能性がある。

....

▌設例7-9-1▌ 顧客による将来に財又はサービスを受け取る権利の不行使－ギフト券

衣料品チェーン店を運営するA社は，第1年度に自社の店舗で使用できるギフト券を1,000億円販売した。

A社は，過去の経験に基づき，当該ギフト券の98%は第4年度までに使用され，第5年度以降に残りの2%が使用される可能性はほとんどない，つま

第7章　個別論点　271

り最終的な使用率は98％と予想する。

（単位：百万円）

	発行金額	使用金額	使用金額累計	未使用金額
第1年度		60,000	60,000	40,000
第2年度		30,000	90,000	10,000
第3年度		7,000	97,000	3,000
第4年度		1,000	98,000	2,000
合計	100,000	98,000	98,000	2,000

　なお，A社は，日本基準上，法人税法の取扱いに合わせて，ギフト券の発行年度の翌期首から3年経過した日の属する事業年度の終了時点（第5年度末）で，未使用部分に係る負債を全額収益として認識するとともに，将来使用が見込まれる部分があれば引当金を計上しているものとする。

解説

・A社は，実績に基づき，第4年度より後にギフト券が使用される可能性はほとんどないと見込んでいるため，使用されないと見込まれる20億円のギフト券を取引価格に含めても，大幅な収益の戻入れが生じない可能性が非常に高いと判断する。
・そのため，当該見積未使用金額は，ギフト券と交換に財又はサービスが引き渡されるに応じて，すなわち使用されたギフト券に係る売上に比例して収益として認識される。

（単位：百万円）

	収益認識額	内訳	
		ギフト券の使用による収益	見積未使用金額に係る収益
第1年度	61,224	60,000	1,224（＝2,000×（60,000／98,000））
第2年度	30,613	30,000	613（＝（2,000×（90,000／98,000））−1,224）
第3年度	7,143	7,000	143　（＝（2,000×（97,000／98,000））−1,837）
第4年度	1,020	1,000	20　（＝（2,000×（98,000／98,000））−1,980）
合計	100,000	98,000	2,000

272

実務で生じうる影響

・このケースでは，日本基準上，使用されないと見込まれる20億円のギフト券に係る収益は，第5年度末に一括して認識される一方，IFRS第15号では，発行時点からそれ以上の使用が見込まれなくなる第4年度までの期間にわたり，ギフト券が使用されるに応じて認識されることになり，収益認識時点が早まることになる。

実務適用上のポイント

☑顧客による権利行使がされない未使用部分の取扱いに関するガイダンス

　上記の設例7-9-1では，契約に単一の履行義務しか存在しない場合に，顧客による権利行使がされないと見込まれる未使用部分に関する会計処理について説明した。一方，契約に複数の履行義務が存在する場合の顧客による権利行使がされない未使用部分に関する会計処理は，「本章②　追加の財又はサービスに関する顧客の選択権」でも取り扱われている。

　たとえば，販売契約の一環として付与され，独立した履行義務として取り扱われるカスタマー・ロイヤルティ・ポイントは，その一部が使用されないことがある。重要な権利を表す顧客の選択権については，その独立販売価格を見積る際に，選択権が行使されない可能性を減額調整することで，権利行使されると見込まれる部分に対してのみ取引価格が配分される。そのため，権利行使がなされない未使用部分に関する金額は，契約に含まれるすべての財又はサービスに配分され，各財又はサービスが顧客に移転される時点で又は移転されるに応じて，収益として認識されることになる。

　つまり，上記のガイダンス又は重要な権利を与える顧客の選択権のガイダンスのいずれに基づいた場合も，権利行使される部分，すなわち，顧客に移転される財又はサービスに配分される取引価格は，権利行使がなされない部分に関する金額だけ増額され，結果として当該未使用部分に係る金額は，各財又はサービスが移転されるにつれて，比例的に収益認識されることになる。

10 不利な契約（赤字契約）

重要ポイント

・契約を履行するために要する費用が収益を上回ると見込まれる，すなわち赤字
契約の場合，予想損失を直ちに費用として認識する必要がある。

IFRS第15号の適用範囲に含まれるすべての顧客との契約について，損失が
発生すると予想される場合，IAS第37号「引当金，偶発負債及び偶発資産」に
定められる不利な契約に関する規定に従い，引当金を計上することが求められ
る（IAS37.66）。

IAS第37号では，不利な契約を以下のように定義している。

不利な契約	契約による債務を履行するために不可避的な費用が，当該契約上見込まれる経済的便益の受取額を超過している契約

不利な契約は，単に現在の価格を参照した場合に経済的に不利になる契約を
意味しているのではなく，契約に関して直接損失が発生するという点で不利な
契約になるものに限られる。

IAS第37号によれば，不利な契約を有する場合，たとえ未履行の契約であっ
ても，当該契約による現在の債務を引当金として認識し，測定することが求め
られる。契約による不可避的な費用は，契約から解放されるために最低限必要
となる費用を反映する。これは，契約履行の費用と契約不履行により発生する
補償又は違約金のいずれか小さい方である（IAS37.67-68）。

なお，不利な契約に対する引当金を計上する前に，IAS第36号「資産の減
損」に従い，当該契約に固有の資産に生じている減損損失を認識する必要があ
る（IAS37.69）。

日本基準との差異

・日本基準では，工事契約に関して，工事契約から損失が見込まれ，かつ，その金
額を合理的に見積ることができる場合には，予想される工事損失のうちすでに計

上された損益の額を控除した残額を，工事損失が見込まれた期の損失として処理し，工事損失引当金を計上すると規定されている（工事契約会計基準19）。しかし，工事契約を除き，不利な契約に関して一般的に定めた規定はない。なお，日本公認会計士協会（会計制度委員会）が公表した会計制度委員会研究資料第3号「我が国の引当金に関する研究資料」において，不利な契約として，工事損失引当金の他に，原材料等の買付契約に関連する引当金と転貸損失引当金が具体的な実務事例として取り上げられている。

・一方，IFRSでは，IAS第37号において，企業が不利な契約を有している場合には，当該契約による現在の債務を引当金として認識することが求められており（IAS37.66），当該規定は，工事契約に限定されず，IFRS第15号の適用範囲に含まれるすべての顧客との契約に適用される。

■日本基準EDとの差異 ■

・工事契約及び受注制作のソフトウェアについて，現行の工事契約会計基準と同様の工事損失引当金を計上する規定が個別に設けられている。なお，その他の顧客との契約から損失が見込まれる場合には，企業会計原則注解（注18）に従って引当金の計上の要否を検討すべきとされている（収益認識適用指針ED89,90,142,143）。

・IFRS第15号では，工事契約や受注制作のソフトウェアをその他の顧客との契約と区別していないため，工事契約や受注制作のソフトウェアに係る契約を含むすべての顧客との契約について，契約から損失が見込まれる場合には不利な契約に係る規定が適用される（IAS37.5（g））。

検討を要する取引の種類及び業界の例

- ・工事契約やソフトウェアに係る契約
- ・将来の追加契約獲得に繋げるために，赤字で新規契約を締結する場合
- ・販売価格が固定されている長期供給契約で，原材料などの市場価格が上昇した，あるいは当初想定していたルートから調達することができなくなったなどの理由により，製造原価又は仕入原価が当該販売価格を上回ると見込まれる契約

11 契約コスト

 重要ポイント

- 契約コストには，契約獲得コストと契約履行コストの2種類がある。
- 契約獲得コストとして資産化するには，当該コストが契約を獲得したことによって生じる増分コストでなければならない。
- 契約履行コストには，他の基準書で取り扱われないもののみが含まれるため，契約の履行に用いられる資源であっても棚卸資産や有形固定資産などに該当するものは，他の基準書に従って会計処理される。
- 資産化された契約コストは，その後の期間において，関連する財又はサービスの顧客への移転と整合的な方法で償却されることとなる。また，状況によって減損損失が認識される。

IFRS第15号では，顧客との契約から生じる収益だけでなく，契約の獲得に要するコスト，及び契約の履行に要するコストについての会計処理も定められている。また，これらのコストのうち資産化の要件を満たしたものについて，資産計上された後の測定方法についても定められている。

(1) 契約獲得コスト

契約獲得コストは，以下の要件を満たす場合に資産として認識される（IFRS15.91, 92）。

- 増分コスト，すなわち契約を獲得していなければ発生していなかったコストであること
- 当該コストの回収が見込まれること

増分コストの代表例として，契約成立時に支払われる販売手数料や弁護士報酬が挙げられる。増分コストに該当するかどうかの判定において，支払先が自

社の従業員なのか，社外の第三者なのかは関係ない。一方で，契約の獲得と直接関連しない他の指標（利益，1株当たり利益や業績評価など）に従って支払われるボーナスや報酬は，増分コストに該当しない可能性が高い。

また，コストの回収は，直接回収される場合（契約に基づく返金を通じた回収）と，間接的に回収される場合（契約から得られるマージンを通じた回収）の双方がある。

これらの要件を満たさないコストについては，顧客に明示的に請求可能な場合を除いて，発生時に費用処理することが求められる。なお，上記の資産化のための要件を満たす場合であっても，当該コストの償却期間（下記「(3) 契約コストの事後測定」を参照）が1年以内となる場合には，発生時に費用処理する方法も認められる（IFRS15.94）。

▌現行IFRSとの差異▐

・IAS第18号には，契約を獲得するためのコストについて，一般的に定めた規定は存在しない。そのため，契約獲得に係るコストが無形資産等の他の基準書に基づき資産計上できない限り，IAS第18号の下では，契約獲得に係るコストは資産計上されていないことが多い。
・工事契約に関するIAS第11号では，「契約に直接関連し，契約を獲得する過程で発生した原価も，それらを区分して把握し，信頼性をもって測定することができ，かつ，その契約を獲得する可能性が高ければ，工事契約原価の一部として含めることになる」（IAS11.21）とされている。ただし，IFRS第15号で採用されているような増分コストの考え方は現行基準に存在しないため，IFRS第15号への移行にあたって，資産計上されるコストの範囲に変更が生じる可能性がある。

▌日本基準との差異▐

・日本基準には，契約を獲得するためのコストについて，一般的に定めた規定は存在しない。実務上は，発生時に費用処理するケースが多いだろうが，関連する収益に対応させるために資産計上して繰り延べている実務も見受けられる。
・IFRSでは契約獲得に際し発生したコストが，受注しなければ発生しなかったであろう増分コストであり，かつ回収が見込まれるのであれば，（償却期間が1年以内となる契約でない限り）資産化しなければならないため，資産計上されるコストの範囲に変更が生じる可能性がある。

▌日本基準EDとの差異▐

現行の日本基準における棚卸資産や固定資産等，コストの資産化に関する定めがIFRSの体系とは異なることから，収益認識EDに契約コスト（すなわち契約獲得コスト及び契約履行コスト）に関するIFRS第15号の規定を含めることは見送られた。そのため，依然として資産計上の範囲についてIFRSと日本基準との間には差異が生じ

第 7 章　個別論点　277

うる。

　ただし，実務上の負担に鑑みて，以下の財務諸表においてはIFRS第15号（又は
US GAAP ASC 606）における契約コストの規定に従った会計処理も認めることと
している（収益認識ED 102）。
・連結財務諸表にIFRS又はUS GAAPを適用している企業の個別財務諸表
・連結財務諸表にIFRS又はUS GAAPを適用している企業の連結子会社の連結財務
　諸表及び個別財務諸表

TRGで取り上げられた論点及び合意内容の概要

■契約獲得コストを資産計上するタイミングについて

　IFRS第15号によって，負債に関する現行基準であるIAS第37号「引当金，偶発負
債及び偶発資産」の考え方が変わるわけではないことに合意した。つまり，企業は
まず負債に関する基準に従って支払義務が生じる時点を検討することで，当該コス
トの認識時点を決定する。その後，IFRS第15号の契約コストの規定に照らして，発
生したコストが資産化に適格か否かを判断する必要がある。この判断はたとえば，
契約の更新に際して支払われる手数料について，いつ，どの金額で資産計上すれば
良いかを検討する際に有用であり，以下の設例 7-11-1 で説明している。

設例 7-11-1　契約獲得コスト

　A社は自社の営業職員に対して，2年間のサービス提供契約を新規に締結
した場合に100千円を支払う制度を導入している。また，顧客がA社との契
約を更新した場合にも営業職員は20千円を受け取ることができる。各契約か
ら得られる利益によって，新規契約の締結及び契約更新によって生じるこれ
らの報酬は，十分に回収可能であると見込まれるものとする。

　2017年1月10日に新規契約のプロポーザルのために営業職員Bには交通費
5千円が支給された。その後，2017年3月1日にBは顧客と新規契約を締結
した。また，同年の6月30日には職員Bが2015年7月1日に締結した契約が
更新された。

　なお，日本基準では交通費の発生，及び報酬の支払いが決定した時点で費
用処理しているものとする。

解説

　検討の対象となる費用は3種類あり，それぞれ以下のように整理できる。
なお，いずれも回収可能という前提であるため，増分コストにさえ該当すれ
ば契約コストとしての資産化要件は満たす。

費用の種類	増分コストに該当するか否か	資産計上の タイミング
交通費	該当しない。 顧客への提案のために発生した費用であり，契約締結に起因して発生した費用ではない。	−
新規契約締結時の報酬	該当する。 契約締結に起因して発生した費用であり，契約を締結していなければ発生しなかった費用である。	2017年3月1日 （契約締結時）
契約更新時の報酬	該当する。 新規契約締結時の報酬と同様であり，契約の締結か更新かで違いは生じない。	2017年6月30日 （契約更新時）

・報酬の支払義務が生じた時点（＝負債が計上される時点）で契約コストも資産計上されるため，新規契約に係る契約コストは，新規契約締結時（2017年3月1日）に100千円が資産計上される。

・契約更新に係る報酬は，仮に資産化の要件を満たし，かつ当初契約の時点で更新が見込まれていたとしても2017年6月30日までは資産計上されない。これは，契約を実際に更新するまでは報酬の支払義務が生じない（＝負債が計上されない）ためである。

実務で生じうる影響

・日本基準からの移行にあたっては，契約の締結及び更新に係る営業職員への報酬を，費用から資産に振り替えることが求められる。

実務適用上のポイント

☑簡便法の一貫した適用

契約獲得コストについては，償却期間が1年以内であればそれらのコストを資産化せずに，発生時に費用計上する簡便法が認められている。IFRS第15号に明示はされていないが，企業がこの簡便法を採用するか否かは会計方針として定めるべきであり，すべての契約獲得コストに対して一貫して適用する必要があると考えられる。

☑顧客に支払われる対価との関係

契約獲得コストに係る規定を適用する前に，IFRS第15号の他の規定に該当し

第7章　個別論点　279

ないかどうかを検討する必要がある。特に，契約を獲得するために発生するコストの中には，顧客に直接支払われるものもあるだろう（たとえば，新規の通信契約を締結した顧客に支払われるキャッシュバック）。

こうしたコストについては，契約獲得コストとしての資産化の可否を検討する前に，顧客に支払われる対価（第5章①5.）に該当し，収益から控除する必要があるかどうかを検討しなければならない。

☑契約変更が生じた場合の取扱い

契約獲得コストが資産化された後に，当該コストが関連する契約に変更が生じたとする。契約変更の会計処理には3種類あるが（詳細は第3章4.を参照），特に既存契約の終了及び新規契約の創出として会計処理される契約変更に係る契約獲得コストの取扱いが問題となる。

こうした契約変更においては，当初契約に係る残りの財又はサービスが新規契約の一部を構成するため，当初契約に係る未償却の資産化された契約コストについても新規契約に引き継ぐべきと考えられる。その結果，収益が将来に向かって修正されるのと同様，契約コストについても過去の償却額は修正せず，契約変更時の残額が新たな契約期間にわたって償却されることとなる。

検討を要する取引の種類及び業界の例

・契約の締結に応じて営業職員に支払われる出来高報酬
・契約の締結に応じて販売代理店に支払われる販売・代理店手数料

(2)　契約履行コスト

契約を履行するためのコストは，資産を生じさせるコストと発生時に費用処理されるコストのいずれかである。当該コストが以下の要件をすべて満たす場合には資産として認識される（IFRS15.95）。

・他の基準書の範囲に含まれるコストではない。
・契約又は特定の予想される契約に直接関連している。
・将来において履行義務の充足（又は継続的な充足）に使用される企業の資源を創出する又は増価させる。
・当該コストの回収が見込まれる。

上記の要件を含め，資産計上すべきか否かの判断に係るプロセスの詳細は図表7−11−1を参照されたい。

図表7−11−1 契約履行コストの判定プロセス

他の基準書（IAS第2号「棚卸資産」，IAS第16号「有形固定資産」，IAS第38号「無形資産」等）の適用範囲である → 各基準書に従った会計処理

↓いいえ

当該コストが契約又は特定の予想される契約に直接関連している → いいえ →

直接関連するコストの例
- 直接材料費・直接労務費
- 契約又は契約活動に直接関連するコストの配分額（例：契約管理や監督のコスト，保険料，契約の履行に使用される器具備品の減価償却費）
- 契約に基づき顧客に明示的に請求可能なコスト
- 契約を締結したことのみを理由として発生したその他のコスト

↓はい

当該コストが将来履行義務を充足（又は継続的な充足）する際に使用される企業の資源を創出するか又は増価させる いいえ →

例：将来の履行に関連する設計やエンジニアリング・コスト
データサービス提供のためのセットアップに係るコスト

発生時費用処理

この項目には以下が含まれる
- 一般管理費（当該コストが契約に基づき顧客に明示的に請求可能な場合は除く）
- 契約価格に反映されていない，仕掛材料費，労務費又は契約を履行するためのその他の資源
- 契約における充足された（又は部分的に充足された）履行義務に関連するコスト（＝過去の履行に関連するコスト）
- 未充足の履行義務に関連するのか，又は充足した（又は部分的に充足した）履行義務に関連するのかを区別できないコスト

↓はい

当該コストが回収されると見込まれる いいえ →

回収可能といえるためには，契約に基づき返金される，又は契約から得られるマージンを通じて回収できる必要がある

↓はい

契約履行コストとして資産計上

第7章 個別論点 281

■現行IFRSとの差異■

・現行IFRSにおいても資産計上すべき項目について，IAS第2号「棚卸資産」や IAS第16号「有形固定資産」などの各基準で定められている点は同様である。 IFRS第15号によって，それら他の基準に従って資産計上されない項目が，特定の 要件を満たす場合に契約履行コストとして資産計上されることとなる。

・現行のIFRSの下では契約履行コストと同義の資産は明示的に定義されていないも のの，IFRS第15号が公表される前のIAS第2号ではサービス事業者の棚卸資産に 係る規定があるほか（IAS2.19），IAS第11号「工事契約」では工事契約の獲得まで に生じた原価を資産計上できる規定がある（IAS11.21）。そのため，契約履行コス トの範囲に含まれるコストの中には現行基準の下でも資産計上されているものも あるかもしれないが，現行基準のこれらの規定に含まれるコストの範囲は，契約 履行コストの範囲と必ずしも一致するわけではない。

・IFRS第15号の適用にあたっては，現行基準の下で資産計上しているものがIFRS第 15号の下でも資産計上の要件を満たすのか，また費用計上している項目の中に契 約履行コストとして資産計上すべきものがないか検討が必要となるだろう。

■日本基準との差異■

・日本基準には，契約を履行する際に発生したコストについて，一般的に定めた規 定は存在しない。たとえば，サービスの提供に係るセットアップコストであれば， 発生時に費用処理する実務が多い。また，工事契約などにおいて，長期間にわた り複数の契約の下で提供される同一又は類似する製品に係る設計コストなどであ れば，仕掛品として資産計上し，複数の契約期間にわたり償却している実務も見 受けられる。

・IFRSでは，セットアップに係る活動など，顧客への財又はサービスの提供前に企 業が実施する活動が財又はサービスを顧客に移転しない場合，当該活動に係るコ ストが上記の要件を満たす限り，資産計上することが求められる。そのため，現 行の処理としてこうした費用を発生時に費用処理している場合には，その認識が 繰り延べられることになる可能性がある。

■日本基準EDとの差異■

契約履行コストに係る規定は収益認識EDにも定められていないため，依然として IFRSとの差異が生じうる。詳細は「(1) 契約獲得コスト」の「日本基準との差異」を 参照されたい。

■TRGで取り上げられた論点及び合意内容の概要■

■契約締結前に生じたコストの資産計上の可否について

企業は，IFRS第15号に定められる契約に該当するための要件を満たすまでは，当 該取決めに係る収益の認識を開始することはできない。一方，契約締結を見越して 管理業務や準備作業などを開始することがあるため，これらの活動に係るコストを 契約履行コストとして資産化できるか否かが議論された。

TRGは，契約成立日（契約がIFRS第15号に基づき会計処理されるための要件を満

たす日）より前に行われた活動から生じたコストであっても，予想される契約を履行するためのコストとして資産化できることで合意した。しかし，当然ながらこれらのコストを資産化するには，コストの回収可能性など上記で解説した資産化の要件を満たす必要がある。

....

設例7-11-2　契約履行コスト

通信事業を営むA社は，固定電話とインターネットサービスを月々5千円で提供している。当該契約はいつでも違約金なしに解約ができる。A社は長年このサービスを提供しており，顧客がおおむね2年間このサービスを利用すると見積っている。当該サービスの提供にあたって係るコストは月々3千円とする。

顧客と契約を締結すると，A社は顧客宅へ技術者を派遣し，契約に定められたサービスを提供できるようにするためインターネット等の回線をセットアップする工事を行う（すなわち，当該コストは契約に直接関連している）。当該工事に係る人件費や材料費は30千円であり，A社は顧客に10千円を請求する。

なお，当該セットアップは他の基準書で資産計上されるものではなく，サービス提供にあたって使用される資源を創出するものとする。

日本基準では，工事に係るコスト30千円と顧客に請求する10千円の純額である20千円を発生時に費用処理しているものとする。

解説

・A社は顧客との予想契約期間にわたって，履行コスト30千円が回収可能か否かを判断する（前提条件からその他の要件は満たすものと捉えられる）。
・履行コストのうち10千円は顧客から直接回収可能である。
・予想契約期間の2年間にわたって得られる収益は120千円（5千円×24カ月）であり，その期間に係るコストは72千円（3千円×24カ月）である。契約のマージンから間接的に回収可能な金額は，48千円（120千円－72千円）である。
・直接及び間接的に回収可能な金額の合計58千円（10千円＋48千円）は，履行コスト30千円を上回っているため，当該履行コストは回収可能であると判断される。

第7章 個別論点　283

・以上より，A社は当該契約における履行コスト30千円を資産計上する。

実務で生じうる影響
・日本基準で発生時に費用処理されている履行コストを，顧客から直接回収可能な10千円も含めてIFRSでは資産計上し，サービスの提供期間（この設例では2年間）にわたって費用に振り替えることになる。

検討を要する取引の種類及び業界の例
・サービスの提供にあたって必要となるセットアップ費用（たとえばインターネットやケーブルテレビなどの通信サービスの接続に係るセットアップ費用）
・個別受注産業などにおける，同一の財を複数製造する（複数の）契約に関する設計コストやエンジニアリング・コスト
・受注が見込まれる工事契約や個別受注契約において，納期の観点から先行して行われる設計や製造に係るコスト

(3)　契約コストの事後測定

　資産化された契約コストの帳簿価額は，償却又は減損を通して回収される。

①　資産化された契約コストの償却

　資産化された契約コストは，財又はサービスの顧客への移転，すなわち収益の認識と整合する規則的な方法で償却しなければならない（IFRS15.99）。この時，資産化された契約コストの中には，複数の財やサービスに関連するものもある。特に以下のような場合には，償却期間を決定するにあたって，現在の契約のみを考慮した償却期間よりも長い期間となることがあるため留意が必要である。

・資産化されたコストが，複数の契約の下で移転される財又はサービスに関連している場合
・顧客が現在のサービス契約を更新することが見込まれ，将来の契約にも資産化されたコストが関連する場合

また，関連する財又はサービスの顧客への移転パターンに重要な変化が生じた場合には償却を見直し，当該変更をIAS第8号「会計方針，会計上の見積りの変更及び誤謬」に従って会計上の見積りの変更として会計処理しなければならない（IFRS15.100）。この点は，固定資産や無形資産の減価償却に関する見積りの変更と同様である。

② 資産化された契約コストの減損

契約期間を通じて回収可能であることを確かめるために，資産化された契約コストは各報告期間の末日において，減損の有無を評価しなければならない。ただし，他の基準との関連上，図表7－11－2の順番で減損の評価を行うことが求められている（IFRS15.103）。

図表7－11－2 | 資産化された契約コストの減損評価の順序

①当該契約に関連する資産のうち他の基準書（IAS第2号，IAS第16号，IAS第36号「資産の減損」及びIAS第38号など）に従って減損損失・評価損を認識

↓

②資産化された契約コストについて，減損評価を実施

↓

③資産化された契約コストを含む資金生成単位にIAS第36号を適用するこの時，②の結果を反映した契約コストの帳簿価額を当該資金生成単位の帳簿価額に含める

資産化された契約コストについて減損損失が発生していると判断されるのは図表7－11－3の場合である。このような場合，帳簿価額を上回る金額の範囲で減損損失を純損益に認識する。

第7章　個別論点　285

図表7-11-3　資産化された契約コストの減損損失の認識

資産化された契約コストの帳簿価額	>	関連する財又はサービスの提供と交換に企業が受け取ると見込む対価（※）	-	当該財又はサービスの提供に直接関連する残りのコスト

（※）この金額は，取引価格の算定に関する原則を使用して見積るが，変動対価の見積りに係る制限（「第5章①2.(3)　変動対価に係る制限」を参照）に関する規定は考慮しない。そのため，制限される前の取引価格をこの減損テストでは用いる。なお，変動対価の制限は受けないものの，顧客の信用リスクは反映しなければならない。

　なお，減損の状況が存在しなくなったか又は改善した場合（すなわち，図表7-11-3の不等号が逆になる場合）には，過去に認識した減損損失の戻入れを純損益に認識しなければならない。当該戻入れの金額は，過去に減損損失を認識しなかったと仮定した場合の，償却後の帳簿価額を上回るような金額であってはならない（IFRS15.104）。

設例7-11-3　契約コストの償却及び減損

　A社は，2016年4月1日に開始する3年間のサービス提供契約を締結し，当該サービスを提供するために必要なセットアップ費用が60千円発生した。当該費用は契約履行コストの要件を満たすものとする。

　A社は過去の経験から，当該サービス提供契約は2年更新され，合計で5年間にわたってサービスが提供されるものと見積っている。

　当該サービスから生じる収益は毎年50千円，サービス提供に係るコストは20千円である。

　A社は，2年後の2018年3月末に，見積りを修正し，契約は更新されず3年間で終了するものと判断した。

　日本基準では，セットアップ費用を前払費用として資産計上し，契約期間である3年間にわたって毎期20千円を費用計上しているものとする。

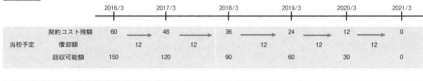

- A社は5年間にわたってサービスを提供すると見積っているため,2017年3月期及び2018年3月期においては,12千円(＝60千円÷5年)の償却費を計上する。
- 2018年3月期末に,契約が3年で終了するように見積りを変更した。見積りの変更による償却費の修正は将来に向かって影響を及ぼすため,過去2年間に計上した償却費は修正しない。
- 見積りが変更されたことで,残りの契約期間は2019年3月までの1年となる。そこで,減損の要否を見直すと,契約コストの帳簿価額が36千円であるのに対して,サービスから回収できる対価から関連コストを控除した回収可能額は,1年分の30千円(＝50千円−20千円)となる。
- 以上より,2018年3月期末でA社は資産化された契約コストに対して6千円の減損損失を認識し,契約コストを30千円に減額する。なお,2019年3月期に契約コスト30千円は全額償却される。

実務で生じうる影響

- IFRSへの移行により,償却期間は契約の更新も見越した5年間と判断される。それに伴い日本基準と比較すると最初の2年間(2017年3月期及び2018年3月期)の償却額は減少する。また,IFRSでは資産化した契約コストについて減損の要否を検討しなければならない。本設例では2年目に見積りの変更が生じているため追加で6千円減損損失を計上するとともに,その後の期間に生じる償却額にも変更が生じ,2019年3月期の償却額は日本基準で計上される費用額よりも増加する。

第7章 個別論点 287

▎TRGで取り上げられた論点及び合意内容の概要 ▎

■契約コストの減損の判定において契約の更新を加味すべきか否か

　減損の判定にあたって，関連する財又はサービスの提供と交換に受け取る対価を見積る際には，「取引価格の算定に関する原則」に従うこととされている（IFRS15.102）。ここで，取引価格の算定に関する原則に従うと，契約の取消し，更新又は変更は想定しないことになる（IFRS15.49）。一方，資産化された契約コストの償却について，「当該資産は将来見込まれる契約に基づいて移転される財又はサービスに関連している場合がある」とされている。そのため，償却については契約の更新を加味するケースも想定されており，減損の判定において「取引価格の算定に関する原則」に従い契約更新を加味しないよう定められていることとの間で齟齬が生じている。

　この点についてTRGでは，資産化された契約コストの減損テストにおいては，契約の更新又は期間延長によって生じる将来キャッシュ・フローも加味するべきであるということで合意した。

▎実務適用上のポイント▎

☑契約コストの表示方法

　契約獲得コスト及び契約履行コスト，並びにそれらの償却額を貸借対照表及び損益計算書においてどのように表示すべきかについて，IFRS第15号では具体的に定められていない。そのため，各社はIAS第1号及びIAS第8号に従い適切な方針を定める必要があるが，以下のような方法が考えられる。

・契約獲得コスト

　契約獲得コストについては以下のいずれかの方法を選択できるだろう。

① 貸借対照表上は無形資産で表示し，償却額は無形資産の償却と同じ科目に含める

② 貸借対照表上は別個の種類の資産（性質としては仕掛品等の棚卸資産と類似している）に分類し，償却額は売上原価，販管費等の適切な営業費用に含める

・契約履行コスト

　契約履行コストについては，無形資産の規定を類推適用することは適切ではないと考えられ，上記②の方法が適切であると考えられる。

第8章

表示及び開示

🖝 重要ポイント

・IFRS第15号では契約資産や契約負債といった，これまでの基準では包括的に定められていなかった売上に関連する表示科目を定義づけている。

・開示に関する目的を定めるとともに，具体的な開示要求についても大幅に拡充されている。特に，一定期間で収益を計上する項目については，残存履行義務や契約残高に関して多くの開示が追加で求められることになる。

IFRS第15号では，財務諸表本表での表示及び注記（開示）について以下のように具体的な規定が設けられている。

1 │ 財務諸表本表における表示

IFRS第15号のもとでは，契約当事者（つまり売手又は買手）のいずれかが履行した場合に，契約資産又は契約負債を貸借対照表で表示することが求められている（IFRS15.105）。契約資産と類似するものとして債権があるが，契約資産，債権及び契約負債は以下のように定義づけられる（IFRS15.106，107）。

契約資産	すでに顧客に移転した財又はサービスと交換に，企業が対価を受け取る権利であり，当該権利が時の経過以外の条件付き（たとえば将来の企業による履行）であるもの
債権	対価に対する企業の権利のうち無条件のもの 当該対価の支払期限が到来するまでに，時の経過のみが要求される場合，

	対価に対する権利は無条件である。
契約負債	企業が顧客に財又はサービスを移転する義務であり、顧客からすでに対価を受け取っているもの、もしくは対価の支払期日が到来しているもの

これら3つの概念を図解すると以下のとおりとなる。

図表8-1 契約資産及び契約負債

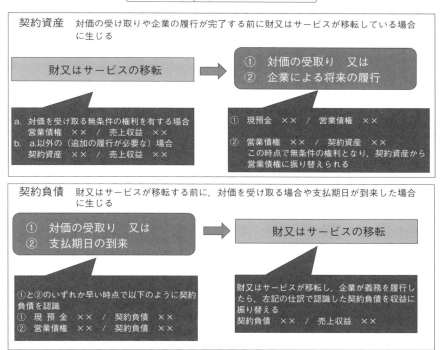

なお、貸借対照表で表示する際に「契約資産」「契約負債」という名称を必ずしも用いなければならないわけではなく、他の名称を用いることもできる（IFRS15.109）。

290

■ 現行IFRSとの差異 ■

・現行のIFRSの中でも一般的な収益認識について定めているIAS第18号においては，IFRS第15号のように売上に関連する表示科目について明示的に定める規定はない。

・工事契約について定めているIAS第11号では，前受金，保留金，及び顧客に対する債権及び債務について表示（又は開示）することを求めている。このうち，前受金は関連する作業の実施前に支払いを受けた金額であり，IFRS第15号における契約負債に含まれる。保留金は，対価の支払いに関する契約における一定の条件を満たすまでは支払われない請求額であり，IFRS第15号における契約資産に含まれる。また，顧客に対する債権については，IFRS第15号のように対価を受け取る無条件の権利か否かという観点からの区分がなされていないため，IFRS第15号における契約資産と営業債権の双方が含まれることになる。

・いずれにせよ，現行の基準においては，IFRS第15号における契約資産や契約負債と同じ観点から資産・負債を分類する規定はない。また，IFRS第15号は工事契約以外の財やサービスの販売に対しても適用されるため，すべての売上取引について，契約資産や契約負債の認識の要否を検討することが求められる。

■ 日本基準との差異 ■

日本基準にはIFRS第15号にあるような契約資産や契約負債といった概念は存在しない。また，工事会計の下で工事進行基準を適用した場合には，工事の進捗に応じて，履行済みの部分はすべて営業債権として計上している。これは，日本基準においては対価を受け取る無条件の権利を有するか否かで契約資産と営業債権を分けることがなく，双方を営業債権として計上するためである。

設例8-1　　契約負債と営業債権

A社と顧客との間で以下のような取引が生じたとする。

20X9年1月1日	顧客との間で製品の売買契約を締結
20X9年1月31日	対価100千円の契約上の支払日
20X9年3月1日	顧客による対価の支払日
20X9年3月31日	A社から顧客への製品の引渡日

なお，日本基準の下では，20X9年3月1日の対価の支払日において前受金を認識し，同年3月31日の製品引渡日で前受金を取り崩して売上を計上しているものとする。

解説

・当該契約が解約可能か否かによって，仕訳に以下のような相違が生じる。

第8章 表示及び開示 291

	解約可能な場合	解約不能な場合
20X9年1月1日	仕訳なし	仕訳なし
20X9年1月31日	仕訳なし	売上債権 100 / 契約負債 100
20X9年3月1日	現預金 100 / 契約負債 100	現預金 100 / 売上債権 100
20X9年3月31日	契約負債 100 / 売上 100	契約負債 100 / 売上 100

・契約が解約可能である場合には，支払期日が到来したとしてもそのあとに契約が解約されたら対価を受け取ることはできないため，対価に対する無条件の権利を有しているとは捉えられない。

・契約が解約不能である場合には，1月31日時点ですでにA社が対価に対する無条件の権利を有しており，売上債権を認識する必要がある。

・仮にA社が20X9年1月31日より前に請求書を発行していたとしても，A社はまだ対価に対する無条件の権利を有していないため，売上債権及び契約負債を認識しない。

実務で生じうる影響

・日本基準においては契約が解約可能か否かで会計処理を分けていないため，契約が解約不能である場合には会計処理に相違が生じる。

設例8－2 企業の履行によって認識される契約資産

　A社は顧客との間で，一定期間にわたって履行義務が充足される解約不能な工事契約を締結した。その内容は以下のとおりである。

　20X9年1月1日　顧客との間で工事契約を締結。対価の総額は1,000百万円。

　20X9年3月31日　工事の進捗度は50％と見積られた。

　　　　　　　　　また，この日をもって対価の30％を顧客に対して請求する権利を得るとともに，B社は対価の30％を顧客に請求する。

　20X9年4月30日　20X9年3月31日に請求した対価の支払い

　20X9年6月30日　残りの工事が完了し，この日をもって対価の全額を請求する権利を得る。

なお，日本基準の下では工事進行基準に従い，以下の仕訳が生じるものとする。

20X9年3月31日	工事未収入金	500	/	売上	500
20X9年4月30日	現預金	300	/	工事未収入金	300
20X9年6月30日	工事未収入金	500	/	売上	500

解説

・各時点における仕訳は以下のとおりである。

　なお，売上債権については日本基準における科目と平仄を合わせて工事未収入金の名称を用いているが，IFRSで用いる名称について具体的な定めはない。

20X9年3月31日	工事未収入金 契約資産	300 200	/	売上　500	
20X9年4月30日	現預金	300	/	工事未収入金	300
20X9年6月30日	工事未収入金	700	/	売上 契約資産	500 200

・20X9年3月31日の時点では，A社は残りの履行義務を充足しなければ対価の70％部分に対して請求することができない。よって，売上が計上される500百万円のうち，300百万円については無条件の権利であるものの，200百万円についてはA社による追加の履行という条件付きの権利であるため契約資産が計上される。

・20X9年6月30日の時点ですべての履行が完了し，対価の全額についてB社は無条件の権利を獲得するため，契約資産も含めた未入金の契約対価全額について債権（工事未収入金）が認識される。

実務で生じうる影響

・日本基準においては契約資産と工事未収入金を区分する規定がないため，IFRSへの移行にあたっては20X9年3月31日時点で工事未収入金の一部を契約資産として認識する必要がある。

第8章　表示及び開示　293

▌TRGで取り上げられた論点及び合意内容の概要▌

■複数の履行義務が含まれる契約における契約資産及び契約負債の表示

　契約資産なのか契約負債なのかの判断は，履行義務単位で行うのではなく契約単位で行う。よって，1つの契約に対して契約資産と契約負債の双方が認識されることはなく，純額で契約資産又は契約負債のいずれかが認識されることとなる。

■結合が求められる複数の契約における表示

　複数の契約を結合する場合で，各契約について契約資産及び契約負債が認識されている場合には，結合後の契約全体で契約資産又は契約負債のいずれかを認識する。これは上述の契約資産か契約負債かのポジションは契約単位で判断されることとも整合している。

■契約資産及び契約負債の他の勘定科目との相殺について

　IFRS第15号では，契約資産及び契約負債を他の勘定科目と相殺表示できるか否かについての規定が設けられていないため，相殺表示の判断においては他の基準（たとえばIAS第1号「財務諸表の表示」やIAS第32号「金融商品：表示」）に従う必要がある。

検討を要する取引の種類及び業界の例

・建設業や個別受注産業における工事契約
・ソフトウェア業界における受注制作ソフトウェア
・長期にわたってサービスを提供する契約
・上記の中でも特に，1つの企業の履行に対して複数回に分けて請求が行われる取引や，前受金を伴う取引
・複数要素契約

実務適用上のポイント

☑返金負債を伴う場合における売上債権の表示

　　売上債権はその時点での無条件の権利を表すため，たとえば一定期間の売上高に応じてリベートを事後的に支払うケースでは，売上債権はリベート考慮前の金額で計上すべきと考えられる。

　　たとえば，ある月に100百万円の製品販売契約を締結し，当月を含む一定期間を通じた売上高に応じて期末にリベートが顧客に支払われるとする。対価の測定規定（「第5章①2．変動対価」を参照）に従ってリベートが5％と見積られ，収益に重要な戻入れが生じないものと判断された場合，当月の売上収益は95百万円で認識される。一方，（リベートとして事後的に支出することはあっても）現時点で売手は100百万円を受け取る無条件の権利を有しているため売上債権は100百万円で認識される。ここで生じる売上債権と売上高の差額5百万円は返金負

債として計上される。

☑契約負債と返金負債

　契約負債と類似する概念として返金負債がある。返金負債は返品権付販売（「第7章④　返品権付販売」を参照）や上記のような将来支払うことが見込まれるリベートなどから生じる。通常，返金負債は財又はサービスを顧客に提供する義務を表すわけではないため，契約負債には該当しないと考えられる。そのように判断する場合には，返金負債と契約負債は別々に表示すべきであり，返金負債は後述する契約負債の開示要求の対象にも含まれないこととなる。

2 ｜ 注記での開示

(1) 開示の目的と全般的な規定

　近年開発されているIFRSでは，開示に関する全般的な目的及び規定を示した上で，具体的な詳細規定を定める構成をとっているが，IFRS第15号も同様の構成となっている。

　IFRS第15号の開示要求の目的は，顧客との契約から生じる収益及びキャッシュ・フローの性質，金額，時期及び不確実性を財務諸表利用者が理解できるようにするための十分な情報を企業が開示することである。この目的を達成するために，以下のすべてに関する定量的情報及び定性的情報を含む開示が求められる（IFRS15.110）。

(a)　顧客との契約

(b)　当該契約にIFRS第15号を適用する際の重要な判断及び当該判断の変更

(c)　顧客との契約の獲得又は履行のためのコストから認識した資産（「第7章⑪　契約コスト」を参照）

　開示の目的を満たすために必要な詳細さのレベル，及びさまざまな要求事項のそれぞれに対してどの程度重きを置くべきかを考慮する必要がある。大量の些末で詳細な情報を含めることや，特徴が本質的に異なる項目を合算することによって，有用な情報が不明瞭とならないように，開示を集約又は分解しなければならない（IFRS15.111）。

第8章 表示及び開示 295

　また，他の基準に従って提供されている情報については，IFRS第15号に従って開示する必要はない点も明記されている（IFRS15.112）。

▐ 現行IFRSとの差異 ▐ ....

・IAS第11号及びIAS第18号にはこうした全般的な開示目的や規定は設けられていない。それらの基準では，（IFRS第15号と比較するとその分量は少ないものの）いくつかの具体的な開示が求められており，その要求を満たしていれば十分な開示がなされていると捉えられている可能性がある。
・IFRS第15号における開示要求を満たすためには，具体的な開示要求がその会社にとって本当に有用な情報なのか，また，具体的に求められてはいない収益認識に関する重要な情報を開示する必要がないかといった実質的な判断がより多く求められることになるだろう。

▐ 日本基準との差異 ▐ ....

　日本基準においても全般的な開示目的や規定は設けられておらず，現行IFRSと同様の点に留意する必要があるだろう。

▐ 日本基準EDとの差異 ▐ ....

　IFRS第15号では，以下で具体的に説明するように，多くの開示項目が定められている。このように開示項目が拡充されることについて，日本の市場関係者からは特に契約残高や残存履行義務に配分した取引価格等の定量的な情報を注記することの実務上の負担について，強い懸念が寄せられた。そこで，収益認識EDでは，当面の間は必要最低限の定めを除き，基本的に注記事項は定めないこととされている。具体的には，企業の主要な事業における主な履行義務の内容及び企業が当該履行義務を充足する通常の時点（収益を認識する通常の時点）の注記が求められているのみである（収益認識ED 77）。

　なお，これは収益認識に関する会計基準を早期適用する企業の実務に配慮した経過措置と捉えられる。そのため，どのような注記事項を上記に追加で定めるかについては，本会計基準が適用される時（平成33年4月1日以後開始する連結会計年度及び事業年度の期首）までに検討される（収益認識ED 133）。

....

▌実務適用上のポイント

☑開示目的を充足する開示

　　IFRS第15号は以下の(2)に掲げる具体的な開示規定のすべてをチェックリストとして用いるために定めているわけではない。そのため，企業は開示の目的として明示されている「顧客との契約から生じる収益及びキャッシュ・フローの性質，金額，時期及び不確実性を財務諸表利用者が理解できるようにするための十分な情報」を提供するためにどういった情報が有益か判断する必要がある。

たとえば，多額の「顧客に支払われる対価」を有する企業もあるかもしれない（詳細は「第５章①５．顧客に支払われる対価」を参照）。顧客に支払われる対価は収益の減額として取り扱われるため，認識される収益の金額やタイミングに影響を及ぼす。一方で，顧客に支払われる対価に特定した開示はIFRS第15号で要求されてはいない。しかし，具体的な開示要求がなくとも開示の目的に立ち返り，その重要性に応じて定性的及び（又は）定量的な開示の必要性を検討する必要がある。

(2) 具体的な開示規定

IFRS第15号では，全般的な開示規定に加えて，①顧客との契約，②重要な会計上の判断，③資産化した契約獲得及び履行コスト，及び④実務上の便法に関する開示が求められている。なお，IFRS第15号の具体的な開示規定の多くは，①顧客との契約に関するものとなっている。

① 顧客との契約

企業は，他の基準に従って包括利益計算書に区分表示されている場合を除き，以下のすべての金額を開示することが求められる（IFRS15.113）。

(a) 顧客との契約から認識した収益（他の収益の源泉と区分して開示する）
(b) 顧客との契約から生じた債権又は契約資産について認識した減損損失

(a)の規定は，IFRS第15号に従って認識した収益の金額とIFRS第15号の適用範囲外の収益（たとえばリース契約，保険契約，金融商品からの収益）とを区分して開示することを求めている。そのため，仮に企業が製品の販売とリースによって収益を認識している場合には，販売による収益とリースによる収益を区別して表示または開示しなければならない。

また，顧客との契約から生じた債権，及び契約資産はIFRS第９号「金融商品」に従って減損損失を認識することが求められている。(b)ではこれら顧客との契約から生じた減損損失について，他の契約から生じた減損損失とは区別して開示することを求めている。

第8章　表示及び開示　297

(ア)　収益の分解

　顧客との契約から認識した収益は，収益及びキャッシュ・フローの性質，金額，時期及び不確実性がどのように経済的要因による影響を受けるかを表すような区分に分解しなければならない（IFRS15.114）。なお，IFRS第15号の公表にあわせてIAS第34号「期中財務報告」も当該開示を要求するように改訂されており，この開示規定は明確に期中財務諸表と年次財務諸表の双方に求められる唯一の開示規定でもある（IAS34.16A(1)）。

　IFRS第15号は，どのように収益を分解すべきかについて明示的には定めていないが，以下の適用ガイダンスが分解方法を検討する上で参考になる。

　まず，どのような区分を用いて収益を分解するかを選択する際には，企業の収益に関する情報が他の目的においてどのように表示されているのか，以下のすべてを含めて検討しなければならない（IFRS15.B88）。

(a)　財務諸表外で表示されている開示（たとえば，売上報告，年次報告書や投資家向けの説明会において）

(b)　最高経営意思決定者が事業セグメントの財務業績を評価するために定期的にレビューしている情報

(c)　上記(a)及び(b)で識別された種類の情報に類似する他の情報のうち，企業又は企業の財務諸表利用者が，企業の財務業績の評価又は資源配分の決定を行うために利用する情報

　さらに，適切な区分の例として以下を挙げている（IFRS15.B89）。

(a)　財又はサービスの種類（例：主要な製品ライン）

(b)　地理的区分（例：国別や地域別）

(c)　市場又は顧客の種類（例：政府と政府以外の顧客）

(d)　契約の種類（例：固定価格と実費精算契約）

(e)　契約期間（例：短期契約と長期契約）

(f)　財やサービスの移転タイミング（例：一時点で移転するものと，一定期間にわたって移転するもの）

(g)　販売チャネル（例：消費者に直接販売される財と，仲介業者を通じて販売される財）

また，企業がIFRS第8号「事業セグメント」を適用している場合には，分解した収益に関する情報と，各報告セグメントにおける収益情報との間の関係を財務諸表利用者が理解できるように十分な情報を開示することが求められている（IFRS15.115）。

▍現行IFRSとの差異▍

・IAS第18号では収益の分解について，以下の区分から生じた収益を含む当期中に認識された収益の重要な区分ごとの金額の開示が求められている。
  - 物品の販売
  - サービスの提供
  - 利息
  - ロイヤルティ
  - 配当
・IAS第11号では収益の分解について特段の定めがない。
・収益認識の基準ではないが，IFRS第8号「事業セグメント」に従って報告セグメント，製品及びサービス，並びに地域ごとの収益が開示される。
・IFRS第15号ではIAS第18号やIFRS第8号で求められている区分だけでなく，より詳細な収益の分解の基準が定められているため，IFRS既適用企業がIFRS第15号を適用する際には，どのように収益を区分すべきか追加で検討することが求められる。

▍日本基準との差異▍

日本基準では，収益の分解に関する開示規定が存在せず，「セグメント情報等の開示に関する会計基準」に従い，報告セグメント，製品及びサービス，並びに地域ごとの売上高が開示される。IFRSへの移行にあたっては，IFRS第15号の規定に従って，適切な分解の区分を検討することが求められる。

設例8-3 収益の分解（IFRS15.IE210～IE211より）

企業はIFRS第8号「事業セグメント」に従って，消費者製品，輸送機器，エネルギーという3つのセグメントを報告している。投資家向けの説明資料を作成する際，企業は収益を主たる地域，主要な製品ライン，及び収益認識のタイミング（一時点か一定期間か）に分解している。

企業は，投資家向けの説明資料で使用している区分がIFRS第15号第114項の分解開示に関する要求事項の目的を満たすために使用できると判断した。

以下の表では，上記の区分に基づき収益を分解するとともに，分解した収益と各セグメントがどのように関連するかを示す調整表も含まれている。

第 8 章　表示及び開示　299

セグメント	消費者製品	輸送機器	エネルギー	合計
主たる地域				
北米	990	2,250	5,250	8,490
欧州	300	750	1,000	2,050
アジア	700	260	−	960
	1,990	3,260	6,250	11,500
主要な財 / サービスライン				
事務用品	600	−	−	600
器具	990	−	−	990
衣類	400	−	−	400
オートバイ	−	500	−	500
自動車	−	2,760	−	2,760
太陽光パネル	−	−	1,000	1,000
発電所	−	−	5,250	5,250
	1,990	3,260	6,250	11,500
収益認識の時期				
一時点で移転する財	1,990	3,260	1,000	6,250
一定期間にわたり移転するサービス	−	−	5,250	5,250
	1,990	3,260	6,250	11,500

実務適用上のポイント

☑セグメント情報との関連

　企業の中には，セグメント情報において報告セグメントごとの収益が開示されていることをもって，IFRS第15号における収益の分解に係る開示規定を満たしていると考える企業もあるかもしれない。確かにIFRS第15号においても他の基準に従って開示されている情報を重複させて開示する必要はない旨が明記されている（IFRS15.112）。しかし，IFRS第 8 号に従ってセグメント情報を提供する目的と，IFRS第15号で収益の分解情報が提供される目的とは異なる。セグメント情報によって，その期に認識された収益の構成を財務諸表利用者が理解するのに十分な情報が提供されているとも限らないため，セグメント開示をさらに分解した開示が求められることもあるだろう。また，適切な区分として基準が例示している区分に関しても，1 つの区分に従って開示すれば十分であるとは限らず，上記の設例にあるように複数の区分を組み合わせることが有用な情報を提供する場合も想定される。そのため，どういった区分を用いて（もしくは組み合わせて）開示することが適切かどうかの判断には留意が必要である。

(イ) 契約残高

　財務諸表利用者が，認識された収益と，契約資産及び契約負債の残高全体の変動との関係を理解することができるように，IFRS第15号では以下の開示が求められる（IFRS15.116）。

(a) 顧客との契約から生じた債権，契約資産及び契約負債の期首残高及び期末残高（区分して表示又は開示していない場合）
(b) 報告期間に認識した収益のうち期首時点の契約負債残高に含まれていたもの
(c) 過去の期間に充足した（又は部分的に充足した）履行義務について，当報告期間に認識した収益（たとえば，取引価格の変動）

　企業は，履行義務の充足時期が通常の支払時期にどのように関連するのか，及びそれらの要因が契約資産及び契約負債の残高に与える影響を説明しなければならない。当該説明は定性的情報によることができる（IFRS15.117）。

　当報告期間中の契約資産及び契約負債の残高の重要な変動は，定性的情報及び定量的情報によって説明されなければならない。企業の契約資産及び契約負債の変動の例として以下が挙げられる（IFRS15.118）。

(a) 企業結合による変動
(b) 収益の累積的キャッチアップ修正のうち契約資産又は契約負債に影響を及ぼすもの。これには，進捗度の測定の変更，取引価格の見積りの変更（変動対価の見積りに係る制限に関する評価の変更も含む），又は契約変更が含まれる。
(c) 契約資産の減損
(d) 対価に対する権利が無条件となる（契約資産が債権に振り替えられる）までの期間の変化
(e) 履行義務が充足される（契約負債から生じる収益が認識される）までの期間の変化

第8章 表示及び開示 301

▌現行IFRSとの差異▌

・IAS第18号には契約残高に関する開示を求める規定は存在しない。
・IAS第11号では「1. 財務諸表本表における表示」でも説明したとおり前受金及び保留金の開示ならびに債権債務に関する表示（又は開示）が求められているが、前受金と契約負債、保留金と契約資産の範囲は異なるとともに、求められる開示規定もIFRS第15号の方が広範にわたっている。

▌日本基準との差異▌

日本基準では契約残高に関して開示を求める規定は存在しない。

▌日本基準EDとの差異▌

上述のとおり、IFRS第15号では債権及び契約資産の残高を貸借対照表上で区分表示、又は開示することが求められており（IFRS15.105, 116(a)）、収益認識EDにも同様の規定がある（収益認識ED 76）。

ただし、収益認識EDには経過措置が設けられており、早期適用する段階においては貸借対照表及び注記のいずれにおいても区分して表示しないことが認められている(収益認識ED 85)。当該経過措置は収益認識に関する会計基準を早期適用する企業の実務に配慮した経過措置と捉えられる。そのため、債権及び契約資産の残高の区分表示の要否については、本会計基準が適用される時（平成33年4月1日以後開始する連結会計年度及び事業年度の期首）までに検討される（収益認識ED 137）。

設例8-4 契約資産及び契約負債の開示

C社は貸借対照表において売上債権を個別に表示しているものとする。契約資産及び契約負債に関する他の開示規定に準拠するために、C社は財務諸表に以下の開示を行っている。

（開示例）

	20X7年	20X8年	20X9年
契約資産	1,500	2,250	1,800
契約負債	(200)	(850)	(500)
以下から当期に認識した収益			
期首の契約負債に含まれていた金額	650	200	100
過去に充足された履行義務	200	125	200

当社は契約に定められた請求スケジュールに従って顧客から支払いを受けている。契約資産は、契約に基づき当社が完了した履行に係る対価への権利に関連する。営業債権は対価への権利が無条件となった時点で認識される。

契約負債は，契約に基づく履行に先だって受領した対価に関連する。契約負債は，当社が契約に基づき履行するにつれて（もしくは履行した時点で）収益に振り替えられる。また，20X9年において契約資産は減損によって400減少しているが，これは顧客との契約が早期に解約されたことによるものである。

実務適用上のポイント

☑契約資産及び契約負債の変動に関する開示
　　契約資産及び契約負債の重要な変動については，費用対効果の観点から表形式での増減表の開示までは求められていない。契約残高に関する開示の趣旨は，契約資産が通常はどのタイミングで債権に変わるのか（もしくは入金されるのか），及び契約負債がどのタイミングで収益に振り替えられるのかが分かる情報を開示することである点に鑑みて，現在の開示規定が定められた。増減表の形式での開示は免れたものの，IFRS第15号の開示要求を満たすには，契約資産及び契約負債の残高を把握するとともに，主要な増減を追跡できる必要がある。企業の中には，契約残高を契約資産と契約負債に分けて管理していない企業もあるだろうから，当該開示規定を満たすためには追加の作業が求められる可能性がある。

　（ウ）　履行義務
　現行IFRSにおいても収益認識に関する会計方針を開示することが求められているものの，財務諸表利用者からは定型的で形式的な開示しか行われていないという意見があった。こうした批判に対応するためにIFRS第15号では履行義務に関してより詳細な開示規定が設けられている。また，企業は残存する履行義務，及びそれらに対して配分された取引価格の金額並びに当該金額が収益認識される時期についても開示が求められている。具体的な規定は以下のとおりである。
　顧客との契約における企業の履行義務に関して情報を開示しなければならず，これには以下のすべての記述が含まれる（IFRS15.119）。

（a）　企業が履行義務を充足する通常の時点（たとえば出荷時，引渡し時，サービスを提供するにつれて，もしくはサービスの完了時）。これには請求済未出荷契約における履行義務の充足時点も含まれる。

第8章　表示及び開示　303

(b) 重要な支払条件（たとえば，一般的な支払期限，契約に重要な金融要素が含まれるか，対価は変動性を有するか，変動対価の見積りに通常制限が課されるか）

(c) 企業が移転を約定した財又はサービスの内容（他の当事者が財又はサービスを移転するよう手配する履行義務，すなわち代理人として行動する場合を強調する）

(d) 返品及び返金の義務，並びにその他類似の義務

(e) 製品保証及び関連する義務の種類

　上記の開示は定性的な情報に関する開示であり，重要な会計方針において文章で説明される場合もあるが，収益認識に関する定量的な開示と併せて開示する場合もあるだろう。

　以下は，主なサービスラインごとに履行義務の充足タイミングや支払条件について開示している楽天㈱の注記である。

楽天㈱　2016年12月期　有価証券報告書
「27. 売上収益(1)収益の分解　②分解した収益とセグメント収益の関連」より抜粋

インターネットサービス
　インターネットサービスセグメントにおいては，『楽天市場』，『楽天トラベル』，『Ebates』，『楽天ブックス』，『ケンコーコム』，『OverDrive』，『楽天コミュニケーションズ』，『東北楽天ゴールデンイーグルス』等のサービスを提供し，主な収益を下記のとおり認識しています。

楽天市場及び楽天トラベル
　マーケットプレイス型ECサービスである『楽天市場』や，旅行予約サービスである『楽天トラベル』等においては，取引の場を顧客に提供することをその基本的な性格としています。当社グループは，これらのサービスの運営にあたり，出店者・旅行関連事業者への出店サービス及びシステム利用に関するサービス，当社グループを通じた販売拡大のための広告関連サービス，出店者・旅行関連事業者と消費者の決済に関する決済代行サービス等を提供しています。また，これらのサービスは諸規約に基づき，サービス内容や当事者間の権利と義務が定められており，サービスの内容の区分可能性や顧客への移転パターンに基づき，主な履行義務を下記のとおりに識別して，収益を認識しています。

『楽天市場』への出店サービスについて，当社グループは規約に基づき出店者に対し契約期間に渡り，当社グループのマーケットプレイス型ECウェブサイトへの出店サービス及び出店コンサルティングサービス等を提供する義務を負っています。当該履行義務は，契約期間に渡り時の経過につれて充足されるものであり，収益は当該履行義務が充足される契約期間において，出店形態別に定められた金額に基づき，各月の収益として計上しています。なお，取引の対価は3ヶ月，半年あるいは1年分を履行義務の充足前である契約時に前受けする形で受領しています。

システム利用に関するサービスについて，当社グループは規約に基づき，出店者・旅行関連事業者に対して出店者・旅行関連事業者と主として楽天会員との間での個々の取引の成立に関するサービスの提供を行う義務を負っています。当該履行義務は，出店者・旅行関連事業者と主として楽天会員との個々の取引の成立時点で充足されるものであり，当該履行義務の充足時点で，流通総額（出店者・旅行関連事業者の月間売上高）にサービス別・プラン別・流通総額の規模別に定められている料率を乗じた金額にて収益を計上しています。当該金額は，履行義務の充足時点である取引成立時点から概ね3ヶ月以内に支払いを受けています。

広告関連サービスについて，当社グループは広告規約に基づき，出店者・旅行関連事業者に対し期間保証型の広告関連サービスを提供しており，契約で定められた期間に渡り，広告を掲示する義務を負っています。当該履行義務は時の経過につれて充足されるため，当該契約期間に応じて期間均等額で収益を計上しています。広告料金の支払いは，原則として広告掲載開始日が属する月の翌々月末までに行われます。

決済代行サービスについて，当社グループは，カード決済規約に基づき，当社グループのサービスを利用する消費者と出店者・旅行関連事業者との間での決済代行サービスを提供しています。当該サービスにおいては，クレジットカードによる取引代金決済のための取引承認，代金決済情報やキャンセル等のデータを送受信・処理する義務を負っています。当該サービスについては，主に消費者のカード利用取引が生じた時点が履行義務の充足時点となると判断し，同時点で手数料収益を計上しています。当該手数料の支払いは，履行義務の充足後，支払区分に基づいた請求締切日から1ヶ月半以内に受領しています。

上記に加えて，履行義務の中でも報告期間末時点で履行が完了していない残存する履行義務については以下の開示が求められる（IFRS15.120）。

第8章　表示及び開示　305

> (a)　報告期間末時点で未充足の（又は部分的に未充足の）履行義務に配分
>   した取引価格の総額
> (b)　上記の金額について，企業がいつ収益認識すると見込んでいるかの説
>   明を，以下のいずれかの方法で開示しなければならない。
>   ⅰ．残存する履行義務の残存期間に最も適した期間帯を使用した定量的
>   ベースに基づく方法
>   ⅱ．定性的情報を用いた方法

　ただし，IFRS第15号は残存する履行義務に関する上記の開示（IFRS15.120
の開示）について実務上の便法を設けており，以下の場合には当該開示を省略
することができる（IFRS15.121）。

> (a)　当該履行義務が，当初の予想契約期間が1年以内である契約の一部で
>   ある場合
> (b)　収益をIFRS15.B16に従って認識している（すなわち，企業がこれま
>   でに完了した履行に応じて対価を受ける権利を有する場合に，請求権を
>   有する金額で収益認識する簡便法を適用している）場合

　企業は上記の実務上の便法を適用しているかどうか，及び顧客との契約対価
のなかに取引価格に含まれていないもの，つまりIFRS第15号第120項に従った
開示に含まれていないものがあるかどうかを定性的に説明しなければならない。
たとえば，取引価格の見積りには，制限されている変動対価の見積金額は含ま
れない（IFRS15.122）。

▌現行IFRSとの差異▐ ....

・履行義務の充足時期などIFRS第15号第119項が要求している定性的情報について，
　現行IFRSの収益認識基準においては，IAS第18号が「収益の認識に対して採用さ
　れた会計方針（サービスの提供において取引の進捗度を決定するために使用され
　た方法を含む）」の開示を求めているのみである（IAS18.35(a)）。その他重要な会
　計方針についてはIAS第1号の一般規定に基づき開示が行われるべきではあるもの
　の（IAS1.117），一般的にIFRS第15号と同等の開示が行われているケースは少な
　いものと思われる。

・残存する履行義務に関する定量的情報は，現行IFRSでは求められていない。しかし，残存する履行義務は受注残と類似の概念であり，金融商品取引法に基づき有価証券報告書を提出する企業においては，有価証券報告書内の「事業の状況　生産，受注及び販売の状況」において受注残に関する情報が開示される。ただし，受注残の開示においては工事契約や受注製造に係る金額のみが集計されているケースもあるだろうが，IFRS第15号ではそうした契約だけでなくサービス提供契約に係る未充足の履行義務についても集計する必要がある。また，受注残の開示の中には単体ベースの金額で開示されているケースもあるなど，有価証券報告書における受注残に関する開示情報がそのままIFRS第15号の開示要求を満たすとは限らないため，追加で情報収集する必要が生じうる点に留意が必要である。

・残存する履行義務が収益に振り替えられるタイミングに関する情報は現行IFRSの下では開示されないため，簡便法を用いない限りIFRS第15号第120項の開示は追加で求められることになる。

┃日本基準との差異┃

・日本基準においても収益の認識タイミングについては財務諸表等規則8条の2第7項で収益及び費用の計上基準について開示することが求められているが，ここで開示されるのは主に割賦販売，ファイナンス・リース，工事契約，及び業界特有の収益認識基準についてであり，IFRS第15号のように汎用的に開示が求められているわけではない。

・残存する履行義務に関する定量的情報は日本基準でも求められていないが，現行IFRSとの差異でも記述したように，有価証券報告書内の「事業の状況　生産，受注及び販売の状況」において受注残に関する情報が開示される。しかし，現行の開示情報がそのままIFRS第15号の開示要求を満たすとは限らないため，追加で情報収集する必要が生じうる点には留意が必要である。

・残存する履行義務が収益に振り替えられるタイミングに関する情報は日本基準の下では開示されないため，簡便法を用いない限りIFRS第15号第120項の開示は追加で求められることになる。

設例8-5　残存する履行義務の充足時点に関する開示

　以下の各種事業を行っている建設業A社が20X1年3月期末における残存する履行義務に関する開示を検討している。各事業には複数の契約が含まれるが，それぞれの事業における契約内容と残存する履行義務を要約すると以下のとおりである。

・オフィスビルの開発・建設工事

第8章　表示及び開示　307

　20X1年3月末時点で受注済みの契約（一定期間にわたり充足される履行義務である）に関する対価総額は8,000百万円である。これらの契約について当期までに認識した収益は1,500百万円である。
・ビル関連サービス
　・管理サービスは2年契約であり，毎月固定の対価を受け取っている。進行中の契約もあるが期末時点で500百万円が未充足である
　・メンテナンスサービスも2年契約であるが，対価は実際の作業時間1時間につき30千円を受け取る契約となっている

　A社は，残存する履行義務に関して以下の開示を行う（比較期間の開示は省略）。

【①定量的開示を行う場合—IFRS15.120(b)(i)に従う場合】

	20X2年3月期	20X3年3月期	20X4年3月期	合計
ビル開発・建設工事	3,500	2,300	700	6,500
ビル関連サービス	350	150	－	500

　メンテナンスサービスに係る履行義務は，提供するサービスの時間ごとに固定金額を受領するため，IFRS第15号の簡便法を適用し上記の開示に含めていない。

【②定性的開示を行う場合—IFRS15.120(b)(ii)に従う場合】

　ビル開発・建設工事に係る残存する履行義務の合計額は6,500百万円で，ビルの完成に応じて収益を認識している。これは，今後おおむね3年にわたって認識される見込みである。
　ビル関連サービスに係る残存する履行義務の合計額は500百万円で，管理サービスの提供に応じて収益を認識している。これは，今後2年間にわたって認識される。
　メンテナンスサービスに係る履行義務は，提供するサービスの時間ごとに固定金額を受領するため，IFRS第15号の簡便法を適用し上記の開示に含めていない。

なお，上記の①及び②ではすべての財・サービスに関して，履行義務が実現する期間帯を定量的，もしくは定性的情報として開示しているが，財やサービスの性質に応じて定量的情報と定性的情報が混在する開示も考えられる。

実務適用上のポイント

☑残存する履行義務の開示の細分化

　　残存する履行義務に係る開示では将来の収益性とその実現タイミングを財務諸表利用者が把握できるような開示が求められる。そのため，1年を超えて実現することが見込まれる履行義務が複数の種類の財・サービスから生じている場合には，全社で1つにまとめて開示するのではなく，性質が類似する種類ごとに開示すべきと考えられる。ここで，有価証券報告書の前段における受注残高の開示はセグメント情報と関連付けて開示することが求められているが，セグメントに含まれる各財やサービスの性質が類似しているのであれば，IFRS第15号の残存する履行義務の開示においてもセグメントごとに開示することは1つの方法と考えられる。

☑契約更新に係る履行義務

　　残存する履行義務に係る開示規定は，現時点での契約に含まれる履行義務に関連する金額を開示すべきと捉えられる。そのため，いまだ実行されていないが予定されている契約更新があり，かつ当該契約更新が重要な権利を付与するものではない場合には，この予定されている契約更新に係る履行義務をこの開示に含めるべきではない。ただし，契約更新が将来に財やサービスを獲得する重要な権利を顧客に付与するものである場合（すなわち別個の履行義務となる場合）には，予定されている契約更新に係る履行義務に配分される金額も当該開示に含まれることとなる。

---

② 重要な会計上の判断

IFRS第15号は，取引価格の決定，対価の各履行義務への配分，及び履行義務の充足時期を決定する際における重要な会計上の見積り及び判断，並びにそれらの変更について具体的な開示規定を設けている。現行のIFRSの下でも，IAS第1号で重要な会計上の見積り及び判断に関する開示は求められているが，財務諸表利用者にとっての収益の重要性に鑑みて，IFRS第15号は以下に関する重要な見積り及び判断を個別に開示することを求めている（IFRS15.123）。

第8章　表示及び開示　309

(a) 履行義務の充足時期

(b) 取引価格及び履行義務への配分額

(a) 履行義務の充足時期

　履行義務の充足時期について，IFRS第15号は以下の開示を求めている（IFRS15.124，125）。

〈履行義務が一定期間にわたり充足される場合〉

・収益を認識するために用いた方法（たとえば，使用したアウトプット法やインプット法に関する記述及びこれらの方法をどのように適用したのか）及び

・使用した方法が財又はサービスの移転を忠実に描写する理由の説明

〈履行義務が一時点で充足される場合〉

　財又はサービスに対する支配を顧客がいつ獲得するのかを評価する際に行った重要な判断

　たとえば，顧客のために複層階のビルの改装工事を実施する契約を締結したとする。当該工事は2年を要し，改装工事のサービスは一定期間にわたって充足する単一の履行義務であると企業は結論付け，進捗度の測定には発生原価に基づくインプット法を用いたとする。この場合，企業は発生原価に基づくインプット法を用いていることと，なぜこの方法がサービスの移転を忠実に描写するのかを開示しなければならない。

　履行義務が一時点で充足するものである場合には，企業は支配の概念及び支配の移転に係る指標（「第6章4. 一時点で充足される履行義務」を参照）を参照して履行義務の充足時期を決定する。上記の開示要求を満たすためには，この決定にあたっての重要な判断について説明する必要がある。

(b) 取引価格及び履行義務への配分額

　取引価格の見積りにおいて，とりわけ取引価格に変動対価が含まれる場合には重要な判断が求められる。そこで，IFRS第15号は以下のすべてについて使用した方法，インプット及び仮定について開示を求めている（IFRS15.126）。

(a) 取引価格の算定 – 変動対価の見積り，対価の貨幣の時間的価値による影響についての調整，現金以外の対価の測定等

(b) 変動対価の見積りに制限が課されるか否かの評価

(c) 取引価格の配分 – 財又はサービスの独立販売価格の見積り及び契約の特定の部分への値引き及び変動対価の配分等

(d) 返品及び返金の義務並びにその他の類似した義務の測定

実務適用上のポイント

☑注記内の開示箇所

　これらの重要な会計上の見積りや判断に関する開示は，定性的情報に基づき行われる。そのため，開示の箇所としても定性的情報が開示される「重要な会計方針」，もしくは「重要な会計上の見積り，判断及び仮定」の中に含めることが考えられるが，他の収益認識に関する開示と併せて開示することが財務諸表利用者の理解に資すると考えるのであれば，財務諸表注記の後段における開示も適切となろう。

---

③　資産化した契約獲得及び履行コスト

　第7章11で説明したように，IFRS第15号では契約の獲得及び履行にかかったコストのうち，一定の要件を満たすものについては資産計上しなければならない。どういったコストが資産計上され，また資産計上後どのように償却又は減損されているのかを財務諸表利用者が理解できるような情報の開示が求められている。

　まず，企業は以下の両方を記述しなければならない（IFRS15.127）。この開示は定性的な情報の開示である。

(a) 顧客との契約の獲得又は履行のために発生したコストの金額を算定する際に行った判断

(b) 各報告期間における償却を決定するために使用している方法

　次に，定量的な情報として以下の双方についても開示が求められている（IFRS15.128）。

第8章　表示及び開示　311

> (a) 顧客との契約の獲得又は履行のために発生したコストから認識した資産について，資産の主要区分別（たとえば，契約獲得コスト，契約前コスト及びセットアップ・コスト）の期末残高
> (b) 当報告期間に認識した償却及び減損損失の金額

④ 実務上の便法に関する開示

企業が以下の実務上の便法を採用している場合には，その旨を開示しなければならない（IFRS15.129）。

・重要な金融要素の存在に関する簡便法（IFRS15.63）

契約開始時点で，企業が財又はサービスを顧客に移転する時点と，顧客が支払いを行う時点との間が1年以内であると見込まれる場合，重要な金融要素の影響について対価を調整する必要はない（「第5章①3.(2)　金融要素の評価」を参照）。

・契約獲得の増分コストに関する簡便法（IFRS15.94）

契約獲得の増分コストの償却期間が1年以内となる場合には，当該コストを発生時に費用処理する方法も認められる（「第7章⑪(1)　契約獲得コスト」を参照）。

付録

付録1　IFRSと日本基準（現行及び公開草案）の比較表

・主要な相違点

日本基準	IFRS	日本基準ED＊1
基本概念		
（企業会計原則二3B） 売上高は，実現主義の原則に従い，商品等の販売又は役務の給付によって実現したものに限り認識される。	（IFRS15.Appendix A，2） 収益とは，資本参加者からの拠出に関連するもの以外で，資本の増加をもたらす会計期間中の企業の通常の活動過程で生じる経済的便益の増加をいう。 収益は，顧客への財又はサービスの移転と交換に，企業が権利を得ると見込む対価を反映した金額で認識する。	―
契約の定義及び属性		
契約の定義及び属性に関する一般的な定めはない。 また，口頭による合意や商慣習によるものであっても，契約が存在しうることに関する規定はない。	（IFRS15.Appendix A，9） 契約とは，強制可能な権利及び義務を生じさせる複数の当事者間の合意と定義され，対価の回収可能性が高いなどの，契約が備えているべき属性が定められている。 また，契約は法的に強制可能である限り，必ずしも書面である必要はなく，口頭による合意や商慣行により存在しうる。	―
契約の結合		
（工事契約に関する会計基準7） 下記の工事契約会計基準における規定を除いて，複数の取引の結合に関して一般的に定めた規定はない。	（IFRS15.17） 同一の顧客との複数の契約が同時又はほぼ同時に締結され，かつ以下の要件のいずれかを満たす場合，契約を結合する。	（収益認識適用指針ED 100） 個々の契約が取引の実態を反映する取引単位であり，かつ個々の契約における財又はサービスの金額が合理的に定められていることにより，当該

日本基準	IFRS	日本基準ED＊1
工事契約に係る認識の単位は，工事契約において当事者間で合意された実質的な取引の単位に基づく。契約書が当事者間で合意された実質的な取引単位を適切に反映しない場合，これを反映するように複数の契約書上の取引を結合する，もしくは契約を分割する必要がある。	・単一の商業的目的を有し，包括的に交渉されている。 ・契約対価が，他の契約の価格又は履行に左右される。 ・複数の契約で約定した財又はサービスが，単一の履行義務である。	金額が独立販売価格と著しく異ならない場合には，複数の契約を結合せず，個々の契約を履行義務とみなすとともに，個々の契約に定められている金額に従って収益を認識することができる。 （収益認識適用指針ED 101，102） 工事契約及び受注制作のソフトウェアについて，異なる顧客と締結した複数の契約や，異なる時点に締結した複数の契約であっても，当事者間で合意された実質的な取引の単位を反映するように複数の契約を結合した際の収益認識の時期及び金額と，個々の契約を会計処理の単位とした収益認識の時期及び金額との差異に重要性が乏しい場合には，それらを結合し，単一の履行義務として識別することができる。
契約の変更		
工事契約会計基準及び工事契約適用指針を除いて，契約が変更された場合の取扱いに関して一般的に定めた規定はない。	（IFRS15.15，20-21） 区別できる財又はサービスが追加され，かつその独立販売価格だけ契約価格が増額された場合には，新たな別個の契約として会計処理する。 それ以外の契約の変更は既存契約の修正として処理され，未提供の財又はサービスが，変更以前に移転済みの財又はサービスと区別可能である場合には，当初契約が終了し，新たな契約が創出されたかのように処理する一方，区別で	（収益認識適用指針ED 91） 契約変更で追加される財又はサービスの重要性が乏しい場合には，契約変更について以下のいずれの方法も認められる。 ・既存契約の解約と新規契約の締結として処理し，契約変更による影響を将来に向かって反映させる ・既存契約の一部であると仮定して，契約変更日において収益額の累積的な影響に基づき修正

付録1　IFRSと日本基準（現行及び公開草案）の比較表　315

日本基準	IFRS	日本基準ED＊1
	きない場合には，当初契約の一部であるかのように処理する。	

履行義務（会計処理単位）の識別

日本基準	IFRS	日本基準ED＊1
ソフトウェア取引実務対応報告及び工事契約会計基準を除いて，取引の会計処理単位への分割に関して一般的に定めた規定はない。	（IFRS15.24，27-30） 区別可能性という概念に基づき，契約に含まれる財又はサービスを個別に会計処理すべき単位（履行義務）に分割することが求められる。 財又はサービスが，その性質に鑑みれば区別でき，かつ契約の観点から見た場合にも，契約に含まれる他の財又はサービスから区別して識別できる場合に，区別可能とされる。 なお，履行義務には，契約上明示されている財又はサービスだけでなく，商慣習などによる黙示的なものも含まれる。	（収益認識適用指針ED 92，93） 顧客との契約の観点から重要性が乏しい財又はサービスについては，当該財又はサービスが履行義務であるかどうかを評価しないことが認められる。 また，顧客が商品又は製品に対する支配を獲得した後に生じる出荷及び配送活動については，履行義務として識別しないことが認められる。 （収益認識適用指針ED 96） 一定の期間にわたって収益を認識する船舶による運送サービスについて，一航海の船舶が発港地を出発してから帰港地に到着するまでの期間が通常の期間である場合には，複数の貨物を積載する船舶の一航海を単一の履行義務として収益を認識することができる。

履行義務の性質－本人当事者か代理人か（収益の額の表示方法）

日本基準	IFRS	日本基準ED＊1
ソフトウェア取引実務対応報告を除き，契約において本人当事者（総額表示）又は代理人（純額表示）のいずれとして行動しているのかに関して一般的に定めた規定はない。	（IFRS15.B34-B37A） 顧客に移転する前に，企業が他の企業の財又はサービスを支配しているか否かに基づき，企業の履行義務は財又はサービスそのものを移転することなのか（本人当事者，総額表示），又は他の企業が財又はサービスを移転するのを手配することなのか（代理人，	－

日本基準	IFRS	日本基準ED＊1
	純額表示）を判断することが求められる。また，当該判断に役立てるための指標が設けられている。	

追加の財又はサービスに関する顧客の選択権（カスタマー・ロイヤルティ・プログラム，クーポンなど）

日本基準	IFRS	日本基準ED＊1
一般的に定めた規定はない。	（IFRS15.B39-B40）選択権が契約を締結しなければ得ることができない重要な権利を顧客に与えている場合，独立した履行義務として取り扱う。	―

製品保証

日本基準	IFRS	日本基準ED＊1
（企業会計原則注18）販売時に製品保証引当金を計上する。	（IFRS15.B28-B32）製品が合意された仕様に合致しているという保証を提供するものか否かで，製品保証を品質保証型とサービス型に分類し，前者は製品販売時に保証債務として引当処理する一方，後者は独立した履行義務として取り扱う。	

変動対価（販売インセンティブ，仮価格など）

日本基準	IFRS	日本基準ED＊1
一般的に定めた規定はない。	（IFRS15.50-54，56-57）変動対価は期待値法又は最頻値法のいずれかより適切な方法を用いて見積り，不確実性が解消される時点で収益認識累計額に大幅な戻入れが生じない可能性が非常に高い範囲でのみ，取引価格（すなわち収益）に含める。	―

返品権付販売

日本基準	IFRS	日本基準ED＊1
（企業会計原則注18）販売時に返品調整引当金を計上する。	（IFRS15.55，B22-B25）返品権は一種の変動対価であるため，上記変動対価の規定に基づき見積られた予想返品額を控除後の金額で収益を計上するとともに，予想返品額	―

付録1　IFRSと日本基準（現行及び公開草案）の比較表　317

日本基準	IFRS	日本基準ED＊1
	を返金負債として認識する。また，顧客から製品を回収する権利に関する返品資産を，棚卸資産の従前の帳簿価額から当該製品の予想回収コストを控除した金額で認識する。返品資産と返金負債は区分して表示する。	
金融要素		
（金融商品会計実務指針130）（企業会計原則注解6）売上債権等に重要な金利部分が含まれている場合，当該債権を取得した時にその現在価値で計上し，決済期日までの期間にわたって償却原価法（利息法又は定額法）により各期の損益に配分する。割賦販売については，販売基準のほか，回収期限到来基準及び入金基準も認められる。	（IFRS15.60-64）前払いか後払いかにかかわらず，販売契約に重要な金融要素が含まれている場合，約定対価を割り引くことにより貨幣の時間的価値の影響を調整し，取引価格（すなわち収益）を算定する。回収期限到来基準及び入金基準は認められない。	—
現金以外の対価（無償の有形固定資産等の支給）		
一般的に定めた規定はない。	（IFRS15.66-69）無償で支給された財又はサービスの支配を獲得する場合，非現金対価に該当する。非現金対価はIFRS第13号「公正価値測定」に従い公正価値で測定する。	—
顧客に支払われる対価		
一般的に定めた規定はない。	（IFRS15.70-71）顧客に支払われる対価は，顧客から区別できる財又はサービスを購入した場合を除き，すべて取引価格（すなわち収益）から控除する。	—

日本基準	IFRS	日本基準ED＊1
取引価格の履行義務（会計処理単位）への配分		
ソフトウェア取引実務対応報告を除いて，取引価格の会計処理単位への配分に関して一般的に定めた規定はない。	（IFRS15.76，79，82，85）相対的な独立販売価格に基づき取引価格を各履行義務に配分する。ただし，変動対価と値引きに関して，当該配分原則に対する例外規定が設けられている。独立販売価格について３つの算定方法が例示されており，残余アプローチは適用にあたって条件が定められている。	（収益認識適用指針ED 99）履行義務の基礎となる財又はサービスの独立販売価格を直接観察できない場合で，当該財又はサービスが契約における他の財又はサービスに付随的なものであり，重要性に乏しいと認められる場合には，当該財又はサービスの独立販売価格の見積方法として，残余アプローチを使用することができる。
収益認識のタイミング		
（企業会計原則二３Ｂ，注解６）（工事契約会計基準９）具体的に実現の定義や収益認識要件等について定めた規定はない。一般的に実現とは，外部者との間において経済的な取引が行われたこと，つまり，財貨又は役務が貨幣性資産に形を変えることをいうものとされている。工事契約に関しては，成果の確実性が認められる場合，工事進行基準が適用される一方，この要件を満たさない場合は，工事完成基準が適用される。また，工期がごく短い工事契約についても工事完成基準の適用が認められる。	（IFRS15.31-33，35-38）履行義務は，約定した財又はサービスを顧客に移転し，顧客がその財又はサービスの支配を獲得した時点（又は獲得するに応じて）で充足される。したがって，収益は顧客が財又はサービスの支配を獲得した時点（又は獲得するに応じて）で認識される。資産の支配とは，資産の使用を指図し，資産からの残りの便益の実質的にすべてを獲得する能力をいう。	―
一定期間にわたり充足される履行義務		
（企業会計原則二 一，注解５(2)，(4)）（工事契約会計基準９）役務の提供については，一定の契約に従い継続して役務の提供を行う場合，収益は時間	（IFRS15.35-37）履行義務が以下の要件のいずれかを満たす場合，収益は一定期間にわたり認識される。・企業が履行するにつれ，顧客がその履行による便益を	（収益認識適用指針ED94，95）工期がごく短い工事契約及び受注製作のソフトウェアについては，完全に履行義務を充足した時点で収益を認識する

付録1　IFRSと日本基準（現行及び公開草案）の比較表　319

日本基準	IFRS	日本基準ED＊1
の経過を基礎として認識する。 工事契約に関しては，成果の確実性が認められる場合，工事進行基準を適用する。	受け取ると同時に消費する。 ・企業の履行により資産（たとえば，仕掛品）が創出されるか又は増価し，それに応じて，顧客が当該資産を支配する。 ・企業の履行により企業にとって代替的な用途がある資産が創出されず，かつ，企業は現在までに完了した作業に対して支払いを受ける法的に強制可能な権利を有している。	ことが認められている。

進捗度の測定方法

日本基準	IFRS	日本基準ED＊1
工事契約を除き，進行基準により収益を認識することを一般的に定めた規定はない。 工事契約について，契約にかかわる履行義務のうち，決算日までに遂行した部分の割合を合理的に反映する方法を用いて見積るとされ，原価比例法が例示されているが，契約内容により他の合理的な方法も認められる。	（IFRS15.39） 測定方法は自由に選択できるわけでなく，財又はサービスの支配を顧客に移転する際の企業の履行を適切に描写する方法を用いる。	―

一定期間にわたり充足される履行義務－進捗度を合理的に見積れない場合

日本基準	IFRS	日本基準ED＊1
（工事契約に関する会計基準9） 工事契約を除き，該当する規定はない。 工事契約については，工事完成基準を適用する。	（IFRS15.45） 発生コストが回収できると見込む場合には，発生コストを限度として収益を認識する。	（収益認識適用指針ED 98） 一定期間にわたって充足される履行義務について，契約の初期段階において履行義務の充足に係る進捗度を合理的に見積ることができない場合には，契約の初期段階に収益を認識せず，進捗度を合理的に見積ることができる時から収益を認識することができる。

日本基準	IFRS	日本基準ED＊1
一定期間にわたり充足される履行義務－事後的に進捗度を合理的に見積れるようになった場合		
（工事契約適用指針3，14）工事契約を除き，該当する規定はない。 工事契約については，事後的な成果の確実性の獲得のみをもって工事進行基準への変更は行わない。ただし，本来工事着手時に決定しておくべき事項が事後的に決定された場合を除く。	（IFRS15.45） 履行義務の結果を合理的に測定できるようになった時点から，進捗度を適用して収益を認識する。	―
一時点で充足される履行義務		
上記収益認識のタイミングを参照。物品の販売については，実現は販売時に達成されるものとして適用されている。	（IFRS15.38） 一定期間にわたり充足される履行義務に該当しない場合には，収益はある一時点で認識される。 顧客が財又はサービスの支配を獲得した時点を決定するに際し，上記の資産の概念に加え，以下の支配の移転に関する指標も考慮する。 ・支払いを受ける現在の権利 ・資産の法的所有権 ・資産の物理的占有 ・資産の所有に伴う重要なリスクと経済価値 ・顧客による資産の検収	（収益認識適用指針ED 97） 商品又は製品の国内の販売において，出荷から当該商品又は製品の支配が顧客に移転するまでの期間が通常の期間である場合，出荷時から支配移転時までの一時点（たとえば，出荷時や着荷時）に収益を認識することができる。
買戻条件付きの販売契約		
一般的に定めた規定はない。	（IFRS15.B64-B76） 買戻契約を3つの種類（先渡契約，コール・オプション又はプット・オプション）に区分した上で，当初販売価格と買戻価格との関係や売手が権利行使する重要な経済的インセンティブの有無などの評価に基づき，これら契約の実態に応じて，返品権付販売取	―

付録1　IFRSと日本基準（現行及び公開草案）の比較表　321

日本基準	IFRS	日本基準ED＊1
	引，リース取引又は金融取引として処理する。	
返還不能の前払手数料		
一般的に定めた規定はない。	（IFRS15.B49） 前払手数料が契約を履行するために必要となる活動に関連するものの，それにより財又はサービスが顧客に移転されない場合，将来に財又はサービスが提供されたときに収益を認識する。	―
権利不行使		
一般的に定めた規定はない。	（IFRS15.B46） 権利不行使部分の金額に対する権利を得ると見込む場合，当該金額は顧客による権利行使のパターンに応じて収益として認識される一方，見込めない場合は，顧客がその権利を行使する可能性がほとんどなくなった時点で認識される。	
知的財産のライセンス		
一般的に定めた規定はない。	（IFRS15.B58-B61） 主として顧客が権利を有する知的財産に重要な影響を及ぼす活動を企業が実施するか否かに基づき，使用権として一時点で収益を認識する，又はアクセス権として一定期間にわたり収益を認識する。	―
契約獲得コスト		
一般的に定めた規定はない。	（IFRS15.91） 契約獲得のための増分コストは，回収が見込まれる場合，資産計上し，関連する財又はサービスの顧客への移転に合わせて規則的に償却するとともに，減損テストの対象にな	（収益認識ED 102） 契約獲得コスト及び契約履行コストの資産化の定めは基準の範囲に含めていない。 以下の財務諸表においてはIFRS第15号（又はASC 606）における契約コストの規定に

日本基準	IFRS	日本基準ED＊1
	る。	従った会計処理も認められる。 ・連結財務諸表にIFRS又はUS GAAPを適用している企業の個別財務諸表 ・連結財務諸表にIFRS又はUS GAAPを適用している企業の連結子会社の連結財務諸表及び個別財務諸表
契約履行コスト		
一般的に定めた規定はない。	（IFRS15.95） 契約履行コストが，他の基準書の適用範囲に含まれない場合，以下の要件をすべて満たす場合に限り，資産化する。 ・契約又は特定の予想される契約に直接関連する。 ・将来において履行義務の充足に使用される企業の資源を創出するか又は増価する。 ・回収が見込まれる。 資産化されたコストは，関連する財又はサービスの顧客への移転に合わせて規則的に償却するとともに，減損テストの対象になる。	同上
不利な契約		
（工事契約会計基準19） 工事契約に関して，工事契約から損失が見込まれる場合には，予想される工事損失のうちすでに計上された損益の額を控除した残額を，工事損失が見込まれた期の損失として処理し，工事損失引当金を計上する。 工事契約を除き，不利な契約に関して一般的に定めた規定はない。	（IAS37.5（g）） 不利な契約を有している場合には，当該契約による現在の債務を引当金として認識することが求められる。当該規定は工事契約に限定されず，IFRS第15号の適用範囲に含まれるすべての顧客との契約に適用される。	（収益認識適用指針ED 89，90，142，143） 工事契約及び受注製作のソフトウェアに係る契約については，現行の工事契約会計基準と同様の規定が設けられている。 その他の顧客との契約から損失が見込まれる場合には，企業会計原則注解（注18）に従って引当金の計上の要否を検討すべきとされている。

付録1 IFRSと日本基準（現行及び公開草案）の比較表　323

＊1　2017年7月に公表された我が国における収益認識ED及び収益認識適用指針ED（以下，「日本基準ED」という）には，基本的にIFRSと同様の規定が設けられているが，日本基準EDでは重要性等に鑑みてIFRSには存在しない個別の規定が追加されている。上記の比較表における「日本基準ED」欄では，日本基準EDで個別に規定が設けられたことでIFRSと異なる取扱いとなりうる項目について記載している。なお，表示及び開示に関するIFRSと日本基準EDとの差異については以下＊2，及び「第8章　表示及び開示」を参照されたい。

＊2　日本基準EDにおける表示及び開示に係る経過措置（収益認識ED 76, 77, 85, 133, 137）
　　　日本基準EDを早期適用する場合，以下の3点についてIFRS第15号と異なる取扱いとなりうる。
　　(1)　貸借対照表又は注記のいずれにおいても，債権と契約資産を区分表示しないことが認められる。
　　(2)　日本基準EDでは，重要な金融要素による影響を，損益計算書上で顧客との契約から生じる収益と区分表示することが明示的には求められていない。
　　(3)　企業の主要な事業における主な履行義務の内容及び企業が当該履行義務を充足する通常の時点の注記のみが求められている。

　上記はいずれも経過措置であり，(1)及び(2)の区分の要否，ならびにどのような注記事項を(3)に追加で定めるかについては，本EDが適用されるとき（平成33年4月1日以後開始する連結会計年度及び事業年度の期首）までに検討される。

付録2	**IFRSとUS GAAPの比較表**

論点		IFRS（改訂後IFRS第15号）	US GAAP（改訂後 Topic606）
対価の回収可能性（第3章1.(1)を参照）	回収可能性の閾値	回収「可能性が高い（probable）」とは、「発生する可能性の方が発生しない可能性よりも高い」ことを意味する。 US GAAPにおける「可能性が高い（probable）」は、IFRSにおける「可能性が非常に高い（highly probable）」と同義である。 ＜US GAAPとのコンバージェンスを行わなかった理由＞ ・現行IFRS（IAS第18号）の要求事項における回収可能性の閾値との整合性を維持するため ・顧客に重大な信用リスクがあるにもかかわらず、対価を確保するための保護なしに販売することはないと考えられるため、当該差異による重大な実務上の影響はないと考えられるため	回収「可能性が高い（probable）」とは、「発生する可能性が高い」ことを意味する。
	回収可能性の評価＊1	US GAAPと同様の規定はない。 ＜US GAAPとのコンバージェンスを行わなかった理由＞ ・IFRSにおける実質的な取扱いとの間に差異がないと考えられるため ・回収可能性が高くない場合には、顧客との契約を締結することは稀であり、当該論点が適用される可能性のある契約は少数であるため	回収可能性の評価は、約定した財又はサービスのすべてではなく、顧客に移転される財又はサービスに関する約定対価について実施する。
契約の要件を満たさない取決め（第3章2.を参照）	契約の解約＊1	US GAAPと同様の規定はない。 ＜US GAAPとのコンバージェンスを行わなかった理由＞ ・IFRSにおける実質的な取扱いとの間に差異がないと考えられるため	顧客との取決めが契約の要件を満たさない場合、以下の条件が充足された時点で契約の解約がなされたとして、受領した対価を収益として認識する

付録2　IFRSとUS GAAPの比較表　325

論点		IFRS（改訂後IFRS第15号）	US GAAP（改訂後Topic606）
		・IFRS第15号で契約の解約を定義することによって，IFRSの他の領域で意図せざる帰結が生じる可能性があるため	ことができる。 ・受領した対価に関連する財又はサービスの支配を移転している。 ・追加の財又はサービスの移転を止めていて，それらを移転する義務を負っていない。 ・顧客から受領した対価が返金不要である。
履行義務の識別（第4章を参照）	履行義務の識別に際しての重要性の判断＊1	US GAAPと同様の規定はない。IAS第8号の一般原則に従って重要性を判断する。なお，個々には重要性がない財又はサービスであっても，合算すれば財務諸表レベルで重要性があるかどうかの判断も求められる。 <US GAAPとのコンバージェンスを行わなかった理由> ・重要性については，IAS第8号の一般原則に従って判断するべきであり，新たに免除規定を設ける必要性が乏しい。	契約の観点から重要性がない財又はサービスを履行義務として識別しないことができる。重要性がない項目を合算して，財務諸表レベルで重要性があるかどうかを評価することは要求されない。
	出荷及び配送活動＊1	US GAAPと同様の規定はない。 <US GAAPとのコンバージェンスを行わなかった理由> ・出荷及び配送活動に関する会計方針の選択は，IFRS第15号の収益認識モデルからの例外を設けることになり，企業間の比較可能性を低下させる可能性があるため	顧客に支配が移転した後に行われる出荷及び配送活動は，履行義務として会計処理するか，又は履行コストとして会計処理するかの選択適用を認める。
本人当事者か代理人かの検討（第7章①を参照）	売上税の総額又は純額表示＊1	売上税は，本人当事者と代理人のいずれとして回収しているのかを評価し，総額又は純額のいずれで表示すべきかを判断する。 <US GAAPとのコンバージェンスを行わなかった理由> ・売上税の表示に関する会計方針の選択は，IFRS第15号の収益認識モデルからの例外を設けることに	売上税を取引価格から控除（純額表示）するか総額表示するかは会計方針の選択による。

論点		IFRS（改訂後IFRS第15号）	US GAAP（改訂後 Topic606）
		なり，企業間の比較可能性を低下させる可能性があるため ・現行IFRSでも売上税を総額又は純額のいずれで表示するかの判断が求められているため	
	本人当事者である企業が，顧客に請求される価格を把握できない場合の取引価格の算定＊1	入手可能なすべての情報を用いて，財又はサービスと交換に受け取る権利を得ると見込む対価を見積る。 <US GAAPとのコンバージェンスを行わなかった理由> ・入手可能なすべての情報と判断を用いることによって，対価の見積りが可能と考えられるため ・顧客に請求される価格を把握できないケースは非常に稀であるため	対価に係る不確実性が最終的に解消されないと見込まれる場合，変動対価の定義は満たさないため，取引価格に含めてはならない。
非現金対価 （第5章①4.を参照）	非現金対価の公正価値の測定日＊1	非現金対価の公正価値を契約開始日以外の日に測定することは禁止されない。 <US GAAPとのコンバージェンスを行わなかった理由> ・US GAAPと異なり，現行IFRSでも，収益創出取引に係る非現金対価の測定日に関する具体的な要求事項がないため ・当該論点は，IFRSの他の領域（たとえばIFRS第2号やIAS第21号）にも関係し，意図せぬ影響が生じる可能性があるため	非現金対価の公正価値は契約開始日に測定する。
	非現金対価の公正価値が対価の形態とそれ以外の理由の両方から変動する場合の測定方法＊1	非現金対価の公正価値の変動が対価の形態以外の理由による場合，変動対価の見積りに係る制限規定を適用する。ただし，両者を区別できない場合には，非現金対価全体の見積りに対して，変動対価の見積りに係る制限規定を適用する。 <US GAAPとのコンバージェンスを行わなかった理由> ・公正価値を変動する理由によって区分することは実務上困難である	非現金対価の公正価値が，対価の形態（たとえば株式）とそれ以外の理由の両方から変動する場合には，対価の形態以外の理由による変動部分にのみ，変動対価の見積りに係る制限規定を適用する。

付録2　IFRSとUS GAAPの比較表　327

論点		IFRS（改訂後IFRS第15号）	US GAAP（改訂後Topic606）
		ため	
知的財産ライセンス（第7章⑧を参照）	アクセス権か使用権かの判断＊1	企業の活動が，顧客が権利を有する知的財産の効用に著しい影響を及ぼす場合には，ライセンスを供与する約定の性質は，企業の知的財産にアクセスする権利である。一方，著しい影響を及ぼさない場合には，その約定の性質は，企業の知的財産を使用する権利である。 <US GAAPとのコンバージェンスを行わなかった理由> ・US GAAPのアプローチでは，象徴的な知的財産のライセンスにおいて，企業が事後的に当該知的財産に著しい影響を及ぼす活動を行わないものについても，知的財産のアクセス権として一定期間にわたり収益が認識されるなど，実態に合わない収益認識が行われる可能性があるため	すべてのライセンスを，著しい機能性を有するかどうかによって，機能的な知的財産（functional IP）と象徴的な知的財産（symbolic IP）に分類する。機能的な知的財産は原則として使用権，象徴的な知的財産はアクセス権として会計処理する。
	時期，地域又は用途に関する契約上の制限と履行義務の識別＊1	契約上の制限が履行義務の識別に影響を及ぼすか否かについて，US GAAPと同様の規定はない。 <US GAAPとのコンバージェンスを行わなかった理由> ・IFRSの要求事項に基づく実質的な取扱いとの間に差異がないと考えられるため	契約上の制限はライセンスの属性であり，契約に含まれる履行義務の数に影響を及ぼさない。
	知的財産のライセンスを含む単一の履行義務＊1	ライセンスと他の財又はサービスから構成される単一の履行義務において，ライセンスが主要又は支配的な構成要素である場合には，企業はライセンスを供与する際の約定の性質を考慮する必要がある。 <US GAAPとのコンバージェンスを行わなかった理由> 結合された単一の履行義務に関してもIFRS第15号の一般的な収益認識モデルにおいて適切なガイダンスが	ライセンスと他の財又はサービスから構成される単一の履行義務についても，企業はライセンスを供与する際の約定の性質を考慮する必要がある。

論点		IFRS（改訂後IFRS第15号）	US GAAP（改訂後 Topic606）
		提供されていると考えられるため	
	知的財産の ライセンス の更新＊1	US GAAPと同様の規定はない。 そのため，IFRSでは，そうした収益が，US GAAPよりも早期に認識される可能性がある。	知的財産のライセンスの更新に係る収益は，更新期間の開始日より前に認識することはできない。
契約コスト （第7章[11] (3)を参照）	減損損失の 戻入れ	契約コストに係る資産について，過去に減損損失が認識されている場合，減損の状況が存在しなくなったか又は改善したときには，減損損失の一部又は全部の戻入れを純損益に認識する。 ＜US GAAPとのコンバージェンスを行わなかった理由＞ 減損損失の戻入れを求めるIAS第36号「資産の減損」の減損モデルとの整合性をとるため	契約コストに係る資産について，減損損失の戻入れは認められない。
不利な契約 （第7章[10] を参照）	不利な契約 に係る損失 の認識単位	不利な契約に係る損失は，IAS第37号「引当金，偶発負債及び偶発資産」に従って契約単位で認識される。	特定の業種や取引を除き，不利な契約に係る損失について一般的に定めた規定は存在しない。 ASC605-35「収益認識-建設型及び製造型の契約」に基づく損失引当金の認識単位については，契約単位か履行義務単位かを会計方針として選択することが認められる。
開示 （第8章を 参照）	残存履行義 務に関する 開示＊1	US GAAPと同様の規定はない。	以下のいずれかに関連する履行義務に配分された変動対価は開示しなくてもよい。 ・知的財産のライセンスに係る売上高又は使用量ベースのロイヤルティ ・変動対価に関する例外規定の要件を満たすことにより，完全に未充足の履行義務にすべて

付録2　IFRSとUS GAAPの比較表　329

論点		IFRS（改訂後IFRS第15号）	US GAAP（改訂後 Topic606）
			が配分された変動対価
	期中財務諸表における開示	収益の分解情報を開示することが要求される。 <US GAAPとのコンバージェンスを行わなかった理由> 年次財務諸表と同様の定量的開示を求めることは過大負担であり，期中報告の適時性を損なう恐れがあるため	年次財務諸表と同様の定量的開示（契約コストの開示は除く）が要求される。
移行時の実務上の便法（第1章5.(2)を参照）	完了済みの契約の定義＊1	完了済みの契約とは，従前の収益認識基準に従って識別された財又はサービスのすべてを顧客に移転した契約である。	完了済みの契約とは，従前のUS GAAPに基づいて実質的にすべての収益が認識されている契約である。
	完了済みの契約に関する移行措置＊1	完全遡及適用アプローチを適用する企業は，表示される最も古い期間の期首時点で完了済みの契約については，修正再表示は要しない。	完全遡及適用アプローチを適用する企業は，表示される最も古い期間の期首時点で完了済みの契約についても，修正再表示が求められる。
	契約の変更の遡及修正に関する移行措置＊1	修正遡及適用アプローチを採用する企業は，表示する最も古い期間の期首又は適用開始日のいずれかを選択し，各変更の影響をそれぞれ遡及修正するのではなく，当該日時点までの契約変更をまとめて遡及修正することが認められる。	修正遡及適用アプローチを適用する企業は適用開始日より前に発生した契約の変更について，各変更の影響をそれぞれ遡及修正するのではなく，当該日時点までの契約変更をまとめて遡及修正することが認められる。
発効日及び早期適用（第1章5.(1)を参照）		2018年1月1日以降開始する事業年度から適用される。また，早期適用も認められる。	公開企業ならびに一定の非営利企業及び従業員給付制度については，2017年12月15日以降開始する事業年度から，その他のすべての企業に関しては，1年後（すなわち，2018年12月15日）から適用される。また，早期適用は2016年12月15日以降開始する事業年度から認められる。

論点		IFRS（改訂後IFRS第15号）	US GAAP（改訂後 Topic606）
未公開企業に関する要求事項		未公開企業について具体的な要求事項は定められていない。	収益認識基準は，未公開企業にも適用され，開示，経過措置及び発効日に関していくつかの救済措置が定められている。

＊1　収益認識新基準の公表後，TRG等での議論を受けて，IASB及びFASBにより再審議が行われた結果として生じた差異

付録3	TRGで取り上げられた論点一覧

論点	内容	TRG会議	スタッフ・ペーパー	参照頁
顧客との契約の特定（ステップ1）				
対価の回収可能性 （第3章1.(1)を参照）	契約ポートフォリオに関する回収可能性の評価	IASB・FASB 合同会議 第3回（2015年 1月26日）	13	44
	回収可能性の再評価のタイミング		13	－
	契約に価格譲歩が含まれているか否かの評価		13	－
解約条項と契約の強制可能性 （第3章1.(2)を参照）	解約条項のある契約の契約期間	IASB・FASB 合同会議 第2回（2014年 10月31日）	10	47
契約の要件を満たさない取決め （第3章2.を参照）	契約の要件を満たさないが、返還不要の対価を受領した場合の会計処理		13	付録2
会計処理の単位（ステップ2）				
待機義務 （第4章1.を参照）	待機義務に係る約定の性質及び進捗度の測定	IASB・FASB 合同会議 第3回（2015年 1月26日）	16	69
	待機義務を定める契約は必ず一定期間にわたり充足される単一の履行義務に該当するのか	IASB・FASB 合同会議 第6回（2015年 11月9日）	48	－
生産準備活動 （第4章1.を参照）	生産準備活動が約定された財又はサービスであるのか，又は履行活動であるのか	IASB・FASB 合同会議 第6回（2015年 11月9日）	46	73
履行義務の識別 （第4章2.を参照）	履行義務の識別にあたっての重要性の判断	IASB・FASB 合同会議 第3回（2015年 1月26日）	12	付録2
一連の区別できる財及びサービス （第4章3.を参照）	どのような場合に一連の区別できる財又はサービスに係る規定が適用されるのか	IASB・FASB 合同会議 第4回（2015年	27	90

論点	内容	TRG会議	スタッフ・ペーパー	参照頁
		3月30日)		
	どのような場合に一連の区別できる財又はサービスは実質的に同一であるといえるか	IASB・FASB合同会議第5回（2015年7月13日）	39	90
取引価格の決定（ステップ3）				
変動対価（第5章①2.を参照）	変動対価に係る制限は契約又は履行義務のいずれのレベルで適用すべきか	IASB・FASB合同会議第3回（2015年1月26日）	14	103
	契約上，単価が固定されているが，数量が定められていない場合，変動対価に該当するか	IASB・FASB合同会議第5回（2015年7月13日）	39	96
	類似する契約に関する証拠に基づき期待値法を用いて変動対価を見積る場合，ポートフォリオに関する実務上の便法を適用したことになるのか		38	―
重要な金融要素（第5章①3.を参照）	どのような場合に約定対価と現金販売価格との差額が資金提供以外の理由で生じているといえるのか	IASB・FASB合同会議第4回（2015年3月30日）	30	―
	約定対価と現金販売価格が等しい場合でも金融要素は存在しうるのか		30	―
	重要な金融要素に関する取引価格の調整の算定方法		30	109
	取引価格の算定にあたり，重要でない金融要素を考慮できるか		30	―
	複数の履行義務に対する支払いが一括で行われる契約に，金融要素に関する実務上の便法を適用できるか		30	―
	契約に複数の履行義務が含まれる場合の重要な金融要		30	―

付録3　TRGで取り上げられた論点一覧　333

論点	内容	TRG会議	スタッフ・ペーパー	参照頁
	素の配分方法			
非現金対価 （第5章①4.を参照）	非現金対価に係る公正価値の測定時点	IASB・FASB合同会議 第3回（2015年1月26日）	15	112及び付録2
顧客に支払われる対価（第5章①5.を参照）	どのような場合に顧客への支払いを顧客に支払われる対価に係る規定に照らして検討すべきか	IASB・FASB合同会議 第4回（2015年3月30日）	28，37	−
	顧客に支払われる対価に関して，どの当事者が顧客に該当するか	第5回（2015年7月13日）	28，37	−
	顧客に支払われる対価の認識時期に係る規定と，変動対価の認識に関する規定との関係		28，37	−
	顧客に支払われる前払金（IFRSにも関連する論点）	FASB単独会議 第2回（2016年11月7日）	59	−
取引価格の各履行義務への配分（ステップ4）				
相対的な独立販売価格に基づく配分方法の例外 （第5章②2.を参照）	変動性のある値引きの履行義務への配分	IASB・FASB合同会議 第4回（2015年3月30日）	31	133
	変動対価の配分に係る例外規定を適用するためには，その結果が相対的な独立販売価格に基づく配分となる必要があるのか	IASB・FASB合同会議 第5回（2015年7月13日）	39	−
認識（ステップ5）				
支配の移転時期の決定 （第6章1.を参照）	コモディティに対する支配の移転時期	IASB・FASB合同会議 第5回（2015年7月13日）	43	−
一定期間にわたり充足される履行義務の進捗度の測定 （第6章3.(1)を参照）	一定期間にわたり充足される複数の財又はサービスから構成される単一の履行義務の進捗度の測定方法	IASB・FASB合同会議 第5回（2015年7月13日）	41	153

論点	内容	TRG会議	スタッフ・ペーパー	参照頁
	履行義務を充足する際の進捗度を測定する際の実務上の便法は，変動料金を定める契約に適用できるか		40	−
	進捗度に関する実務上の便法を適用する要件を満たしていない場合，残存する履行義務に関する開示の免除を認める実務上の便法を適用できるか		40	−
	一定期間にわたり充足される履行義務に関する進捗度の測定方法としてアウトプット法を用いることができるか（IFRSにも関連する論点） -IASBメンバーは，FASB TRGにおける合意を支持	FASB単独会議第1回（2016年4月18日）	53	156
	一定期間にわたり充足される履行義務かどうかの評価（IFRSにも関連する論点）	FASB単独会議第2回（2016年11月7日）	56	−
個別論点				
本人当事者か代理人かの検討 （第7章①を参照）	経費の補填や税金など顧客に請求される金額を収益に含めるべきか又は費用の減額とすべきか	IASB・FASB合同会議第1回（2014年7月18日）	2	186及び付録2
追加の財又はサービスに対する顧客の選択権 （第7章②を参照）	追加の財又はサービスに関する選択権が重要な権利を表すか否かの評価	IASB・FASB合同会議第2回（2014年10月31日）	6	189
	追加の財又はサービスに関する選択権を行使した場合の会計処理	IASB・FASB合同会議第4回（2015年3月30日）	32	197
	追加の財又はサービスに関する選択権に金融要素は含まれうるのか		32	199
	財又はサービスの移転に関係しない返還不能な前払手		32	206

付録3　TRGで取り上げられた論点一覧　335

論点	内容	TRG会議	スタッフ・ペーパー	参照頁
	数料の収益認識時期			
	顧客のみが解約権を有する場合の契約期間	IASB・FASB合同会議第6回（2015年11月9日）	48	－
	追加の財又はサービスに関する顧客の選択権なのか，又は数量に基づき対価が決定される変動対価なのか		48	195
	ソフトウェアの追加コピーを購入する選択権の会計処理		45	－
	解約違約金等のペナルティは存在しないものの，顧客が追加の財又はサービスに関する選択権を行使することがほぼ確実である場合の会計処理		48	194
	追加の財又はサービスを取得する顧客の選択権が重要な権利を表すか否かの評価における顧客の階層（IFRSにも関連する論点）	FASB単独会議第1回（2016年4月18日）	54	－
製品保証（第7章③を参照）	製品保証が個別に価格付けされていない場合の，当該保証が履行義務に該当するか否かの評価	IASB・FASB合同会議第4回（2015年3月30日）	29	－
返品権付販売（第7章④を参照）	返品が予想される製品に係る返品手数料と関連コストの会計処理	IASB・FASB合同会議第5回（2015年7月13日）	35	－
知的財産のライセンス（第7章⑧を参照）	知的財産のライセンスに係る制約及び更新の会計処理	IASB・FASB合同会議第6回（2015年11月9日）	45	付録2
	売上高又は使用量ベースのロイヤルティに係る最低保証金（IFRSにも関連する論点）	FASB単独会議第2回（2016年11月7日）	58	－

論点	内容	TRG会議	スタッフ・ペーパー	参照頁
契約コスト （第7章⑪を参照）	契約コストの減損テストにおいて，契約の更新から生じる将来キャッシュ・フローを考慮すべきか	IASB・FASB合同会議第1回（2014年7月18日）	4	287
	契約獲得コストの資産化及び償却	IASB・FASB合同会議第3回（2015年1月26日）	23	277
	契約の要件を満たす前に特定の予想される契約に関して発生した履行コストの会計処理と，事後的に当該要件を満たした場合の収益認識	IASB・FASB合同会議第4回（2015年3月30日）	33	281
	契約獲得コストの資産化及び償却期間（IFRSにも関連する論点）	FASB単独会議第2回（2016年11月7日）	57	－
表示及び開示				
契約資産及び契約負債 （第8章1.を参照）	複数の履行義務を含む契約の場合，契約資産又は契約負債は履行義務レベル又は契約レベルのいずれで表示すべきか	IASB・FASB合同会議第2回（2014年10月31日）	7	293
	複数の契約が結合された場合，どのように契約資産又は契約負債を表示すべきか		7	293
	契約資産及び契約負債は他の貸借対照表科目と相殺できるか		7	293
	契約条件が変更された場合，どのように既存の契約資産を会計処理すべきか（IFRSにも関連する論点）	FASB単独会議第1回（2016年4月18日）	51	－
その他				
特定のクレジットカード契約に関する適用範囲の決定	クレジットカードに係る手数料はIFRS第15号の適用範囲に含まれるか	IASB・FASB合同会議第5回（2015年7月13日）	36	－

付録3　TRGで取り上げられた論点一覧　337

論点	内容	TRG会議	スタッフ・ペーパー	参照頁
イスラム金融取引	イスラム金融取引はIFRS第15号の適用対象か	IASB・FASB合同会議第3回（2015年1月26日）	17	－

＊1　当該一覧には，以下の論点は含まれていない。
・2016年4月に公表された「IFRS第15号の明確化」において改訂された論点
・US GAAPのみに関して提起された論点

＜編集及び執筆者＞

河野　明史

IFRSデスク　シニアパートナー

EYグローバルIFRS政策委員会　日本エリア代表

1997年よりEYロンドン事務所駐在，現地IFRS部門を経て，2004年より現職

日本公認会計士協会　IFRS特別委員会，その他各種委員会委員を歴任

企業会計基準委員会　IFRS適用課題対応専門委員会，その他各種専門委員会委員を歴任

下村　昌子

IFRSデスク　エグゼクティブディレクター

EYグローバルIFRS収益認識専門グループメンバー

2006年よりEYロンドン事務所勤務を経て，2008年より現職にてIFRS導入支援業務などのIFRS関連業務に従事

＜執筆者＞

岡部　健介

IFRSデスク　マネージャー

2011年より現職にて，IFRSコンバージョン・プロジェクトを基準の解釈面からサポート

その他，各種IFRS関連セミナー講師を務めるほか，書籍執筆，雑誌等への寄稿に従事

下村　祐太

IFRSデスク　マネージャー

2015年より現職にて，IFRSコンバージョン・プロジェクトを基準の解釈面からサポート

その他，IFRS関連の研修講師，執筆等の業務に従事

藤田　裕久

IFRSデスク　マネージャー

2014年より現職にて，IFRS導入支援，IFRS関連の研修講師，執筆等の業務に従事

※五十音順

【編者紹介】

EY | Assurance | Tax | Transactions | Advisory

新日本有限責任監査法人について

新日本有限責任監査法人は，EYの日本におけるメンバーファームであり，監査および保証業務を中心に，アドバイザリーサービスなどを提供しています。詳しくは，www.shinniohn.or.jpをご覧ください。

EYについて

EYは，アシュアランス，税務，トランザクションおよびアドバイザリーなどの分野における世界的なリーダーです。私たちの深い洞察と高品質なサービスは，世界中の資本市場や経済活動に信頼をもたらします。私たちはさまざまなステークホルダーの期待に応えるチームを率いるリーダーを生み出していきます。そうすることで，構成員，クライアント，そして地域社会のために，より良い社会の構築に貢献します。

EYとは，アーンスト・アンド・ヤング・グローバル・リミテッドのグローバルネットワークであり，単体，もしくは複数のメンバーファームを指し，各メンバーファームは法的に独立した組織です。アーンスト・アンド・ヤング・グローバル・リミテッドは，英国の保証有限責任会社であり，顧客サービスは提供していません。詳しくは，ey.comをご覧ください。

本書は一般的な参考情報の提供のみを目的に作成されており，会計，税務およびその他の専門的なアドバイスを行うものではありません。新日本有限責任監査法人および他のEYメンバーファームは，皆様が本書を利用したことにより被ったいかなる損害についても，一切の責任を負いません。具体的なアドバイスが必要な場合は，個別に専門家にご相談ください。

IFRS「新収益認識」の実務　～影響と対応

2017年10月15日　第1版第1刷発行
2018年4月25日　第1版第6刷発行

編　者	新日本有限責任監査法人	
著　者	河　野　明　史	
	下　村　昌　子	
発行者	山　本　　　継	
発行所	㈱中央経済社	
発売元	㈱中央経済グループ	
	パブリッシング	

〒101-0051　東京都千代田区神田神保町1-31-2
電　話　03 (3293) 3371 (編集代表)
　　　　03 (3293) 3381 (営業代表)
http://www.chuokeizai.co.jp/

© 2017 Ernst & Young ShinNihon LLC.
All Rights Reserved.
Printed in Japan

製版／三英グラフィック・アーツ㈱
印刷／三　英　印　刷　㈱
製本／誠　　製　　本　　㈱

＊頁の「欠落」や「順序違い」などがありましたらお取り替えいた
　しますので発売元までご送付ください。（送料小社負担）

ISBN978-4-502-24111-6　C3034

JCOPY〈出版者著作権管理機構委託出版物〉本書を無断で複写複製（コピー）することは，
著作権法上の例外を除き，禁じられています。本書をコピーされる場合は事前に出版者
著作権管理機構（JCOPY）の許諾を受けてください。
　JCOPY〈http://www.jcopy.or.jp　eメール：info@jcopy.or.jp　電話：03-3513-6969〉